CB065786

A arte de comer bem

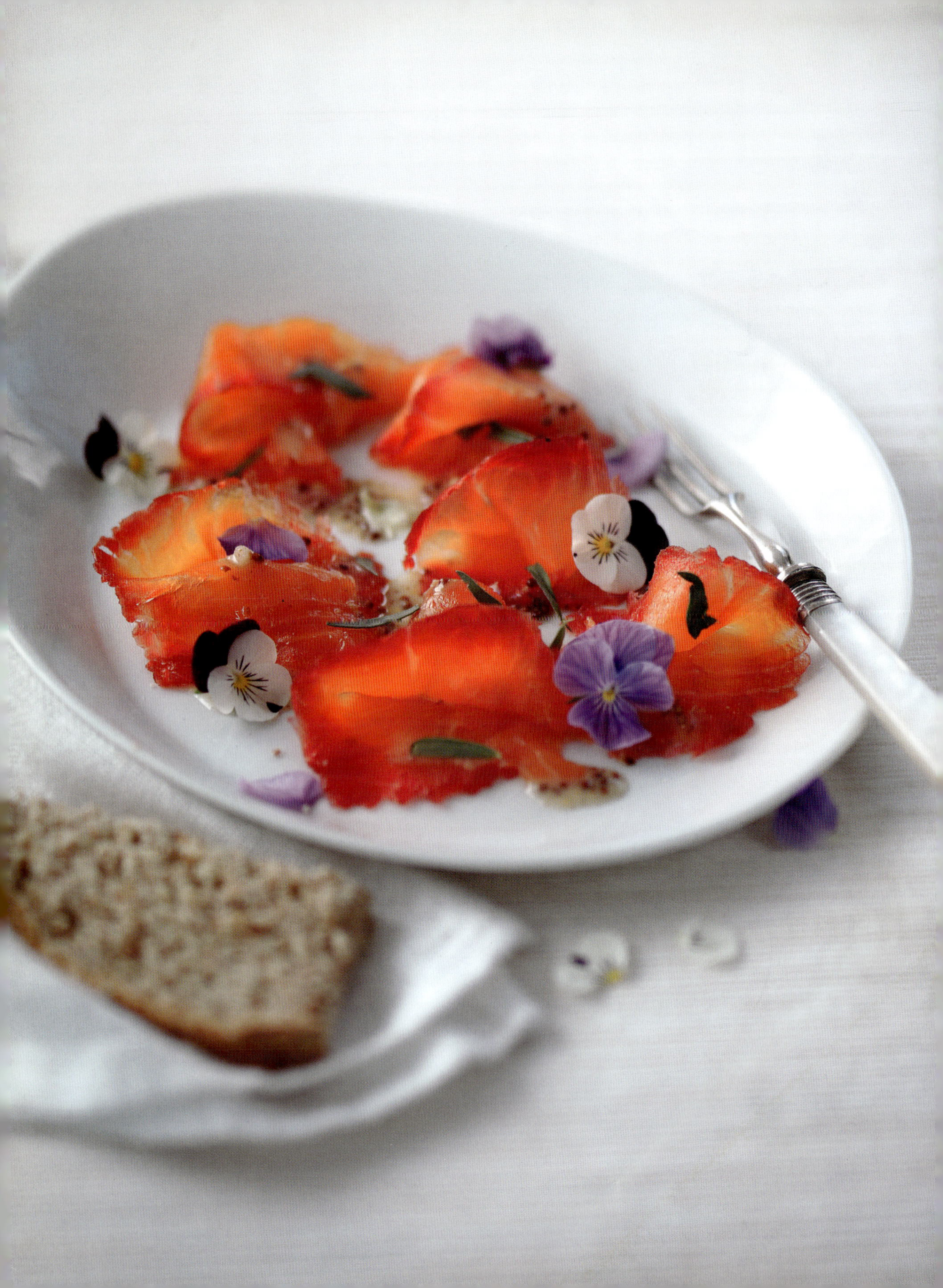

A arte de comer bem

Desperte os cinco sentidos e explore o
rico universo da culinária gourmet

Sophie Michell

PubliFolha

Copyright © 2012 Duncan Baird Publishers
Copyright do texto © 2012 Sophie Michell
Copyright do projeto gráfico © 2012 Duncan Baird Publishers
Copyright © 2012 Publifolha – Divisão de Publicações da Empresa Folha da Manhã S.A.

Love Good Food foi publicado no Reino Unido e na Irlanda em 2012 pela Duncan Baird Publishers Ltd., 75-76 Wells Street, 6º andar, Londres W1T 3QH.

Todos os direitos reservados. Nenhuma parte desta obra pode ser reproduzida, arquivada ou transmitida de nenhuma forma ou por nenhum meio, sem a permissão expressa e por escrito da Empresa Folha da Manhã S.A., por sua divisão de publicações Publifolha.

Proibida a comercialização fora do território brasileiro.

COORDENAÇÃO DO PROJETO: PUBLIFOLHA
Editora-assistente: Fabiana Medina
Coordenação de produção gráfica: Mariana Metidieri

PRODUÇÃO EDITORIAL E EDITORAÇÃO ELETRÔNICA: CLIM EDITORIAL
Tradução: Evelyn Kay Massaro
Preparação: Antonio Mello
Revisão: Jussara Lopes
Consultoria: Laura Tremolada

EDIÇÃO ORIGINAL: DUNCAN BAIRD PUBLISHERS
Gerente editorial: Grace Cheetham
Editoras: Alison Bolus e Camilla Davis
Gerente de arte: Manisha Patel
Editora de arte: Gail Jones
Produção: Uzma Taj
Fotografia: Toby Scott
Produção culinária: Jayne Cross
Produção de acessórios: Tamsin Weston

PUBLIFOLHA
Divisão de Publicações do Grupo Folha
Al. Barão de Limeira, 401, 6º andar
CEP 01202-900, São Paulo, SP
Tel.: (11) 3224-2186/2187/2197
www.publifolha.com.br

Impresso na China por Imago.

A Duncan Baird Publishers, ou qualquer outra empresa ou pessoa envolvida nesta publicação, se exime de responsabilidade por eventuais erros ou omissões que possam ser encontrados nos textos e receitas, ou por qualquer problema que venha a ocorrer como resultado no preparo das receitas ou por seguir os conselhos deste livro.

Pessoas com restrições alimentares devem ficar atentas aos ingredientes indicados nas receitas.

O forno deve ser preaquecido na temperatura indicada.

As fotos deste livro podem conter acompanhamentos ou ingredientes meramente ilustrativos.

Observações sobre as receitas
(exceto se orientado de outra forma):
• Use ovos, frutas e legumes médios
• Use ingredientes frescos, inclusive ervas e pimentas
• 1 colher (chá) = 5 ml
• 1 colher (sopa) = 15 ml
• 1 xícara (chá) = 250 ml

Dados Internacionais de Catalogação na Publicação (CIP)
(Câmara Brasileira do Livro, SP, Brasil)

Michell, Sophie
    A arte de comer bem / Sophie Michell ; (traduzido por Evelyn Kay Massaro).
São Paulo : Publifolha, 2012.

Título original: *Love Good Food*
ISBN 978-85-7914-419-6

1. Culinária 2. Receitas I. Título.

12-12704   CDD-641.5

Índices para catálogo sistemático
1. Receitas : Culinária 641.5

Este livro segue as regras do Acordo Ortográfico da Língua Portuguesa (1990), em vigor desde 1º de janeiro de 2009.

Agradecimentos da autora
Agradeço a toda equipe da editora, a meus agentes na Deborah Mckenna e à minha família por serem tão maravilhosos.

Para minha avó, Ruth Hughes

Sumário

Introdução 8

20 Refeições leves

78 Pratos principais

140
Sobremesas

Confeitaria **176**

Receitas básicas **198**

Índice **206**

Introdução

Há anos eu queria escrever este livro. Para mim, comida envolve amor – amor pelos ingredientes escolhidos, pelas diferentes técnicas de preparo, pela origem dos tipos de culinária, pelos sabores, texturas e aromas que podem ser levados à mesa e pelas lembranças que um cozinheiro é capaz de criar.

Atualmente estamos sendo bombardeados com fotos de comida e de chefs: em livros e revistas, na internet e em programas de televisão. Os chefs criam pratos belíssimos em poucos instantes, mas sabemos que por trás das cenas há um batalhão de ajudantes e uma enorme cozinha profissional perfeitamente abastecida para lhes fornecer todo o apoio necessário. Entretanto, apesar de sabermos disso, sonhamos em fazer o que eles fazem, de preferência com um mínimo de esforço. De fato, é possível criar pratos sensacionais em casa, e espero lhe mostrar que cozinhar é fantástico e divertido. O que pode ser mais agradável do que compartilhar boa comida, vinho e conversa em torno da mesa?

MINHA CARREIRA

Desde que minha família pode se lembrar, eu vivia com a cabeça enfiada em livros de culinária e mãos sujas de farinha. Comecei a trabalhar no ramo aos 15 anos e conheci uma grande variedade de cozinhas profissionais, inclusive em restaurantes sofisticados, outros com estrelas no Michelin, onde a culinária é tratada como uma forma de alquimia. Essa é a mais elaborada e perfeita comida que se pode encontrar.

Nos últimos dez anos, contudo, nem sempre tive uma cozinha profissional me dando suporte. Durante esse tempo, cozinhei para muitos eventos em diferentes locações ou servi comida em sets de filmagem, onde as condições, para dizer o mínimo, costumam ser bem precárias. Todavia, isso não significava que os clientes não esperavam refeições similares às de bons restaurantes... Tive de simplificar minhas receitas para trabalhar em ambientes pequenos e em condições desafiadoras. No outro extremo, também cozinhei em residências para os ricos e famosos em situações que tinham seus próprios desafios.

Este livro é o resultado de minha experiência e está repleto de receitas bonitas e excelentes, descritas com clareza. Não há termos complicados nem técnicas de chefs estrelados, que, embora interessantes, intimidam as pessoas ao tentar impressioná-las. Naturalmente, as receitas variam no tempo de preparo e na habilidade necessária. Algumas pedem poucos ingredientes, outras são mais exigentes, mas todas resultam em belos pratos que serão admirados e apreciados.

Não pretendo que este livro seja do tipo "receitas rápidas", porque muitas delas levam mais tempo. Meu desejo é abrir horizontes e ampliar a imaginação das pessoas, como nas receitas de Gelatina de tomate e gerânio com caranguejo e manjericão (p. 64), Pizzas de vegetais e azeite trufado (p. 130) e Costelas de porco no chá defumado e anis-estrelado com pepino marinado (p. 96), por exemplo. Também quero acabar com a mística de ingredientes como sumagre, molho de ostra e azeite trufado, os quais se pode usar tranquilamente em casa.

COZINHANDO E COMENDO EM MINHAS VIAGENS PELO MUNDO

Este livro também reflete o outro amor da minha vida, viajar, que sempre esteve entrelaçado com minha carreira culinária. Em minhas muitas viagens pelo mundo, descobri ingredientes e receitas surpreendentes.

Babi guling em Bali...

Quando eu tinha 11 anos, minha família viajou por Bali e Austrália durante oito meses. Nós temos tradição de comer bem, mas foi nessa ocasião que meus horizontes gastronômicos realmente se abriram. Lembro-me perfeitamente do meu prazer diante dos fantásticos doces de tapioca cor-de-rosa vendidos à beira das estradas, do aroma do frango satay sendo grelhado ou do macaquinho do hotel que apanhava cocos frescos para os hóspedes beberem a água.

Devoramos nosso trajeto por Bali: panquecas de coco e banana com açúcar de palma no café da manhã ou *babi guling* (leitão assado lentamente) em Ubud, ao lado de um templo escuro, envolto em perfume de jasmim e incenso... Comíamos batatinhas fritas em óleo de coco depois de nadar com golfinhos nas praias de areia vulcânica de Lovina ou grandes pratos de barracuda (peixe perigoso, mas inofensivo quando temperado e grelhado), que havíamos capturado na pesca submarina daquela manhã. Jamais me esquecerei dessas experiências vibrantes.

Bifes de canguru na Austrália...

A mágica continuou na Austrália. Onde mais se consegue encontrar sushi e sashimi ao lado de panquecas americanas fofinhas e bacon crocante no café da manhã de um hotel? Em Bondi Beach, experimentei minha primeira ostra. Odiei e nunca voltei a comê-las até os 19 anos, quando subitamente me apaixonei por elas e as consumia em grande quantidade na época em que trabalhava em um restaurante em Londres.

Também experimentamos bifes de canguru e... adoramos! Em Melbourne, conhecemos a melhor comida mexicana, grega e italiana do mundo (autênticos burritos pelando de quentes com o delicioso aroma de coentro, mussacás caseiros com canela e espaguete com vôngole perfeitamente *al dente*...).

Essas viagens, de maneira inconsciente, despertaram meu amor por combinar sabores de culturas diferentes, algo em que principalmente os chefs australianos são especialistas. Neste livro, quero mostrar modos simples de cozinhar nesse estilo. Às vezes, pode ser arriscado misturar culturas culinárias, mas o resultado é delicioso quando o preparo é feito adequadamente. Entre esses pratos, destacam-se o Carpaccio de carne à asiática com ervas (p. 40), que mistura sabores italianos com os do Sudeste da Ásia, ou Atum em crosta de gergelim com saladas de grapefruit e de batata (p. 49).

Na Itália, *polenta uncia* e *sopressa*...

Anos depois, voltando à Europa, passei meses indo e voltando para Milão, Como e Monza, na Itália, aprendendo com uma *mamma* a fazer a verdadeira comida italiana caseira. É o melhor meio de assimilar a culinária local. Dediquei um bom tempo a descobrir pequenos restaurantes, que são como joias ocultas, onde enriqueci meus conhecimentos. Nessa região, cada um se especializa em um único prato, de modo que experimentei travessas de risoto com queijo defumado e pancetta e estive em restaurantes de fazendas de agricultura orgânica, onde provei a melhor *tagliata* (bife malpassado). Em outro dia, subimos as montanhas para comer *polenta uncia* (polenta com queijo coberta por alho e sálvia fritos na manteiga) e coelho assado, acompanhados de goles de grappa. A polenta frita usada na receita Bifes de veado com repolho roxo agridoce e palitos de polenta trufada (p. 112) é uma adaptação desse prato.

Em Asolo (norte de Veneza), descobri a *sopressa* caseira (linguiça de porco curada) com mostarda de frutas (que brilha na Terrina de porco com mostarda di Cremona na p. 36) e os queijos locais. A caminho do lago de Garda, conhecemos os raviólis de abóbora e amaretti seguidos por trutas frescas recém-pescadas grelhadas. Desde então, os vários tipos de abóbora, rica em betacaroteno, se tornaram uma parte importante de nossa dieta e não mostram sinais de perder seu papel de protagonista.

A ARTE DE COMER BEM

Experimente a Sopa de abóbora, pimenta e maple syrup (p. 28). Além disso, muitas vezes voltei ao Reino Unido com uma mala cheia de cogumelos porcini frescos, que em minha opinião são muito mais interessantes de trazer como lembrança do que os sapatos modernos de Milão. E mais, usar queijo pecorino sardo no pesto é algo que aprendi ao prestar consultoria para uma escola de culinária da Sardenha.

Boureki e tortas de queijo sfakianas em Creta...

Há dez anos, minha família mudou para Creta. A comida grega é extremamente subvalorizada, apesar de se comer muito bem na ilha. Trata-se de uma culinária simples, baseada em produtos frescos da estação, que não mudou muito ao longo dos séculos e costuma ser elogiada como a dieta mais saudável do Mediterrâneo. Foi em Creta que experimentei ouriço-do-mar pela primeira vez, com seu leve sabor de iodo, servido gelado com limão e azeite. Fiz *boureki* (abobrinhas em camadas com hortelã, queijo mizithra e tomate) na taverna de propriedade de meus amigos e descobri o polvo seco ao sol, as tortas de queijo sfakianas, o stifado de castanhas e verduras selvagens refogadas com alcachofra. Nossa casa antiga reformada ficava no centro do vilarejo e, seguindo a velha tradição dos Kafenion (Cafés), tinha um forno a lenha para assar o pão e uma tina para amassar uvas. Muitas vezes me senti voltando no tempo quando estava sentada no pátio, onde o sol se insinuava por entre a parreira, que criava uma cobertura. Imagine quantos jantares de família aconteceram nesse local delicioso...

Fatouche e pães de *za'atar* em Beirute...

Recentemente, passei um ano em Beirute, prestando consultoria a um restaurante, e conheci os mais românticos dos sabores, como água de rosas e água de flor de laranjeira, romã, pistache e sumagre. Essas preciosas adições aromáticas atualmente fazem parte dos pratos que sirvo em minhas refeições diárias, em receitas como Sashimi de robalo com romã e ervas (p. 52). Adoro a culinária libanesa. Foram muitos pratos servidos e amados: fatouche (salada de pão com vegetais), fígado de galinha com romã caramelizada, galetos, *hindbi* (endívias selvagens com cebola frita), haloumi grelhado, homus de beterraba, *shish taouk* (suculentos espetos de frango) e receitas com cordeiro. A beterraba é uma hortaliça muito mais versátil do que você imagina. Além de usá-la em homus, fiz uma musse (p. 75) e também emprestei sua cor fantástica ao maravilhoso Gravlax de salmão curado na beterraba (p. 56). É um prato tão lindo que dá pena de desmanchá-lo para comer. Cozinhar passa a ser uma diversão incrível à medida que se vai experimentando. Quanto a ingredientes como za'atar, comecei a usá-lo quando aprendi a fazer pães nas montanhas do Líbano, e não porque o tempero entrou na moda em Londres.

APRENDENDO A EXPERIMENTAR

As pessoas costumam ter medo do que não conhecem, e cozinheiros inexperientes frequentemente se apegam aos métodos e ingredientes tradicionais com os quais se sentem mais seguros. Isso acontece principalmente quando vamos receber visitas, porque arriscar a fazer uma receita nova, contendo ingredientes desconhecidos, talvez seja brincar demais com a sorte. Todavia, de vez em quando vale a pena arriscar porque, ao dominar uma nova técnica ou conhecer tão bem um condimento a ponto de ele entrar naturalmente na sua cozinha, a vida se abre para um mundo de novas ideias e criações. Da mesma forma, tente trocar ou acrescentar um ingrediente a um prato que você faz habitualmente para ver o que acontece. Foi assim que criei a Torta de laranja sanguínea (p. 166), o Arroz-doce com lascas tostadas de coco (p. 154) e o Pavê de Pimm's (p. 156). Como exemplo de prato salgado, prepare as Almôndegas com cereja e tagliatelle na manteiga (p. 102). Sempre apreciadas, as almôndegas aparecem em quase todos os lares, quer acompanhadas de vegetais, em molho ou em pratos de arroz ou massa. Por isso, é muito fácil torná-las diferentes e estranhamente saborosas acrescentando ingredientes novos, como cerejas e pinholes, que escolhi para essa receita.

Experimentar ingredientes novos às vezes pode causar traumas. É bastante arriscado investir dinheiro em um produto desconhecido, sem entender direito como se deve usá-lo. Tenho certeza de que todos nós temos na cozinha um tempero ou vinagre aromatizado que certa vez usamos para preparar um prato e nunca mais voltamos a pegá-lo. Entretanto, só por meio da experimentação, das tentativas, é que podemos desenvolver nossa habilidade culinária e ampliar nosso repertório, assim aprendemos a ter coragem de criar novos pratos. Espero que, depois de ter experimentado alguns dos ingredientes diferentes que uso neste livro, eles se tornem parte das suas refeições diárias.

Vão aqui alguns vegetais que você pode experimentar: **erva-doce**, também conhecida como funcho, não é muito valorizada, mas empresta um sutil aroma de anis a pratos como Vieiras com purê de erva-doce e molho de laranja (p. 61). **Castanhas portuguesas** são perfeitas para dar um toque especial às receitas. Nos dias frios, se quiser uma comida reconfortante, experimente a Caçarola de porco, marmelo e castanhas e purê de batata com agrião (p. 95). O **tupinambo**, tubérculo da família do girassol, é um ótimo substituto para a batata. Não tem bom aspecto, mas dá excelentes sopas e assados, e seu sabor é similar ao da alcachofra. Experimente-o na Sopa de tupinambo com croûtons de parmesão (p. 29) e Peito de

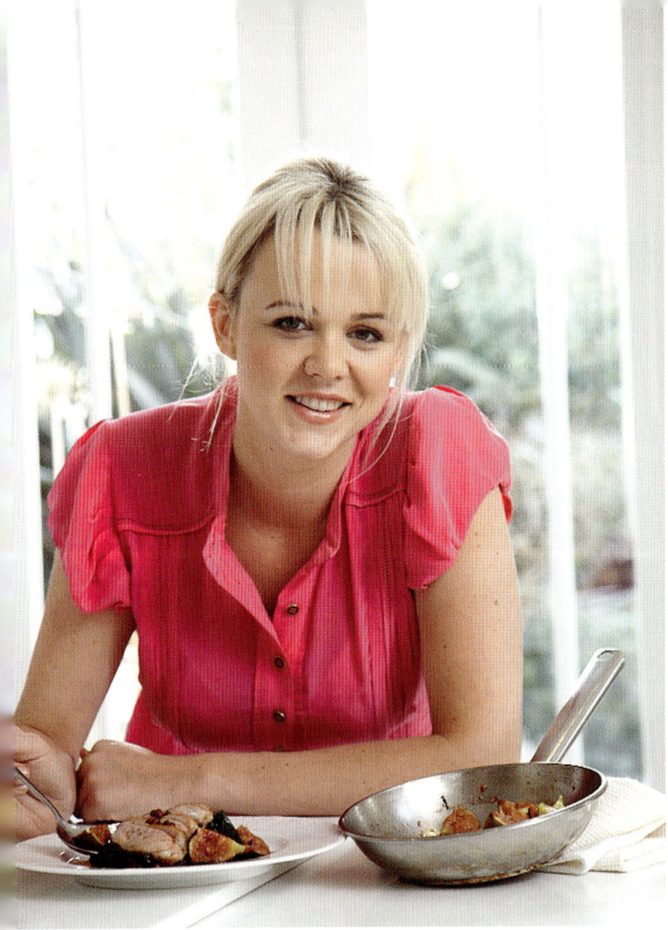
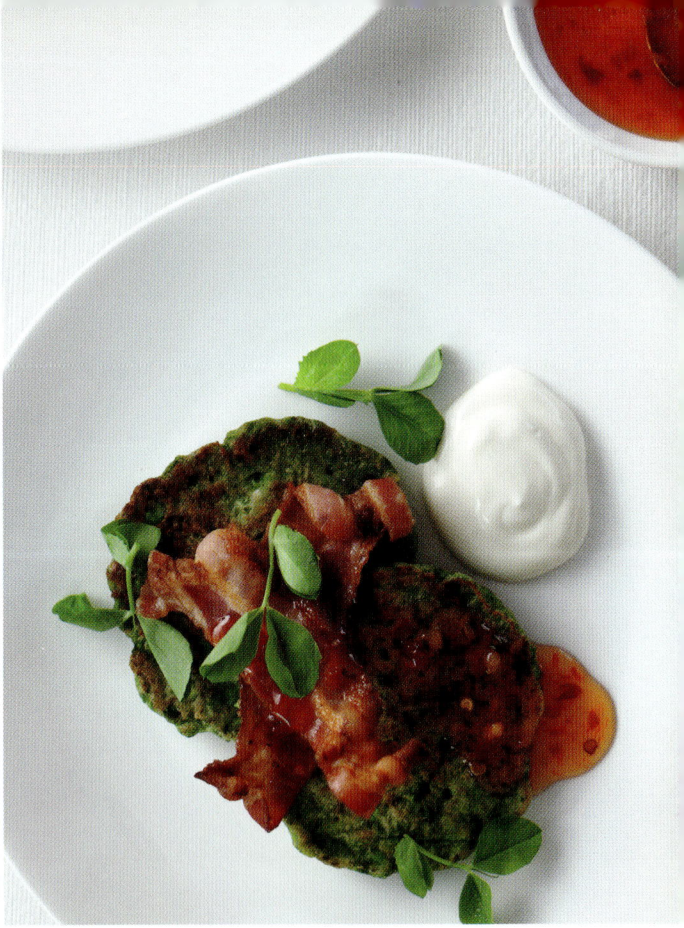
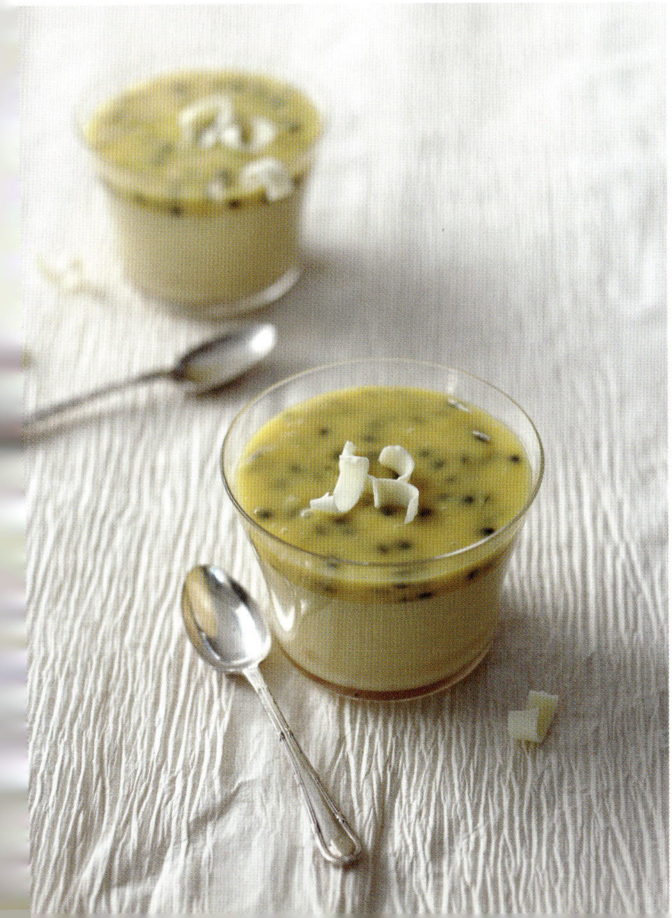
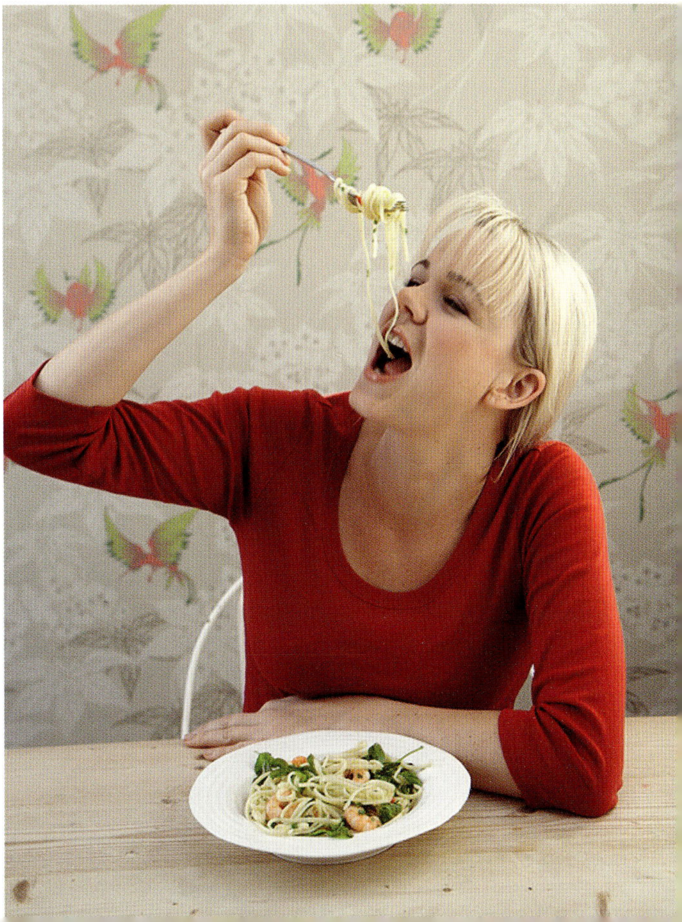

frango assado com cuscuz de avelãs e tupinambo (p. 83). A **acelga**, hortaliça folhosa com talos brancos ou multicoloridos, é uma excelente substituta para o repolho. Finalmente, o **marmelo**, uma fruta meio fora de moda, não comestível quando crua, mas que, cozida, exala um aroma maravilhoso e tem uma incrível cor rosa. Gosto de fazer geleias e chutneys de marmelo, mas também o acrescento a pratos salgados, como a Caçarola de porco, marmelo e castanhas e purê de batata com agrião (p. 95).

Muitos dos condimentos que mantenho no meu armário e uso em minhas criações são "suvenires" de viagens. Desde que morei um ano em Beirute, me acostumei com alguns deles:

Xarope de romã é o que uso atualmente em lugar do vinagre balsâmico. Ele acrescenta um pouco de doçura e acidez aos pratos. Fica ótimo, com suco de limão e azeite, em molhos para salada, carameliza carnes e equilibra ensopados e pratos com arroz. Usei-o para dar um delicioso aroma à Salada de haloumi, quinoa, romã e hortelã (p. 67).

Za'atar é uma mistura de ervas e condimentos do Oriente Médio. Sua receita varia conforme a região, mas a minha é a clássica mistura libanesa de sementes de gergelim torradas, tomilho seco, tomilho fresco, sumagre, sal marinho e pimenta-do-reino. Uso para aromatizar o pão na p. 179, misturo com azeite ou iogurte para preparar dips e salpico sobre frango e cordeiro antes de assá-los. Você pode criar sua própria mistura.

Sumagre é o fruto vermelho de um arbusto que, depois de seco, é triturado e vendido em pó. Pode ser salpicado sobre saladas e muitos outros pratos, acrescentando um sabor quase cítrico. Eu o usei nos Espetos de cordeiro com salada de lentilha (p. 100).

Casca de cássia é outro condimento que desejo apresentar. Ela é muito parecida com a canela em sabor e aspecto, mas um pouco mais picante e com um leve toque de almíscar. Adoro o formato curvo da casca, é simplesmente lindo. Se quiser experimentar, prepare a Torta de creme de cássia com compota de maçã (p. 155).

Água de rosas e água de flor de laranjeira são, em minha opinião, dois dos mais românticos e extravagantes ingredientes. Embora eu os venha usando há anos, eles ainda me transportam direto para o Oriente Médio, onde me vejo no calor de um dia de verão, refrescado apenas pela limonada caseira misturada com folhas de hortelã, água de rosas e gelo moído, ou comendo doces perfumados com água de flor de laranjeira, servidos depois do pôr do sol na época do Ramadã. Adiciono água de rosas a sobremesas e pratos persas com arroz, e a água de flor de laranjeira dá um sabor maravilhoso a vários tipos de doces. As duas podem ser encontradas em supermercados especializados em produtos orientais. Usei a água de flor de laranjeira para preparar as Bombas com creme de flor de laranjeira (p. 184), a fim de modificar um pouco o sabor da tradicional bomba de chocolate, um dos clássicos que conhecemos e amamos há gerações. O resultado é uma delícia exótica e delicada.

Azeite de trufas pode parecer um ingrediente luxuoso, mas eu insisto para que todos comprem pelo menos uma garrafinha. Gotas e fios podem transformar totalmente uma comida. Você ficará impressionado em constatar como ele dá um sabor peculiar a pratos simples, como uma sopa de couve-flor, um purê ou risoto... Tenho usado esse azeite com muito sucesso, por exemplo, nos Bifes de veado com repolho roxo agridoce e palitos de polenta trufada (p. 112) e nas Pizzas de vegetais e azeite trufado (p. 130).

Quanto à **mostarda di Cremona** ou mostarda de frutas, ela é basicamente um acompanhamento para cozidos, assados, carnes frias, queijos e salames. Essa conserva que parece uma joia consiste em frutas suspensas em uma calda aromatizada com óleo de mostarda. Ela é bonita e saborosa, doce e picante ao mesmo tempo. Pode ser comprada em lojas de produtos importados, alguns supermercados ou pela internet.

OLHANDO PARA O PASSADO

A **espelta** é um grão excelente para adicionar às suas refeições. Trata-se de uma antiga variedade de trigo que é digerido mais facilmente por pessoas com intolerância à farinha de trigo. Além dessa vantagem, adoro a textura e o sabor que lembra nozes. Atualmente está muito na moda e fica ótima num risoto, como na receita Risoto de espelta e abóbora assada (p. 133): seu sabor é altamente reconfortante.

Quinoa, amaranto e painço, outros grãos antigos e exóticos estão voltando com aplausos. A quinoa, amada pelos astecas, é um cereal que precisa ser incluído em sua dieta. Ela é rica em proteínas e contém mais aminoácidos e nutrientes do que, por exemplo, o cuscuz marroquino ou o arroz. Além disso, sua aparência e características são únicas. Prove-a na Salada de haloumi, quinoa, romã e hortelã (p. 67). Experimente toda a variedade de grãos atualmente à nossa disposição, como o amaranto e o painço, para ver como encaixá-los na sua alimentação. Testar novos ingredientes, misturando-os e combinando-os com pratos favoritos feitos com receitas antigas, pode criar novidades bem interessantes, e esse é um dos maiores prazeres da arte de cozinhar.

NEM TODA COMIDA GOSTOSA TEM DE SER CARA

Este livro não fala apenas sobre ingredientes exóticos e de alto custo. Preparei alguns pratos usando cortes mais baratos de carne para provar que comida fantástica pode ser feita com todos os tipos de ingredientes. Entre eles está, por exemplo, o acém, muito barato e saboroso. Na Inglaterra ele é pouco apreciado e chama-se *skirt*. Costumo comer com frequência em Paris, sob o nome de *onglet*, onde é servido como *Steak frites* (Bife com fritas) e vem acompanhado de batata frita e manteiga de alho. Barriga de porco é outra carne muito saborosa e econômica que glaceei com missô em um dos pratos que apresento neste livro: Barriga de porco glaceada com missô e bok choy refogado (p. 92).

LANÇANDO UM NOVO OLHAR

Outro aspecto deste livro é ensinar a olhar a comida de um modo novo, e é aqui que entram as microervas. Sempre foi considerado sofisticado usar microervas nos pratos servidos em restaurante. De fato, as microervas devem ser manuseadas com um respeito maior do que o concedido às ervas normais por sua inegável beleza e também porque têm um sabor muito mais intenso. Por isso, é importante usá-las com parcimônia e saber qual delas combina com os ingredientes certos. As microervas fazem uma diferença fantástica nas receitas: experimente o Consomê de ervas (p. 26), o Carpaccio de carne à asiática com ervas (p. 46) e o Robalo frito com salada de ervas (p. 115). No Brasil, os chefs mais atualizados estão começando a usá-las, mas ainda não estão à venda no mercado. Por isso, nas receitas deste livro as microervas foram substituídas por "folhas pequenas" ou "folhinhas", para viabilizar o preparo do prato. Mas não são a mesma coisa.

Quanto aos brotos de ervilha, abundantes em clorofila, são excelentes para colocar em sopas, saladas e muitos outros pratos. Note também como são versáteis nas seguintes receitas em que os empreguei: Sopa de agrião e brotos de ervilha (p. 22), Panquecas de ervilha com pancetta crocante e molho de pimenta (p. 35) e Nhoque de batata com pesto de brotos de ervilha e lascas de pecorino (p. 137). Todos esses pratos saíram do comum pela adição desse ingrediente. Como dificilmente são encontrados no Brasil, sugerimos outras alternativas que permitissem a execução da receita.

Adoro pratos que têm um aspecto fresco e limpo, como os Camarões grelhados com manga (p. 129) e a Gelatina de tomate e gerânio com caranguejo e manjericão (p. 64). Simples, porém incrivelmente bonitos. Também atraentes, mas neste caso por causa das cores brilhantes, temos pratos como Salada de frango, beterraba, queijo manchego e pecãs caramelizadas (p. 30) e Esfihas de cordeiro bem temperadas (p. 43). Pela pura beleza, Gravlax de salmão curado na beterraba (p. 56) é imbatível. Neste prato entram flores comestíveis, que são minha paixão desde criança: pétalas de rosa cristalizadas, violeta, borragem, amor-perfeito... Elas parecem acrescentar magia à apresentação do prato.

Meu toque final preferido é o ouro comestível, na forma de folha ou em pó. Os potinhos são facilmente comprados pela internet, mas às vezes podem ser encontrados em lojas especializadas em confeitaria. Há algum tempo venho decorando com ouro pratos do Oriente Médio e da Índia. O pote dura muito porque basta um pouquinho para causar um grande impacto visual. Tudo fica mais gostoso coberto de ouro...

TÉCNICAS PARA RENOVAR

Quero que neste livro você aprenda alguns novos e variados estilos de cozinhar e por isso me empenhei em mostrar como seguir com facilidade algumas técnicas que antes pareciam complicadas, como fazer um suflê assado duas vezes (p. 76). Depois de dominar as técnicas, qualquer prato estará ao seu alcance. No capítulo das refeições leves, veja como clarificar um caldo e fazer um consomê (p. 26). Também explico como fazer uma terrina (p. 36), o que é muito simples e me dá grande alegria. Quando faço uma terrina diferente, adoro fatiar e ver como ficou. Veja como curar salmão (p. 56) e preparar um ceviche (p. 53). No capítulo dos pratos principais, mostro como cozinhar o risoto no ponto certo (p. 133), fazer seus próprios raviólis (p. 134) e nhoques de batata (p. 137), e preparar um tempurá leve como uma pena (p. 139). Passando para os doces, no capítulo das sobremesas ensino como fazer um creme inglês perfeito (p. 156). Finalmente, vamos para o capítulo da confeitaria, onde você aprenderá a fazer a massa de *choux* para as Bombas com creme de flor de laranjeira (p. 184), Pão sírio (p. 202) e pães de ló leves como o ar, como o dos Quadradinhos com glacê colorido (p. 186).

Aprender técnicas de outros países é o que mais me empolga na culinária. O método de selar a carne e cortar em fatias muito finas, como o usado no Carpaccio de carne à asiática com ervas (p. 46), é aplicável a muitas outras carnes e peixes, e a técnica de preparar um semifreddo, por exemplo, pode ser modificada de acordo com a estação do ano. Dei um toque diferente aos Cupcakes de limão com merengue (p. 191) substituindo o creme de cobertura, enquanto nos Cupcakes de chocolate à moda dos maias (p. 192) procurei despertar as papilas gustativas adicionando pimenta vermelha e grãos de pimenta-rosa – esse cupcake deixa na boca um sabor final surpreendente.

Outro tipo de comida que atualmente está em evidência e despertou minha atenção são os wraps, os sanduíches exóticos e todos os petiscos étnicos encontrados à venda nas ruas. Eles são ótimos para estimular o apetite, e sempre sirvo uma boa seleção quando recebo amigos. Criei alguns fantásticos lanches para momentos informais. Verifique os Wraps de frango à indiana no pão chapatis (p. 32), Sanduíche de lagosta com maionese (p. 66), Rolinhos primavera de carne à vietnamita (p. 45), Pakoras de couve-flor e cebola com vinagrete de manga (p. 70) e Quesadillas de chorizo, batata-doce e coentro (p. 44). Use essas receitas como ponto de partida para as suas próprias criações.

ALIMENTAÇÃO SAUDÁVEL

Este é meu quarto livro de culinária, mas é o primeiro em que a ênfase não está na alimentação saudável e em dietas especiais. Isso não significa que abandonei a prática de procurar frescor na minha comida, e mesmo que as receitas não tenham sido pensadas para dietas, ainda assim valorizam a boa saúde. Comer bem não é morrer de fome. Meu conselho mais importante a qualquer pessoa é fazer a comida utilizando o máximo possível de ingredientes caseiros, porque preparar o próprio alimento é o caminho mais rápido para uma dieta equilibrada.

Isso também se aplica às sobremesas: fazer um bolo ou pudim caseiro permitirá dosar o açúcar e a gordura na receita, e também, tenho certeza, ele fica mais saboroso que o comprado pronto. Saborear uma pequena fatia do Bolo rico de chocolate sem farinha (p. 190) me deixa muito mais satisfeita que comer doces comprados, que contêm ingredientes que desconhecemos, nem sempre saudáveis.

Todas as receitas deste livro estão focadas no uso de ingredientes de boa qualidade e em novos métodos para prepará-los da maneira mais pura possível, como nos Camarões grelhados com manga (p. 129).

Em um nível muito simplista, a cor pode ser um indicador da boa qualidade de um alimento. Você já notou que os lanches e outros itens da junk food têm apenas tons de bege ou cores pálidas? Se você colocar vegetais, ervas e temperos, eles acrescentarão muita cor ao seu prato, além de incrementarem o sabor. Veja a Salada incrementada com molhos de avocado e de limão (p. 68) – uma salada arco-íris repleta de ingredientes ricos em nutrientes – ou o Frango cozido no açafrão com gremolata de salsa e estragão (p. 84). Esses dois pratos fortalecem sua saúde e seu estado de espírito também.

Sempre considerei a comida muito mais do que um combustível. Acredito piamente que os ingredientes que consumimos fazem uma enorme diferença na mente e no organismo. É por isso que essas receitas incluem ingredientes como salmão, sardinha e atum devido ao ômega-3, e frango, peru e carne de veado por causa da proteína com baixo teor de gordura. Todavia, isso não significa que não é possível comer ocasionalmente nossos alimentos preferidos, mesmo não sendo tão saudáveis, principalmente porque a vida é curta e não podemos nos dar ao luxo de não comer o que é gostoso.

Meus métodos de cozimento tendem a ser mais leves e saudáveis. Raramente faço molhos cremosos e pesados, preferindo acompanhamentos temperados com ervas, como no Peixinho marinado com purê de batata-doce e molho de coentro e mel (p. 106) ou Frango assado com salsa verde (p. 88). Aprecio o estilo asiático de preparo dos alimentos, em geral com pouca gordura, e o uso de ingredientes vibrantes, que estimulam o sistema imunológico, como gengibre, pimenta vermelha e alho.

MERGULHE E APROVEITE!

Dividi este livro em capítulos de refeições leves, pratos principais, sobremesas e confeitaria. A seção de refeições leves contém pratos para serem feitos como entrada ou que podem ser combinados para montar um menu com mais opções. Os pratos principais são mais substanciosos, mas, para ser sincera, são todos intercambiáveis, e gosto de misturar: combinar muitos sabores diferentes em uma única refeição.

Com tantos ingredientes a descobrir e métodos diferenciados de preparo, esqueça as regras rígidas e se abra para técnicas modernas, ingredientes incomuns e novas combinações de sabores.

Adorei elaborar estas receitas e todo o processo de experimentação que as acompanhou. Espero que você tenha tanto prazer quanto eu em prepará-las e saboreá-las, e ficaria feliz se algumas delas se tornassem pratos habituais em sua casa.

Sophie Michell x

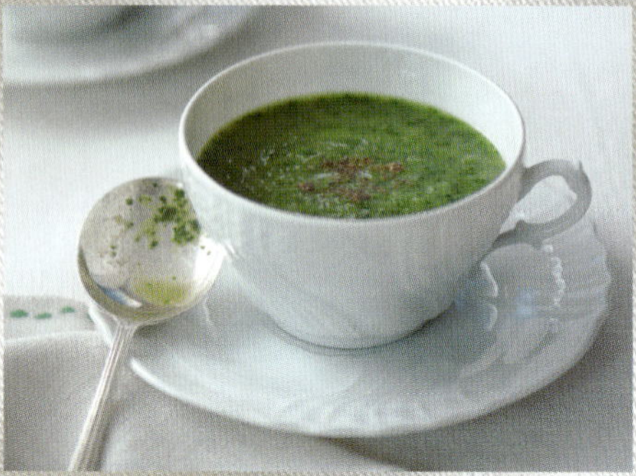

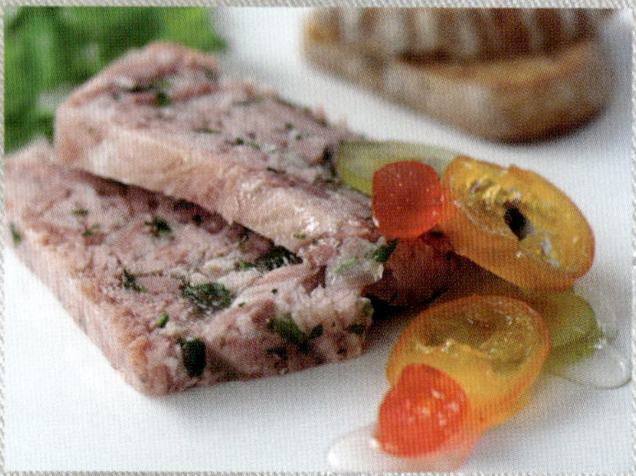

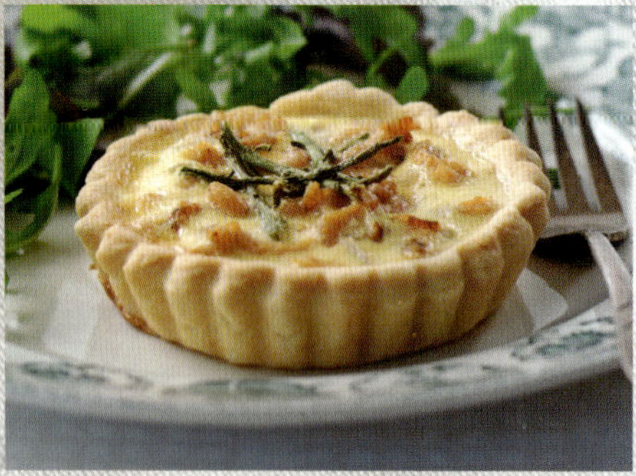

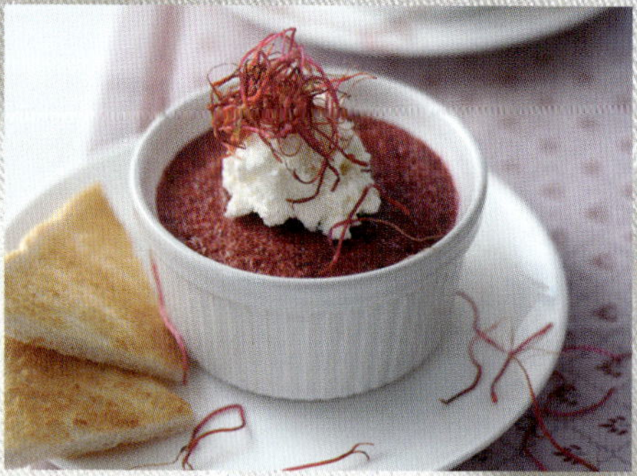

Refeições leves

Sopa de agrião e brotos de ervilha

TEMPO DE PREPARO: 15 minutos | TEMPO DE COZIMENTO: 25 minutos | PORÇÕES: 4

1 colher (sopa) de azeite
1 cebola bem picada
2 alhos-porós aparados e cortados em fatias finas
1,25 litro/5 xícaras (chá) de caldo de legumes
200 g de brotos de ervilha(*) picados grosseiramente
75 g de agrião picado grosseiramente
noz-moscada ralada na hora, a gosto
sal marinho e pimenta-do-reino moída na hora

(*)Se não encontrar brotos de ervilha, substitua por ervilha-torta, tendo o cuidado de eliminar as extremidades e os fios.

Essa é a minha sopa favorita para os momentos em que sinto vontade de algo reconfortante. Além de ser muito gostosa, desintoxica e é bastante saudável. O agrião confere um delicioso sabor picante, e os brotos de ervilha são antioxidantes e acrescentam ainda mais ferro.

Em uma panela grande, em fogo médio-alto, aqueça o azeite. Adicione a cebola e o alho-poró e refogue em fogo baixo, com a panela tampada, por 8 minutos, até amolecerem e ficarem transparentes. Mexa continuamente e tome cuidado para a cebola e o alho-poró não queimarem, o que prejudicaria o sabor. Despeje o caldo e espere ferver. Reduza o fogo para o mínimo e cozinhe por 10 minutos.

Acrescente os brotos de ervilha e o agrião e cozinhe por mais 5 minutos. Retire do fogo e bata até formar um creme liso, usando mixer, liquidificador ou processador. Reaqueça a sopa e tempere com noz-moscada, sal e pimenta.

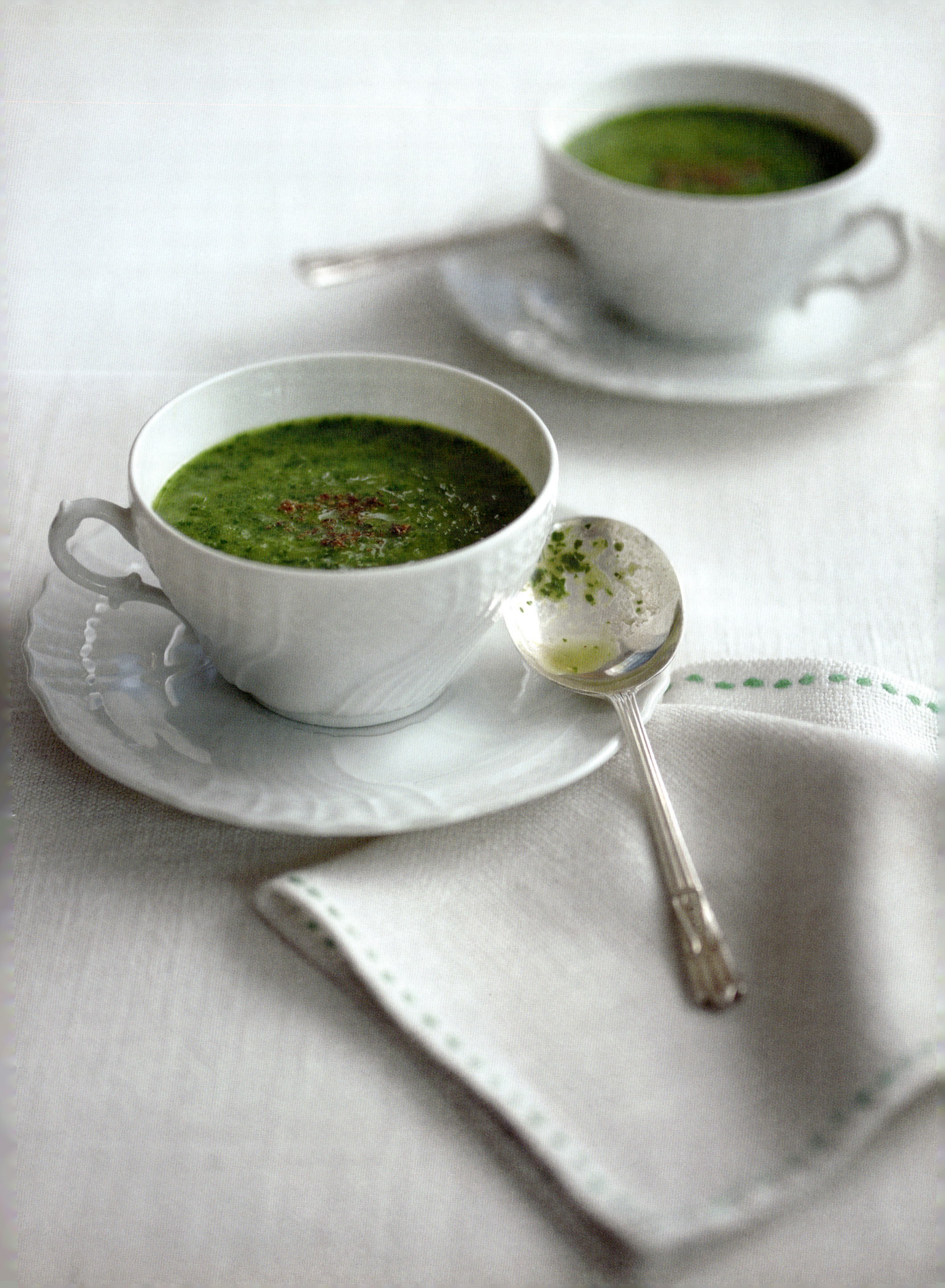

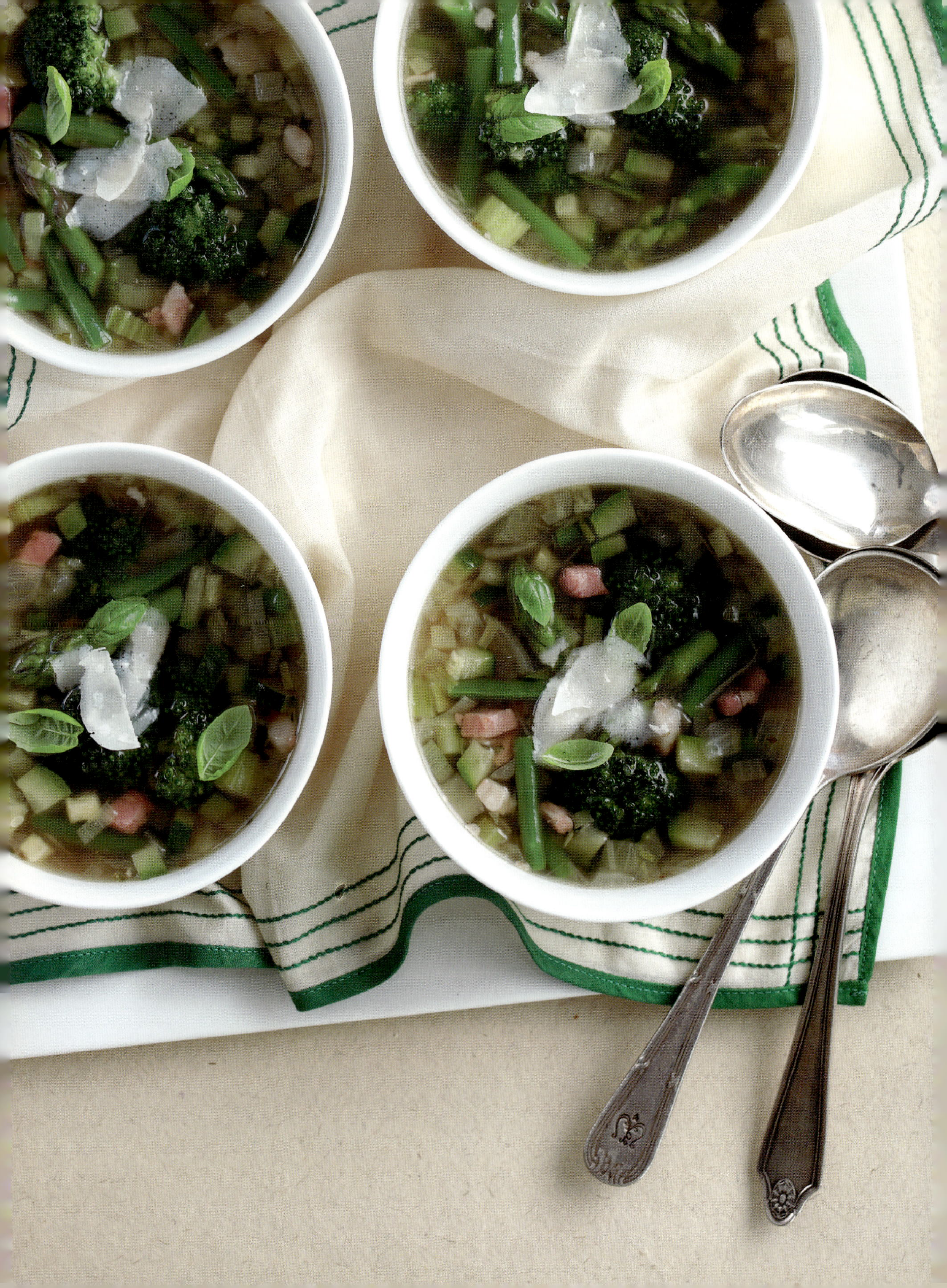

Minestrone de primavera

TEMPO DE PREPARO: 20 minutos | TEMPO DE COZIMENTO: 30 minutos | PORÇÕES: 4

1 colher (sopa) de azeite
100 g de pancetta cortada em cubos
1 cebola bem picada
2 dentes de alho bem picados
3 talos de salsão picados em cubinhos
1 alho-poró cortado em cubinhos
1 abobrinha cortada em cubos
50 g de vagem cortada em pedaços de 2,5 cm
1 litro/4 xícaras (chá) de caldo de legumes
uma boa pitada de orégano
100 g de buquês de brócolis
100 g de pontas de aspargo
sal marinho e pimenta--do-reino moída na hora

PARA SERVIR
folhas pequenas de manjericão
lascas de parmesão fresco

O minestrone é uma sopa de vegetais clássica e muito versátil. No inverno, acrescento tubérculos e leguminosas e, durante o verão, uso tomates, o que faz dessa uma sopa para qualquer estação. Essa receita é uma versão mais leve, com delicados vegetais de primavera.

Aqueça o azeite em uma panela grande em fogo médio-alto. Acrescente a pancetta e frite, sempre mexendo, por 5 minutos, depois reduza a temperatura para média-baixa e junte a cebola, o alho, o salsão e o alho-poró. Cozinhe por 10 minutos até a cebola ficar macia e transparente.

Adicione a abobrinha e a vagem e cozinhe por mais 5 minutos. Em seguida, junte o caldo e o orégano e espere ferver. Diminua para fogo baixo e cozinhe por 5 minutos. Acrescente os brócolis e o aspargo e deixe cozinhar lentamente por mais 5 minutos.

Retire do fogo e tempere com sal e pimenta. Sirva imediatamente, salpicado com folhinhas de manjericão e lascas de queijo parmesão.

REFEIÇÕES LEVES

Consomê de ervas

TEMPO DE PREPARO: 25 minutos | TEMPO DE COZIMENTO: 20 minutos | PORÇÕES: 4

1 peito de frango desossado e sem pele
um punhado pequeno de salsa
um punhado pequeno de estragão
1 dente de alho
1 alho-poró picado grosseiramente
2 cenouras descascadas e picadas grosseiramente
1 talo de salsão picado grosseiramente
1 cebola pequena cortada em cubos
1 litro/4 xícaras (chá) de caldo de galinha
4 claras levemente batidas
sal marinho e pimenta-do-reino moída na hora

PARA SERVIR
1 colher (sopa) de cebolinha-francesa picada
folhas pequenas de estragão
folhas pequenas de manjericão
folhas pequenas de hortelã

Clarear um caldo é uma habilidade antiga e essencial. Incluí essa técnica porque um consomê transparente, dourado e saboroso é também muito bonito. Com a adição de folhinhas de ervas aromáticas, torna-se um delicado prelúdio para qualquer refeição.

Bata o peito de frango, a salsa, o estragão, o alho e todos os vegetais no liquidificador ou processador até ficarem bem picados.

Despeje o caldo em uma panela grande e aqueça em fogo médio-alto. Quando ficar quente, adicione as claras e os ingredientes batidos. Espere ferver, mexendo sem parar para que as claras não desçam ao fundo da panela nem grudem nas bordas.

Assim que o caldo começar a ferver, pare de mexer e diminua a temperatura para média-baixa. Cozinhe sem tampar por 15 minutos, depois retire do fogo. A camada de clara e mistura batida formará uma "tampa" na superfície do líquido. Quando isso acontecer, faça um furo pequeno no centro para o vapor sair.

Com uma concha, pegue cuidadosamente o líquido e passe-o por uma peneira fina, de preferência forrada de gaze, para uma panela limpa. Tempere com sal e pimenta e reaqueça em fogo bem baixo até quase ferver.

Misture a cebolinha com as ervas aromáticas e salpique um pouco sobre cada tigela de consomê antes de servir.

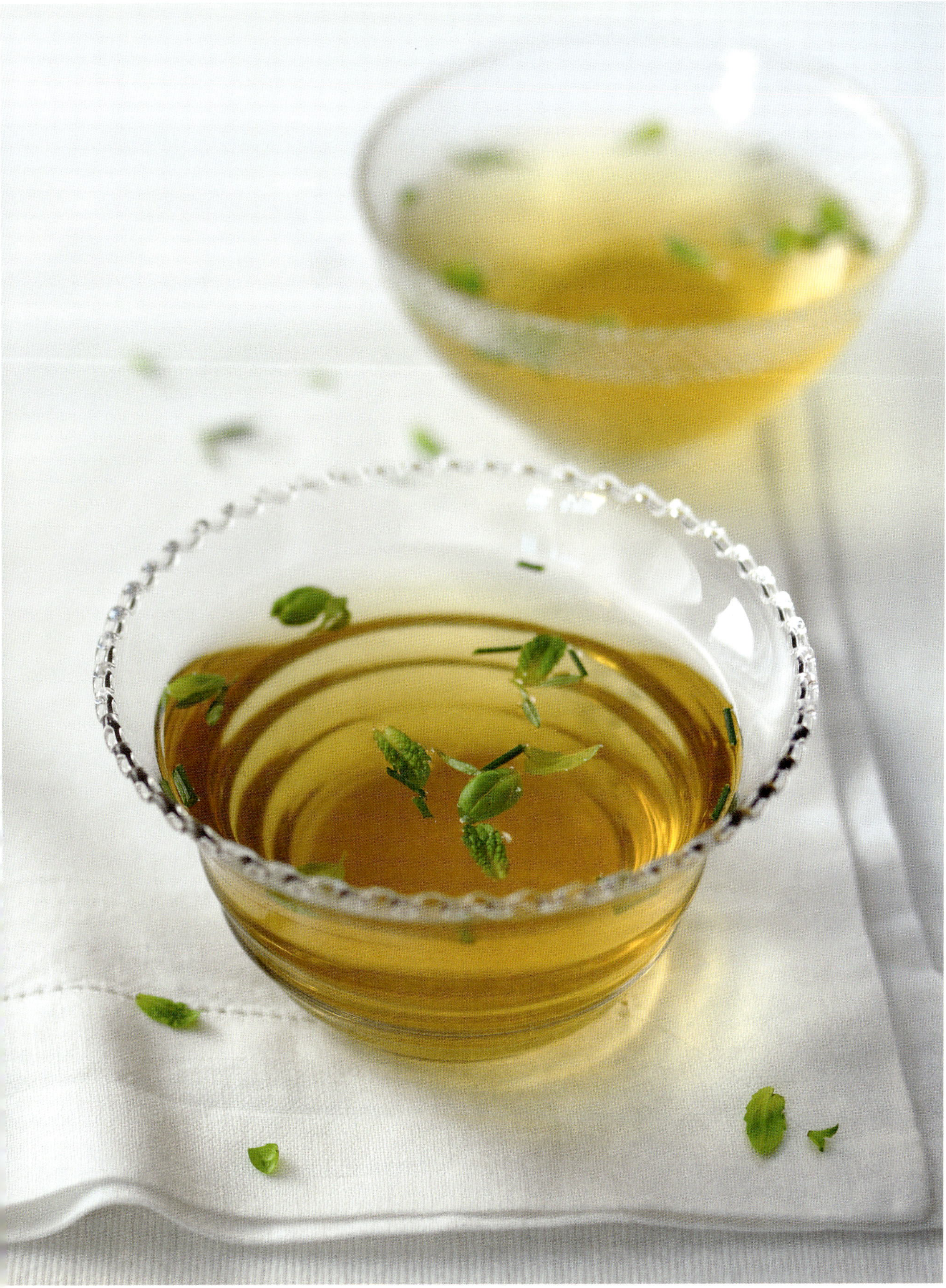

Sopa de abóbora, pimenta e maple syrup

TEMPO DE PREPARO: 15 minutos | TEMPO DE COZIMENTO: 45 minutos | PORÇÕES: 4

1 colher (sopa) de azeite
1 cebola picada grosseiramente
2 dentes de alho bem picados
1 colher (chá) de pimenta em flocos
1 ramo de alecrim
500 g de abóbora-paulista descascada, sem sementes e cortada em cubos
1 litro/4 xícaras (chá) de caldo de legumes
1 colher (chá) de maple syrup
sal marinho e pimenta-do-reino moída na hora

PARA SERVIR
creme de leite fresco

Uma tigela dessa sopa simples e cremosa é reconfortante. Gosto de adicionar um pouco de pimenta em flocos e alecrim para realçar o sabor salgado e o maple syrup para um toque de caramelo. É muito fácil de fazer.

Aqueça o azeite em uma panela grande em fogo médio-baixo. Adicione a cebola e o alho e refogue, com a panela tampada, por 8 minutos, até ficarem macios e transparentes e liberarem seus aromas. Mexa continuamente, cuidando para que a cebola e o alho não queimem. Acrescente a pimenta em flocos, o alecrim e a abóbora, tampe novamente e continue cozinhando por mais 5 minutos.

Junte o caldo e espere ferver. Diminua a temperatura e deixe cozinhar lentamente, por 30 minutos, até a abóbora ficar macia.

Retire a panela do fogo e descarte o ramo de alecrim. Adicione o maple syrup e tempere com sal e pimenta. Bata até formar um creme liso, usando mixer, liquidificador ou processador. Reaqueça a sopa e sirva em tigelas, decorando com uma generosa colher de creme de leite fresco.

Sopa de tupinambo com croûtons de parmesão

TEMPO DE PREPARO: 25 minutos | TEMPO DE COZIMENTO: 40 minutos | PORÇÕES: 4

300 g de tupinambo (*)
suco de limão
1½ colher (chá) de azeite
1 cebola bem picada
1 litro/4 xícaras (chá) de caldo de legumes
100 ml/quase ½ xícara (chá) de creme de leite fresco
sal marinho e pimenta-do-reino moída na hora

CROÛTONS
3 fatias de pão italiano
1 colher (sopa) de azeite
25 g de parmesão ralado fresco

(*) Se não encontrar tupinambo, substitua por inhame ou cará. Cozinhe-os com casca, descasque e pique. Bata-os no liquidificador com a cebola já refogada e o caldo frio. Leve a sopa cremosa ao fogo até quase ferver e sirva.

O sabor do tupinambo lembra o da alcachofra. Ele é nodoso e não tem um bom aspecto quando cru, mas resulta em uma sopa maravilhosamente cremosa. Os croûtons de pão italiano com parmesão são deliciosos e crocantes.

Para preparar o tupinambo, encha uma tigela grande com água fria e acrescente uma boa quantidade de suco de limão. Descasque os tubérculos, corte em fatias finas e coloque-as imediatamente na água com limão. Isso impedirá que o tupinambo oxide e fique escuro, o que ocorre rapidamente.

Aqueça o azeite em uma panela grande em fogo médio-baixo. Adicione a cebola e refogue lentamente, com a panela tampada, por 8 minutos, até amolecer e ficar transparente. Mexa sempre e não deixe a cebola queimar. Despeje o caldo, escorra as fatias de tupinambo e coloque na panela. Diminua para temperatura mínima e cozinhe, tampada, por 30 minutos.

Enquanto isso, para fazer os croûtons, aqueça o forno até ficar bem quente. Elimine a casca do pão e corte o miolo em cubinhos. Espalhe os cubinhos em uma assadeira, regue com o azeite e polvilhe o parmesão. Coloque a assadeira no forno e torre, mexendo algumas vezes, por 10 minutos, até os croûtons ficarem dourados e crocantes. Espere esfriar.

Retire a sopa do fogo e bata até ficar lisa, usando mixer, liquidificador ou processador. Adicione o creme de leite e tempere com sal e pimenta. Reaqueça e sirva imediatamente, com os croûtons.

REFEIÇÕES LEVES

Salada de frango, beterraba, queijo manchego e pecãs caramelizadas

TEMPO DE PREPARO: 15 minutos | TEMPO DE COZIMENTO: 30 minutos | PORÇÕES: 4

8 beterrabas pequenas lavadas
1 colher (sopa) de azeite
sal marinho e pimenta--do-reino moída na hora
4 filés de peito de frango
25 g de manteiga
100 g/ 1 xícara (chá) de nozes-pecãs
50 g/ ¼ de xícara (chá) de açúcar mascavo claro
1 pé de endívia grande separado em folhas
2 pés de radicchio separados em folhas
100 g de lascas de queijo manchego (*)

MOLHO
1 colher (chá) de mostarda de Dijon
1 colher (sopa) de vinagre de vinho branco
3 colheres (sopa) de azeite
2 colheres (chá) de óleo de nozes

(*) O queijo manchego, de origem espanhola, é feito a partir do leite de ovelha e, por isso, tem sabor amanteigado e levemente picante. Se não encontrar, use queijo de cabra meia cura ou parmesão em lascas.

Adoro servir essa salada em estilo bistrô em um almoço leve. A beterraba, o radicchio, a endívia amarga e as pecãs doces e crocantes compõem um prato perfeitamente equilibrado, e a combinação de cores é muito bonita.

Preaqueça o forno a 200°C. Coloque as beterrabas em uma assadeira, regue com o azeite e tempere com sal e pimenta. Cubra com uma folha de papel--alumínio e asse por 30 minutos ou até ficarem bem cozidas. Retire do forno e espere esfriar o suficiente para manusear. Usando luvas de borracha para não manchar suas mãos e unhas, descasque as beterrabas e corte em quartos.

Enquanto isso, aqueça uma frigideira tipo grill em fogo médio-alto e grelhe os filés de frango por 6 minutos de cada lado, até ficarem dourados e bem cozidos por dentro. Para testar se estão prontos, introduza a ponta de uma faca afiada na parte mais espessa da carne – os sucos devem sair transparentes. Passe para um prato, cubra com papel-alumínio e deixe esfriar um pouco.

Derreta a manteiga em uma frigideira em fogo médio até começar a espumar. Adicione as pecãs e frite por 3 minutos. Junte o açúcar e mantenha por mais 3 minutos, até as pecãs ficarem douradas e caramelizadas. Retire do fogo e deixe esfriar um pouco.

Para fazer o molho, coloque todos os ingredientes em uma tigela pequena e bata bem. Coloque a endívia e o radicchio em uma tigela grande, acrescente o molho e misture. Divida a salada e a beterraba entre quatro pratos.

Corte cada filé de frango em cinco fatias e arranje sobre a salada. Espalhe as lascas de queijo manchego e as pecãs caramelizadas e sirva.

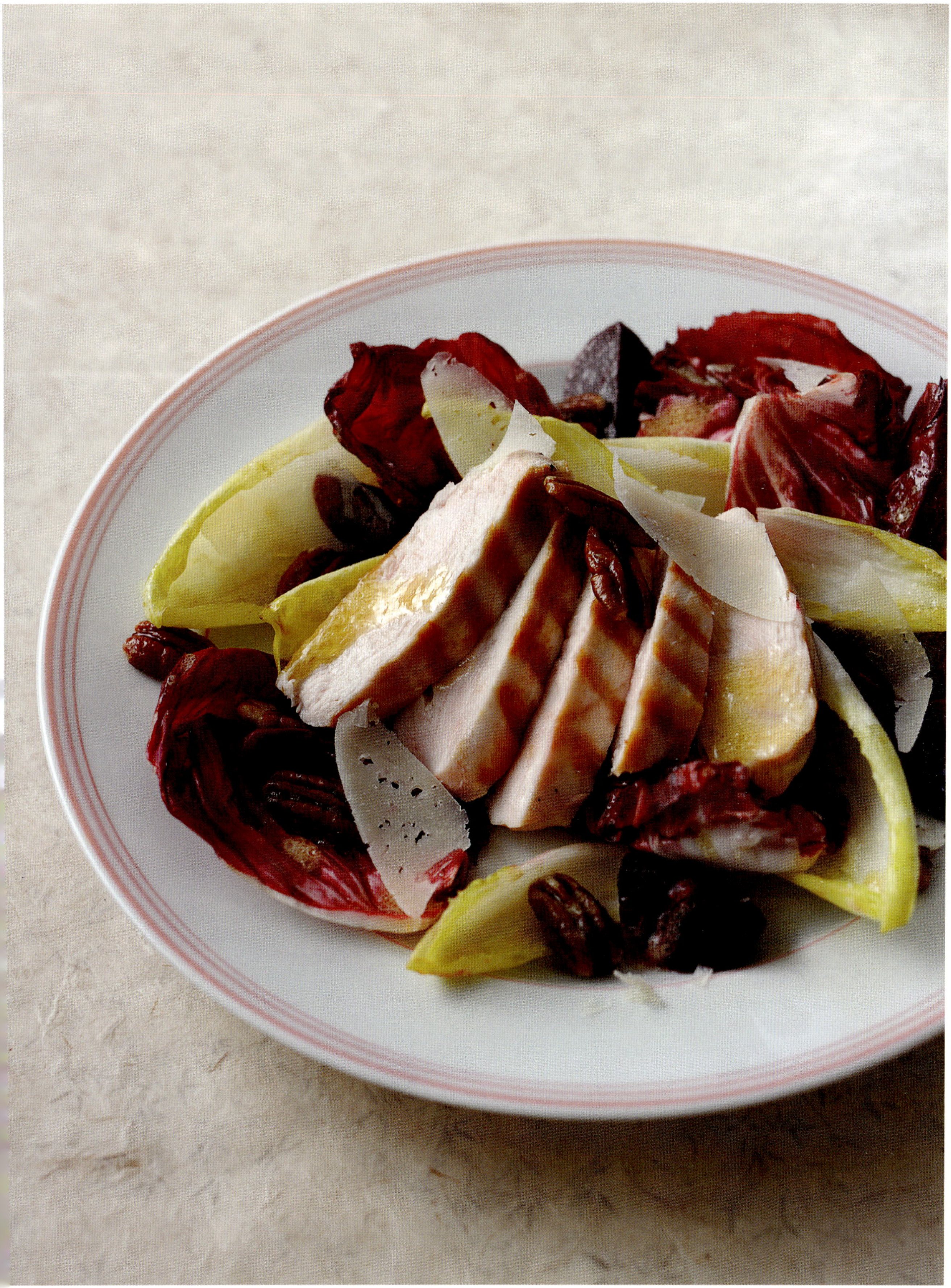

Wraps de frango à indiana no pão chapatis

TEMPO DE PREPARO: 15 minutos, mais 2 horas de marinada | TEMPO DE COZIMENTO: 10 minutos | PORÇÕES: 4

1 peito de frango desossado, sem pele e cortado em tirinhas
1 colher (sopa) cheia de pasta tikka (*)
1 colher (sopa) de iogurte natural
sal marinho e pimenta-do-reino moída na hora
2-3 colheres (sopa) de chutney de manga
4 pães chapatis integrais ou pães sírios médios

MOLHO DE GRÃO-DE-BICO E IOGURTE
2 colheres (sopa) cheias de hortelã picada
2 colheres (sopa) cheias de coentro picado
½ colher (chá) de sementes de cominho
150 g/ ⅔ de xícara (chá) de iogurte natural
100 g/½ xícara (chá) de grão-de-bico em conserva escorrido

(*) A pasta tikka é uma mistura dos seguintes condimentos: alho, gengibre, pimenta-de-caiena, páprica, garam masala, sal, óleo de gergelim, tomate, pimenta-malagueta, coco, cominho e coentro. De origem indiana, pode ser encontrada pronta em lojas de produtos importados.

Além de deliciosos, esses rolinhos são muito práticos para um almoço rápido ou para serem embalados e levados para o trabalho ou um piquenique. Todos adoram, e eles são devorados em poucos minutos.

Coloque as tirinhas de frango em uma tigela grande e misture com a pasta tikka e o iogurte até ficarem bem recobertas pelo tempero. Cubra com filme de PVC e leve à geladeira para marinar por 2 horas (ou mais, se quiser).

Enquanto isso, prepare o molho. Misture em uma tigela grande a hortelã, o coentro, o cominho e o iogurte até incorporarem bem. Cubra com filme de PVC e leve à geladeira.

Aqueça o forno até ficar bem quente. Coloque as tirinhas de frango em uma assadeira, tempere com sal e pimenta e asse por 10 minutos, virando de vez em quando. Enquanto isso, adicione o grão-de-bico ao molho de iogurte e misture bem.

Divida o chutney de manga entre os pães, espalhando bem. Cubra com o molho e as tirinhas de frango grelhadas. Enrole os pães e sirva.

Salada morna de pato e lichia

TEMPO DE PREPARO: 20 minutos | TEMPO DE COZIMENTO: 2 horas | PORÇÕES: 4

4 coxas de pato
5 cm de gengibre fresco, descascado e bem picado
sal marinho e pimenta-do-reino moída na hora
200 g de lichia em conserva escorrida
4 cebolinhas bem picadas
½ pé de acelga cortado em fatias grossas

MOLHO
1 colher (chá) de sementes de gergelim
1 pimenta vermelha bem picada
2 colheres (chá) de shoyu
½ colher (chá) de óleo de gergelim torrado
1 colher (chá) de vinagre de arroz chinês

Coxas de pato assadas lentamente, combinadas com fruta e verdura, formam um prato único excelente para um almoço leve. Essa salada é relativamente simples, mas muito saborosa. Adoro o contraste entre a lichia doce e a carne salgada.

Preaqueça o forno a 160°C. Tempere as coxas de pato com sal, depois coloque-as numa assadeira funda e espalhe metade do gengibre. Cubra com papel-alumínio e leve ao forno para assarem por 1h30. Aumente a temperatura para 200°C, retire o papel-alumínio e deixe assarem por mais 30 minutos ou até ficarem bem douradas e a carne se soltar facilmente dos ossos. Retire do forno e deixe esfriar um pouco.

Trabalhando com dois garfos, desfie a carne em pedaços pequenos e coloque numa tigela. Acrescente um pouco da gordura da assadeira para dar mais sabor, o gengibre restante, sal e pimenta a gosto. Deixe esfriar mais um pouco, adicione a lichia, a cebolinha e a acelga e mexa bem.

Bata todos os ingredientes do molho numa tigela pequena. Regue a salada com o molho e misture até todos os elementos absorverem os temperos. Sirva imediatamente.

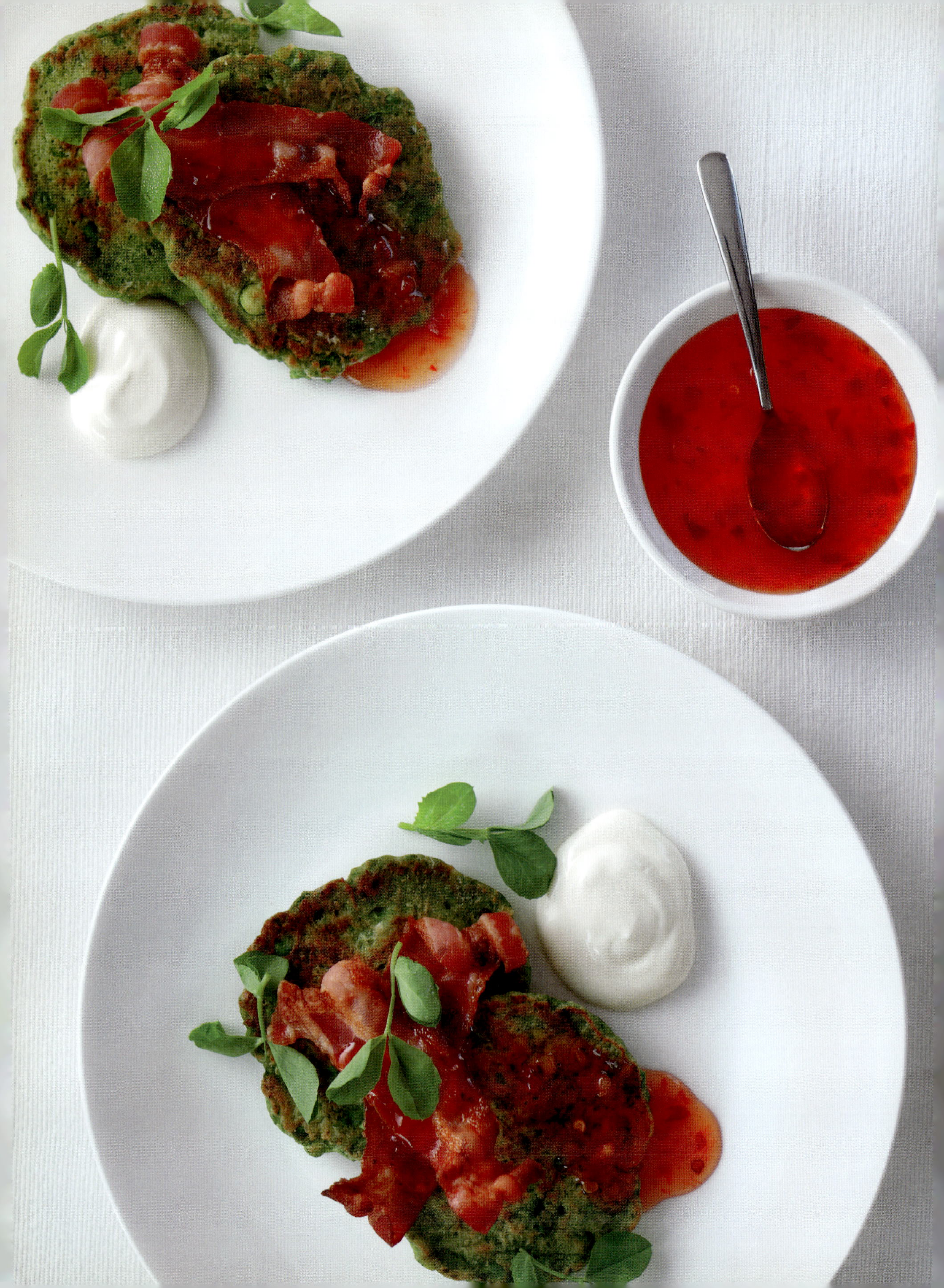

Panquecas de ervilha com pancetta crocante e molho de pimenta

TEMPO DE PREPARO: 20 minutos | TEMPO DE COZIMENTO: 20 minutos | PORÇÕES: 8

50 g de brotos de ervilha(*), mais um pouco para decorar
5 colheres (sopa) de creme de leite fresco
1 ovo
75 g/¾ de xícara (chá) de farinha de trigo com fermento
½ colher (chá) de açúcar
sal marinho e pimenta-do-reino moída na hora
150 g /1 xícara (chá) de ervilhas descongeladas e ligeiramente amassadas
8 fatias de pancetta ou bacon magro cortadas em tiras
50 g de manteiga
3 colheres (sopa) cheias de molho doce de pimenta ou geleia de pimenta

PARA SERVIR
100 g /⅓ de xícara (chá) de creme de leite fresco ou coalhada seca

(*) Se não encontrar o broto de ervilha, substitua por espinafre e decore o prato com folhinhas de espinafre ou salsa.

Essas panquecas têm um lindo tom verde-vivo e são sempre um sucesso no brunch. Às vezes, eu as faço pequenas para servir como canapés; em outras, em vez da pancetta e do molho de pimenta, uso salmão defumado e cebolinha.

Bata os brotos de ervilha no liquidificador ou processador até ficarem bem picados. Adicione o creme de leite, o ovo, a farinha e o açúcar e volte a bater até formar uma massa lisa. Tempere com sal e pimenta e junte a ervilha.

Aqueça o forno. Quando estiver bem quente, coloque a pancetta numa assadeira e toste por 4 minutos de cada lado ou até ficar crocante. Cubra com papel-alumínio para manter aquecida e reserve.

Aqueça uma frigideira grande em fogo médio e derreta 1 colher (sopa) de manteiga. Coloque 4 colheres (sopa) da massa de panqueca separadas, deixando espaço suficiente entre elas para esparramar. Mantenha as panquecas por 3 minutos de cada lado até dourarem. Passe para um prato forrado com papel-toalha e cubra com um pano de prato para mantê-las aquecidas. Repita com a massa restante, adicionando mais manteiga, quando necessário.

Acomode a pancetta crocante sobre as panquecas e acrescente um pouco do molho de pimenta. Coloque ao lado uma colherada de creme de leite fresco e espalhe alguns brotos de ervilha.

Terrina de porco com mostarda di Cremona

TEMPO DE PREPARO: 25 minutos, mais uma noite para firmar | TEMPO DE COZIMENTO: 2h30 | PORÇÕES: 10

2 ou 3 joelhos de porco (cerca de 2,5 kg)
1 cebola cortada em quartos
2 cenouras descascadas e picadas grosseiramente
2 talos de salsão picados grosseiramente
1 buquê garni(*)
4 grãos de pimenta-do-reino
2 colheres (chá) de vinagre de vinho branco
2 echalotas picadas grosseiramente
1 maço grande de salsa picado finamente
sal marinho e pimenta-do-reino moída na hora
2 folhas de gelatina
100 g de mostarda di Cremona(**)

PARA SERVIR
150 g de folhas de rúcula
fatias de pão caseiro ou italiano torradas

(*) Buquê garni é um amarrado de ervas aromáticas usado na culinária francesa. As mais comuns são louro, tomilho e salsa.

(**) A mostarda di Cremona compõe-se de frutas variadas conservadas em xarope e condimentadas com mostarda em pó.

O joelho de porco pode ser encontrado salgado ou fresco. Aqui escolhemos o fresco que, apesar de precisar de um bom tempo de cozimento, proporciona ótimas terrinas, saladas e sopas. A mostarda di Cremona combina muito bem com essa receita.

Coloque os joelhos de porco, a cebola, a cenoura, o salsão, o buquê garni e os grãos de pimenta em uma panela grande e cubra com água. Espere ferver, reduza para fogo baixo e cozinhe lentamente por 2 horas ou até a carne soltar do osso. Deixe esfriar o suficiente para manusear, então desosse e desfie em pedaços pequenos. Cubra com filme de PVC e reserve.

Retire os vegetais e qualquer osso restante da panela e deixe o caldo ferver levemente em fogo baixo por 30 minutos ou até reduzir a 400 ml ou pouco mais de 1½ xícara (chá). Não deixe ferver demais para não ficar turvo. Acrescente o vinagre, a echalota e a salsa e tempere com sal e pimenta.

Forre com filme de PVC o fundo e as laterais de uma fôrma de bolo inglês com capacidade para 1 litro/4 xícaras (chá), deixando nas laterais sobra suficiente para cobrir a terrina. Em uma tigela pequena, coloque as folhas de gelatina de molho em água fria por 5 minutos ou até amolecerem. Retire o excesso de água e junte ao caldo para dissolverem completamente.

Coloque a carne desfiada na fôrma preparada, apertando bem, e despeje o caldo por cima. Cubra com o filme de PVC que sobrou nas laterais e leve à geladeira por 30 minutos para assentar. Corte um pedaço de papel-cartão que se ajuste à superfície da terrina, arrume sobre a carne e coloque por cima um peso (uma lata de conserva, por exemplo). Leve à geladeira de um dia para o outro para firmar. Fatie a terrina e arrume nos pratos com um pouco de mostarda di Cremona. Sirva com rúcula e pão torrado.

Essa mostarda de fruta que lembra uma pedra preciosa acrescenta cor e um toque apimentado ao prato.

Salada de fava, brotos de ervilha e presunto cru com molho de trufas

TEMPO DE PREPARO: 15 minutos, mais 15 minutos para descongelar | PORÇÕES: 4

150 g/1 xícara (chá) de favas congeladas(*)
150 g/1 xícara (chá) de ervilhas congeladas
2 pés de minialface separados em folhas
12 fatias de presunto cru
sal marinho e pimenta-do-reino moída na hora

MOLHO DE TRUFAS
1 colher (chá) de mostarda de Dijon
4 colheres (chá) de vinagre de vinho branco
3 colheres (sopa) de azeite
1 colher (chá) de azeite trufado
1 colher (chá) de pasta de trufas (**) (opcional)

PARA SERVIR
30 g de brotos de ervilha ou de pontas de agrião
20 g de lascas de parmesão fresco

(*) Se não encontrar favas congeladas, use as frescas. Depois de debulhadas, afervente-as por alguns segundos e retire a pele.

(**) A pasta de trufas pode ser encontrada em lojas de produtos importados.

Essa salada entra no reino da culinária gourmet com a adição desse molho fantástico, feito à base de azeite trufado. As favas sem pele são ótimas; o presunto cru, de preferência o italiano prosciutto di Parma, e as lascas de queijo parmesão dão ao prato o acabamento perfeito.

Para fazer o molho, bata todos os ingredientes numa tigela pequena até incorporarem bem. Reserve.

Retire a pele das favas descongeladas e misture com as ervilhas numa tigela grande. Junte as folhas de alface, regue com o molho reservado, tempere com sal e pimenta e misture bem.

Divida a salada entre quatro pratos. Arrume por cima o presunto cru e as lascas de parmesão, espalhe os brotos de ervilha e sirva.

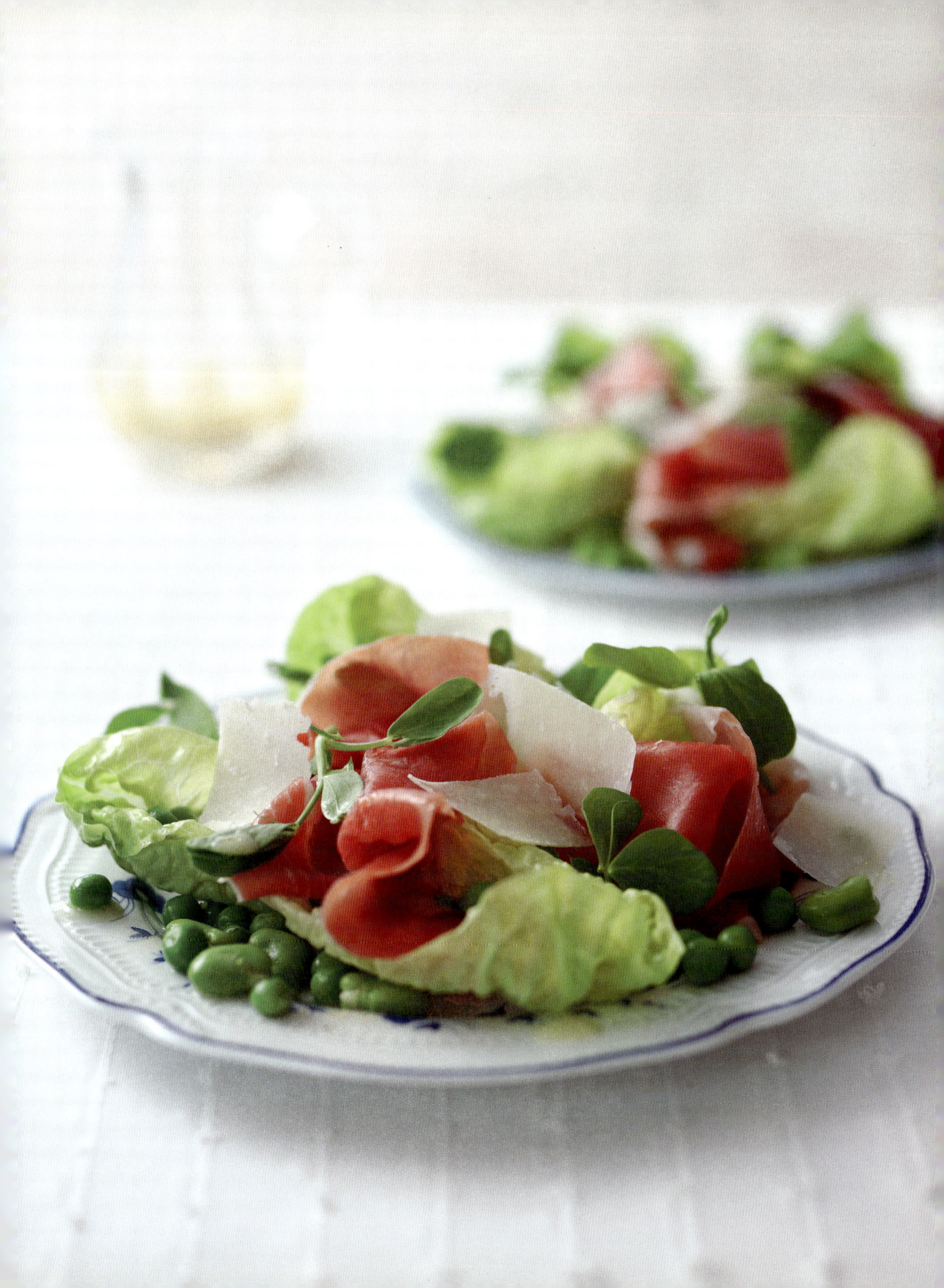

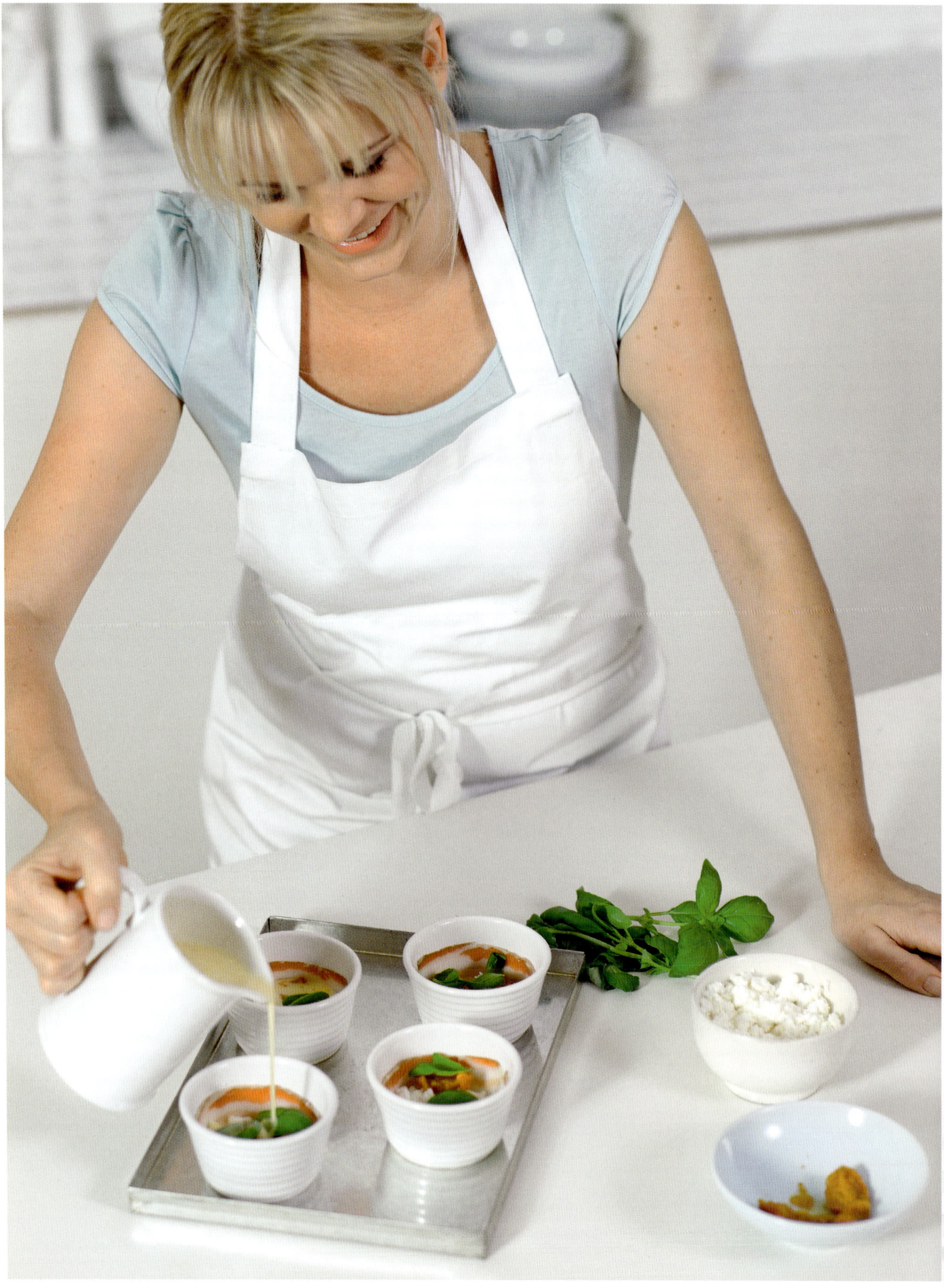

Minifrittatas de feta, tomate seco e pancetta

TEMPO DE PREPARO: 15 minutos | TEMPO DE COZIMENTO: 15 minutos | PORÇÕES: 4

azeite para untar
8 fatias de pancetta
200 g de queijo feta esmigalhado
25 g de folhas de manjericão rasgadas
12 tomates secos escorridos
10 ovos
100 ml/pouco menos de ½ xícara (chá) de leite
sal marinho e pimenta-do-reino moída na hora

Frittatas são ótimas: além de serem fáceis e rápidas de fazer, permitem usar a criatividade. Experimente queijos diferentes, ervas e carnes para incrementá-las. Você pode fazer uma só, grande, na frigideira ou em forminhas ou ramequins individuais no forno.

Preaqueça o forno a 200°C. Unte quatro ramequins com azeite e forre-os com pancetta. Arrume-os em uma assadeira rasa.

Divida o queijo feta e as folhas de manjericão entre os ramequins. Coloque em cada um 3 tomates secos, com o lado cortado para cima.

Bata os ovos e o leite numa tigela grande e tempere com sal e pimenta. Despeje numa jarra para facilitar o trabalho e divida a mistura entre as porções.

Asse por 15 minutos, ou até as frittatas começarem a firmar e dourar. Retire do forno e deixe esfriar um pouco nos ramequins, então sirva morno ou frio.

Se preferir fazer 6 frittatas ainda menores, use uma assadeira de muffins com seis cavidades e divida igualmente os ingredientes.

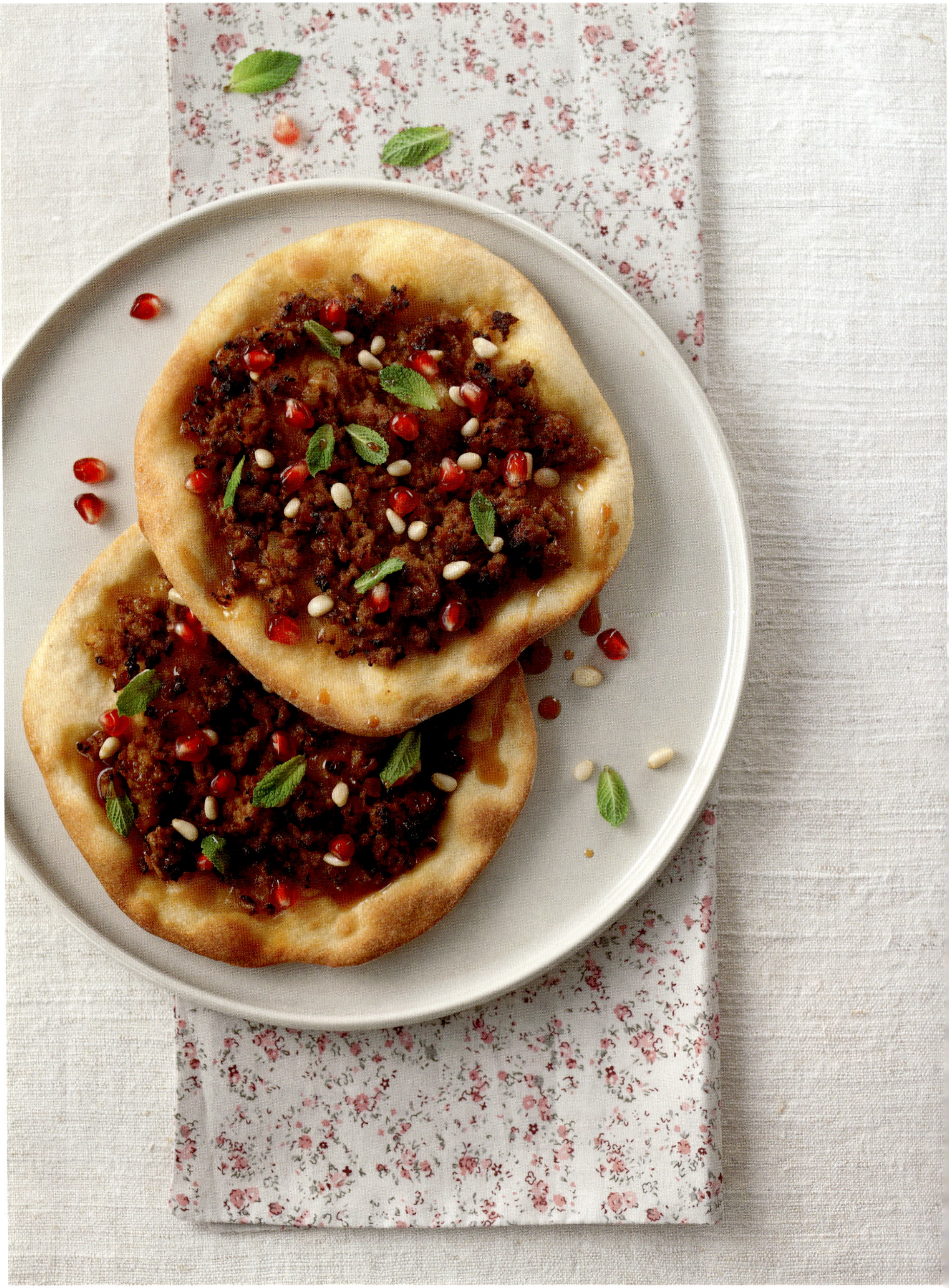

Esfihas de cordeiro bem temperadas

TEMPO DE PREPARO: 40 minutos, mais o preparo da massa | TEMPO DE COZIMENTO: 30 minutos | PORÇÕES: 4

1 colher (sopa) de azeite
1 cebola bem picada
2 dentes de alho bem picados
400 g de carne de cordeiro moída
½ colher (chá) de canela em pó
½ colher (chá) de pimenta síria em pó(*)
uma pitada de cominho em pó
uma pitada de coentro em pó
1 colher (sopa) de purê de tomate
sal marinho e pimenta-do-reino moída na hora
1 colher (sopa) de xarope de romã, mais um pouco para regar (opcional)
1 receita de massa para Pão sírio (p. 202)
farinha de trigo, para polvilhar
3 colheres (sopa) de pinholes
um punhado de folhinhas de hortelã
100 g de sementes de romã

(*) Pimenta síria é um tempero composto por pimenta-do-reino, pimenta-da-jamaica, canela, cravo e noz-moscada.

Quando eu morava em Beirute, comprava essas esfihas recém-saídas do forno em um barzinho perto da minha casa. A comida lá era fabulosa e ainda sinto saudade...

Aqueça o azeite em uma panela grande em fogo médio. Adicione a cebola, o alho e a carne moída e misture bem. Tampe a panela e refogue por 10 minutos, mexendo de vez em quando, até os ingredientes começarem a dourar e se unir. Junte as especiarias e o purê de tomate e tempere com sal e pimenta a gosto. Acrescente o xarope de romã, mexa e retire a panela do fogo.

Preaqueça o forno a 180°C. Retire a massa da geladeira e coloque sobre uma superfície levemente enfarinhada. Forme uma bola com a massa e divida-a em oito pedaços (para esfihas médias) ou 24 pedaços (para miniesfihas). Amasse cada pedaço formando uma rodela, aperte com o punho e depois estenda com o rolo até obter um disco fino. Coloque os discos numa assadeira e espalhe sobre eles a carne moída. Asse por 15 minutos ou até ficarem dourados e crocantes.

Retire do forno e sirva salpicado de pinholes, folhinhas de hortelã e sementes de romã. Se quiser, regue com um fio de xarope de romã antes de servir.

REFEIÇÕES LEVES

Quesadillas de chorizo, batata-doce e coentro

TEMPO DE PREPARO: 20 minutos | TEMPO DE COZIMENTO: 1h35 | PORÇÕES: 6

200 g de batata-doce
150 g de chorizo cru(*)
1 cebola roxa picada grosseiramente
1 pimenta vermelha sem sementes e bem picada
100 g de queijo feta (ou outro queijo de cabra fresco firme)
1 maço pequeno de coentro, mais um pouco para servir
6 tortilhas de farinha de trigo

PARA SERVIR
100 g de pimenta jalapeño em conserva
100 g/pouco mais de $1/3$ de xícara (chá) de sour cream (**)
1 limão cortado em gomos

(*) Se não encontrar chorizo cru, use linguiça fresca e adicione 1 colher (chá) de páprica doce ou picante.

(**) Se não encontrar sour cream, misture 1 colher (sopa) de suco de limão e 250 ml de creme de leite fresco. Espere 10 minutos para que o creme talhe e engrosse.

Quesadillas são ótimas para fazer um lanche em poucos minutos por conta de sua versatilidade. Você pode rechear com todos os tipos de combinações, inclusive essa, deliciosa e picante, sugerida aqui.

Coloque a batata-doce em uma panela com água fervente, diminua para fogo baixo e cozinhe, tampada, por 20 minutos ou até ficar macia.

Tome cuidado para não cozinhar demais, porque a batata-doce retém muita água. Escorra, deixe esfriar e corte em cubinhos.

Aqueça uma frigideira em fogo médio-alto. Desmanche o chorizo e frite, mexendo sempre, por 4 minutos ou até soltar o óleo. Adicione a cebola e a pimenta e refogue, mexendo de vez em quando, por 8 minutos ou até dourar. Acrescente os cubinhos de batata-doce, o feta esmigalhado e o coentro, misture bem e retire do fogo.

Preaqueça o forno a 160°C. Coloque três assadeiras rasas no forno para aquecer. Coloque uma tortilha aberta na tábua de cortar. Espalhe $1/6$ do refogado de chorizo sobre metade da tortilha e feche com a outra metade. Dobre novamente ao meio, formando a quesadilla. Repita o processo com o restante das tortilhas e do recheio. Aqueça uma frigideira grande em fogo médio. Coloque uma quesadilla por 5 minutos de cada lado, até ficar dourada e crocante. Retire da panela e passe para uma das assadeiras que estão no forno para mantê-la aquecida até a hora de servir. Repita com as outras quesadillas.

Corte as quesadillas ao meio, arrume numa travessa e polvilhe um pouco de coentro. Sirva imediatamente, com a pimenta jalapeño em conserva, o sour cream e os gomos de limão.

Rolinhos primavera de carne à vietnamita

TEMPO DE PREPARO: 25 minutos, mais 1 hora para marinar e fazer o molho | TEMPO DE COZIMENTO: 8 minutos | PORÇÕES: 4

1 bife de 300 g de alcatra com cerca de 1,5 cm de espessura
100 g de macarrão de arroz extrafino
um fio de óleo de gergelim
sal marinho e pimenta-do-reino moída na hora
um punhado pequeno de hortelã picada grosseiramente
um punhado pequeno de coentro picado grosseiramente
8 discos transparentes de papel de arroz
½ pepino cortado em palitos
1 cenoura cortada em palitos

MARINADA
2 dentes de alho muito bem picados
1 talo de capim-limão, sem as folhas e a ponta, amassado
raspas de 1 limão
1 pimenta vermelha bem picada
1 colher (chá) de açúcar mascavo
1 colher (sopa) de saquê ou de xerez seco

PARA SERVIR
Dip picante (p. 198)

Esses rolinhos primavera leves e frescos são excelentes, muito melhores do que a versão frita e gordurosa. Se você não gosta muito de carne, use camarões ou tiras de frango grelhado para substituir.

Para fazer a marinada, misture todos os ingredientes numa tigela grande. Adicione a carne e, com uma colher, regue-a com a marinada. Cubra com filme de PVC e deixe na geladeira por 1 hora.

Coloque o macarrão numa tigela e cubra com água fervente. Deixe de molho por 5 minutos, esfrie em água corrente e escorra. Retorne-o à tigela e misture com o óleo de gergelim. Reserve.

Aqueça uma frigideira em fogo médio-alto. Seque o bife com papel-toalha e tempere com sal e pimenta. Coloque o bife na frigideira e frite por 4 minutos de cada lado para selar, mantendo o interior rosado e suculento. Retire do fogo e deixe descansar em um prato por 5 minutos, depois corte em tirinhas. Enquanto isso, misture algumas folhinhas de hortelã e de coentro com o Dip picante, reservando a maior parte para servir.

Despeje água fervente numa assadeira e mergulhe um disco de arroz de cada vez até amolecer. Retire, agite para retirar o excesso de água e coloque numa tábua de cortar. Deixando uma borda de 1 cm em cada lado, arranje no meio da folha, na horizontal, uma boa porção de macarrão, pepino, cenoura e algumas tiras de carne. Dobre as extremidades para dentro e enrole bem apertado. Reserve em um prato, cubra com um pano e faça o restante dos rolinhos. Sirva salpicados com as folhinhas de ervas reservadas e com o pote de dip ao lado.

REFEIÇÕES LEVES

Carpaccio de carne à asiática com ervas

TEMPO DE PREPARO: 15 minutos, mais 30 minutos, no mínimo, para gelar | TEMPO DE COZIMENTO: 15 minutos | PORÇÕES: 4

400 g de filé-mignon
sal marinho e pimenta-
-do-reino moída na hora
150 ml/cerca de ⅔ de xícara (chá) de óleo vegetal
8 dentes de alho cortados em fatias muito finas
um punhado pequeno de folhinhas de coentro
um punhado pequeno de folhinhas de manjericão roxo

MOLHO
2 colheres (sopa) de shoyu
½ colher (chá) de açúcar mascavo
1 pimenta vermelha sem sementes e finamente picada
½ colher (chá) de óleo de gergelim

Essa é a minha versão de carpaccio: um tanto rústico e levemente selado por fora, com um molho ao mesmo tempo adocicado, salgado e picante. Os chips de alho são crocantes, e os sabores combinam muito bem, especialmente o toque do manjericão roxo com seu singular sabor de anis.

Aqueça uma frigideira antiaderente em fogo alto até ficar muito quente e tempere bem a carne com sal e pimenta. Coloque a carne na frigideira e sele de todos os lados, formando uma crosta. O processo levará 8-10 minutos. Retire do fogo e deixe esfriar.

Quando a carne esfriar um pouco (não precisa ficar totalmente fria), embrulhe em várias camadas de filme de PVC, apertando o máximo possível para formar um rolo, como uma salsicha. Amarre as duas pontas e leve à geladeira de 30 minutos a 1 hora. Enquanto isso, bata todos os ingredientes do molho numa tigelinha até ficar homogêneo e reserve.

Aqueça o óleo vegetal numa frigideira de fundo grosso. Teste a temperatura jogando uma fatia de alho, que deve chiar. Adicione as fatias de alho em lotes para deixar um bom espaço entre elas e frite até dourarem. Preste atenção porque o alho doura rápido e poderá queimar. Retire com uma escumadeira e escorra em papel-toalha.

Pouco antes de servir, retire a carne da geladeira e corte em fatias muito finas. Arranje-as sobrepostas em uma travessa, com o molho por cima e salpicadas com o coentro e o manjericão roxo.

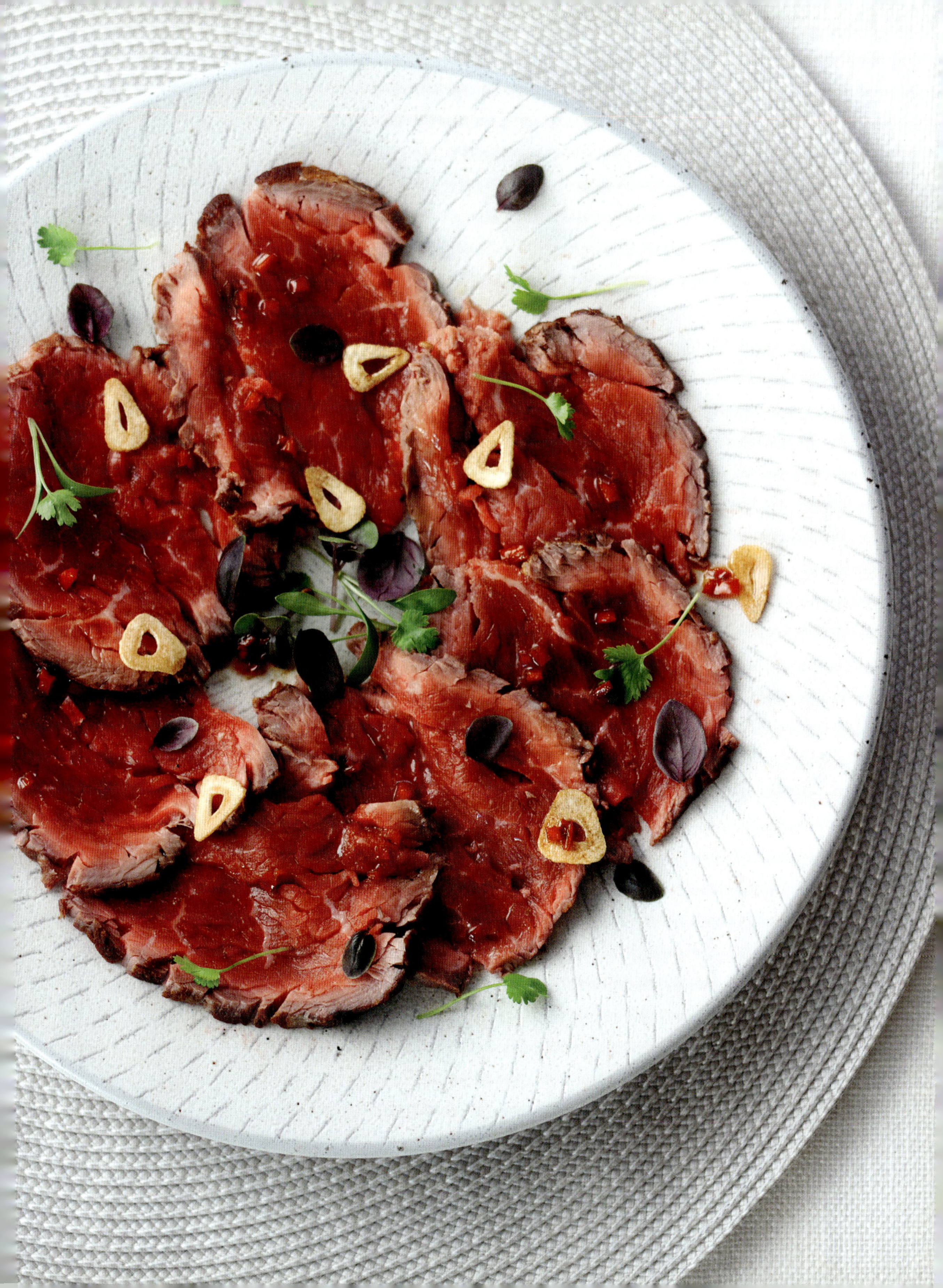

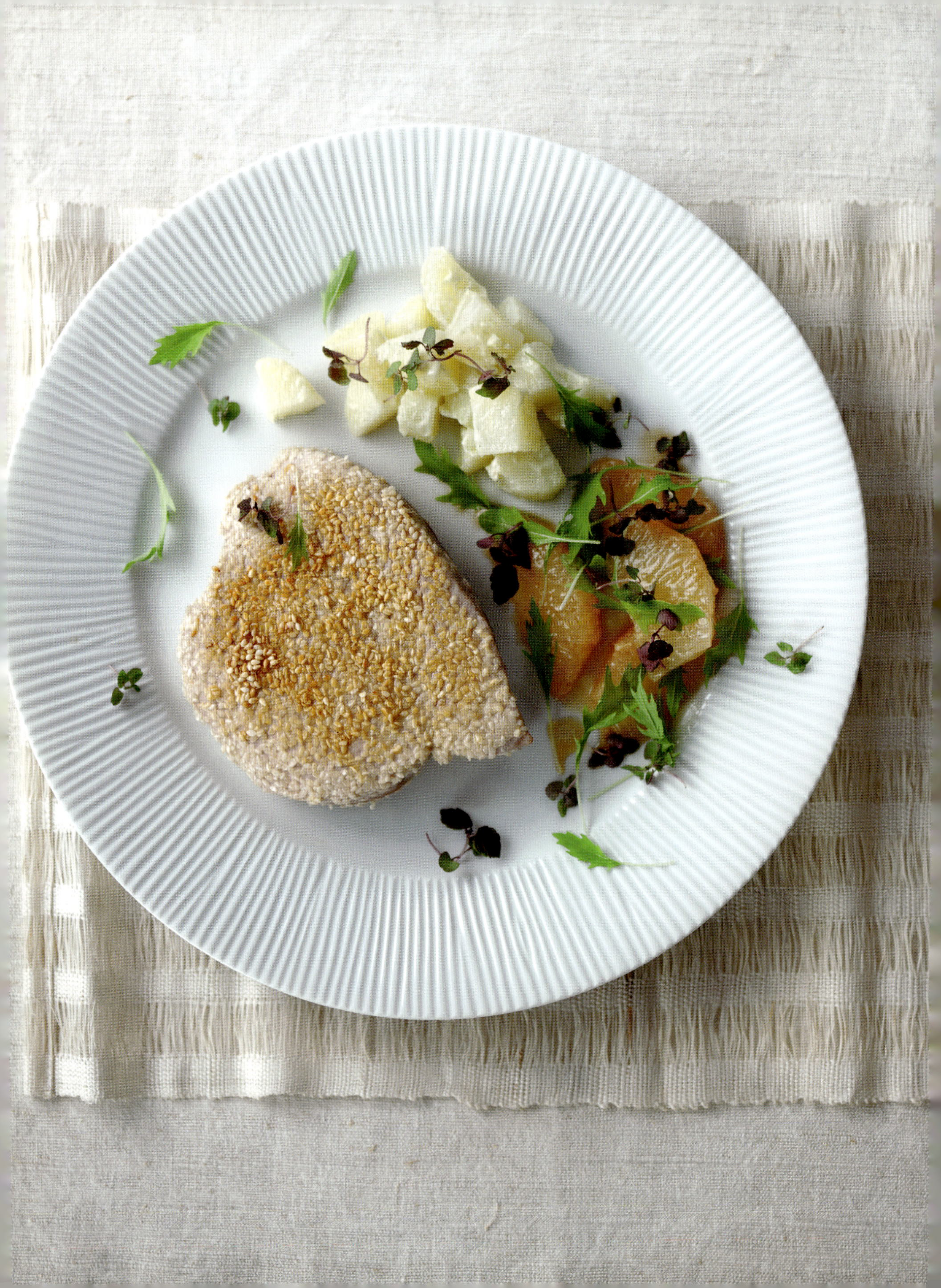

Atum em crosta de gergelim com saladas de grapefruit e de batata

TEMPO DE PREPARO: 20 minutos, mais o preparo da maionese | TEMPO DE COZIMENTO: 25 minutos | PORÇÕES: 4

1 colher (sopa) de sementes de gergelim
4 postas de atum com cerca de 180 g cada
400 g de batata pequena
1 colher (sopa) de maionese (p. 199)
1 colher (chá) de wasabi
1 grapefruit rosado
1 colher (sopa) de molho de soja light
1 colher (chá) de óleo de gergelim
1 colher (chá) de óleo de amendoim, mais um pouco para fritar
50 g de mizuna(*), mais um pouco para salpicar
1 colher (sopa) de folhinhas de manjericão roxo, mais um pouco para salpicar

(*) A mizuna, uma verdura de folhas serrilhadas usada na culinária oriental, é nativa da China e pertence à família da mostarda. Pode ser consumida crua (em saladas), cozida (em sopas) ou refogada. Tem sabor levemente adocicado. Se não encontrar, substitua por folhinhas novas de rúcula.

Quando comecei a elaborar essa receita, não tinha certeza de que daria o resultado que eu esperava. Mas deu – o atum selado com gergelim, o grapefruit rosado e o wasabi quente e cremoso ficam ótimos juntos. Posso dizer que criei um prato da culinária fusion.

Empane os dois lados das postas de atum com o gergelim. Arrume em um prato limpo, cubra com filme de PVC e leve à geladeira.

Coloque as batatas com casca em uma panela grande, cubra com água e espere ferver. Diminua o fogo e cozinhe, tampada, por 15 minutos, ou até as batatas ficarem macias. Escorra e deixe esfriar.

Misture a maionese e o wasabi numa tigela grande. Descasque as batatas e corte em cubinhos. Adicione a batata à tigela e misture bem, até os cubinhos ficarem recobertos pela maionese. Reserve.

Com uma faca afiada, descasque o grapefruit, tirando toda a casca e a parte branca, depois corte cuidadosamente em gomos sobre uma tigela para não perder o suco. Adicione o molho de soja e os óleos de gergelim e de amendoim à tigela com o suco e os gomos e misture até incorporar todos os ingredientes. Acrescente a mizuna e as folhinhas de manjericão e agregue.

Aqueça um pouco de óleo de amendoim em uma frigideira grande em fogo médio. Sele o atum dos dois lados por 4 minutos ou até ficar cozido, mas ainda rosado por dentro. Sirva as postas de atum com a salada de batata com wasabi e a salada de grapefruit, salpicadas com mizuna e folhinhas de manjericão.

REFEIÇÕES LEVES

Sardinhas embrulhadas em folhas de uva com uvas cozidas em verjus

TEMPO DE PREPARO: 20 minutos | TEMPO DE COZIMENTO: 30 minutos | PORÇÕES: 4

8 folhas de uva em conserva
8 sardinhas grandes, limpas e sem cabeça
óleo, para fritar

UVAS
3 colheres (sopa) de verjus(*) ou vinho branco
2 colheres (chá) de açúcar
300 g de uvas brancas sem sementes

CROSTINI DE ERVAS
8 fatias pequenas de pão francês caseiro cortadas na diagonal
1 colher (sopa) de salsa bem picada
1 colher (chá) de estragão bem picado
3 colheres (sopa) de azeite extravirgem
1 colher (chá) de raspas de limão
sal marinho

Adoro cozinhar sardinhas embrulhadas em folhas de uva porque elas conservam a umidade e adicionam sabor. Acrescentei um toque levemente azedo com as uvas cozidas no verjus e, como acompanhamento, optei por crostini de ervas para dar uma textura crocante.

Para fazer as uvas cozidas, coloque o verjus, o açúcar e 150 ml/cerca de ⅔ de xícara (chá) de água numa panela, espere levantar fervura e mantenha por 10 minutos. Adicione a uva e continue cozinhando em fogo baixo por mais 10 minutos. Retire do fogo.

Para fazer os crostinis de ervas, aqueça o forno até ficar bem quente e torre as fatias de pão dos dois lados até ficarem crocantes. Em uma tigela pequena, misture a salsa, o estragão, o azeite e as raspas de limão e sal a gosto. Espalhe um pouco da mistura de ervas em cada fatia de pão.

Enrole uma folha de uva em torno de cada sardinha e frite numa frigideira grande em fogo médio por 4-6 minutos de cada lado, até cozinhar por dentro. Sirva as sardinhas com a uva cozida e os crostini de ervas.

(*) O verjus é feito com o suco de uva que ainda não amadureceu. Menos ácido que o suco de limão ou o vinagre, pode ser substituído por estes, mas em quantidade bem menor, ou por vinho branco. Usado na Idade Média, desapareceu durante séculos, tendo reaparecido agora na culinária gourmet.

As uvas cozidas em verjus equilibram perfeitamente a gordura das sardinhas.

Sashimi de robalo com romã e ervas

TEMPO DE PREPARO: 20 minutos | PORÇÕES: 4

4 filés muito frescos de robalo com pele (cerca de 200 g no total)
100 g de sementes de romã
um punhado pequeno de folhinhas de ervas aromáticas variadas
um punhado pequeno de brotos de rabanete ou alfafa

MOLHO DE LIMÃO
suco de 1 limão
3 colheres (sopa) bem cheias de azeite extravirgem
sal marinho e pimenta-do-reino moída na hora

Você precisa de peixe superfresco para fazer esse prato inspirado em um resort em Beirute. O azedinho da romã combina perfeitamente com o peixe. É um prato muito rápido criado para ser consumido imediatamente.

Coloque o peixe em uma tábua de cortar com a pele para baixo. Ela precisa estar bem firme, por isso, se necessário, coloque-a sobre um pano de prato umedecido. Com uma faca bem afiada, corte cuidadosamente fatias muito finas na diagonal. Coloque-as em um prato, cubra com filme de PVC e leve à geladeira enquanto prepara o molho.

Misture os ingredientes do molho de limão em uma tigelinha e tempere com sal e pimenta.

Arranje as fatias de robalo em cada prato de maneira bonita e harmônica. Espalhe as sementes de romã, regue com o molho do limão em fio e depois distribua as ervas aromáticas e os brotos de rabanete. Sirva imediatamente.

Ceviche de camarão

TEMPO DE PREPARO: 15 minutos, mais 1 hora para marinar | TEMPO DE COZIMENTO: 10 minutos | PORÇÕES: 4

400 g de camarões grandes, descascados e cozidos
100 g de tomates-cereja cortados em quartos
1 cebola roxa muito bem picada
1 pimentão vermelho sem sementes e picado em cubinhos
1 colher (sopa) de pimenta jalapeño em conserva bem picada
1 colher (sopa) bem cheia de coentro picado grosseiramente
suco de 1 limão-taiti
suco de ½ limão-siciliano
grãos de 2 espigas de milho-verde

PARA SERVIR
100 g de tortilha torrada em pedaços

O ceviche é tradicionalmente um prato em que o peixe fresco é marinado em suco de limão. Minha receita modifica um pouco a original para criar uma versão moderna do coquetel de camarão. Sirva em cumbuquinhas e use a tortilla torrada em pedaços grandes como colher.

Corte os camarões ao meio no sentido do comprimento e coloque em uma tigela grande. Adicione o tomate-cereja, a cebola, o pimentão, a pimenta jalapeño, o coentro e os sucos de limão e misture até os ingredientes se agregarem bem.

Aqueça o forno em temperatura máxima. Espalhe os grãos de milho-verde em uma assadeira e toste por 10 minutos, mexendo sempre, até ficarem ligeiramente chamuscados. Retire do forno e deixe esfriar, depois incorpore à mistura de camarões e vegetais. Cubra a tigela com filme de PVC e deixe marinando na geladeira por 1 hora. Sirva acompanhado da tortilha torrada.

Tortinhas de camarão e aspargo

TEMPO DE PREPARO: 30 minutos, mais 30 minutos de descanso | TEMPO DE COZIMENTO: 50 minutos | PORÇÕES: 4

250 g de manteiga gelada cortada em cubinhos
500 g/4 xícaras (chá) de farinha de trigo, mais um pouco para polvilhar
1 colher (chá) de azeite
2 echalotas grandes bem picadas
200 g de camarões em conserva ou camarões médios limpos
2 ovos
3 colheres (sopa) de creme de leite fresco
¼ colher (chá) de macis
sal marinho e pimenta-do-reino moída na hora
100 g de pontas de aspargo fino

PARA SERVIR
salada verde

Bata a manteiga e a farinha no processador até obter uma farofa. Com o aparelho funcionando, adicione pouco a pouco 3-4 colheres (sopa) de água gelada até a massa ficar lisa – não coloque água demais. Vire a massa em uma superfície levemente enfarinhada e forme uma bola. Embrulhe em filme de PVC e leve à geladeira por 30 minutos.

Preaqueça o forno a 180°C. Sobre uma superfície levemente enfarinhada, estenda a massa com o rolo até ficar com 3 mm de espessura. Com um cortador de massa redondo, com cerca de 14 cm de diâmetro, ou usando um pires e uma faca afiada, corte 4 discos e use-os para forrar 4 forminhas de torta com 9 cm de diâmetro. (Haverá uma sobra de massa: embrulhe em filme de PVC e congele para outra ocasião.) Forre as forminhas com papel-manteiga e coloque um peso por cima (pesos de confeitaria, arroz ou feijão crus). Asse por 15 minutos, retire o peso e o papel, fure o fundo com um garfo e asse por mais 5 minutos, até as tortinhas começarem a dourar.

Enquanto isso, aqueça o azeite em uma frigideira em fogo médio-baixo, acrescente a echalota e frite por 5 minutos ou até ficar macia e transparente. Adicione o camarão e refogue por 1-2 minutos até aquecer bem ou, se usar camarão fresco, até ficar rosado e seco. Retire da frigideira e reserve.

Bata bem os ovos e o creme de leite em uma tigela. Adicione o macis, tempere com sal e pimenta, depois acrescente o camarão refogado e misture.

Coloque as tortinhas em uma assadeira e, usando uma colher, recheie-as cuidadosamente com a mistura de ovos e camarão, dividindo os camarões por igual. Acomode as pontas de aspargo sobre o recheio.

Leve ao forno e asse por 20 minutos ou até ficarem firmes e douradas. Sirva quente ou morna, acompanhada de salada de folhas variadas.

*O aroma característico do aspargo
enriquece o sabor do camarão.*

Gravlax de salmão curado na beterraba

TEMPO DE PREPARO: 25 minutos, mais 24 horas de cura | PORÇÕES: 4 (com sobra)

800 g de salmão com pele
150 g de sal marinho
100 g/½ xícara (chá) rasa de açúcar mascavo
raspas de 1 limão
1 colher (chá) de pimenta-do-reino moída na hora
200 g de beterraba crua descascada e ralada
um punhado pequeno de folhas de estragão picadas grosseiramente
um punhado de pequenas flores comestíveis, como borragem, amor-perfeito e flores de cebolinha-francesa, para decorar

MOLHO
1 colher (sopa) de raiz-forte
1 colher (sopa) de mostarda extraforte
1 colher (chá) de vinagre de vinho branco
2 colheres (chá) de açúcar
sal marinho e pimenta-do-reino moída na hora

PARA SERVIR
blinis, pão de centeio ou Pão integral com aveia (p. 181) (opcional)

Esse prato atende minha necessidade e meu amor por cores bonitas, sabores delicados e técnicas simples, mas de grande efeito. Curar salmão é um desses processos que parecem ser mais difíceis e demorados do que são na verdade e produz um resultado impressionante! A beterraba acrescenta ao salmão bordas lindamente coloridas.

Examine o salmão para tirar algumas espinhas que podem ter restado e apare o excesso de pedaços gordurosos das bordas.

Misture o sal, o açúcar, as raspas de limão e a pimenta em uma tigela pequena. Coloque o peixe com a pele para baixo em uma travessa e, com as mãos, espalhe a mistura de sal até o salmão ficar bem recoberto. Distribua por cima a beterraba ralada, cubra com filme de PVC e coloque uma tábua ou bandeja sobre o salmão, com pesos para fazer pressão (latas de conserva, por exemplo). Leve à geladeira para curar por 24 horas, no mínimo.

Coloque todos os ingredientes do molho em uma tigelinha, adicione 2 colheres (chá) de água e bata até ficar homogêneo. Cubra e coloque na geladeira.

Raspe a mistura de sal e beterraba da superfície do salmão e descarte. Lave rapidamente o peixe em água fria corrente e enxugue com papel-toalha. Coloque em uma tábua de cortar e, com uma faca afiada, corte na diagonal em fatias muito finas. Segure a pele do peixe para mantê-lo firme enquanto fatia e depois descarte-a.

Divida o salmão entre os pratos e regue com o molho. Espalhe por cima o estragão e as flores comestíveis. Sirva com blinis ou outro tipo de pão.

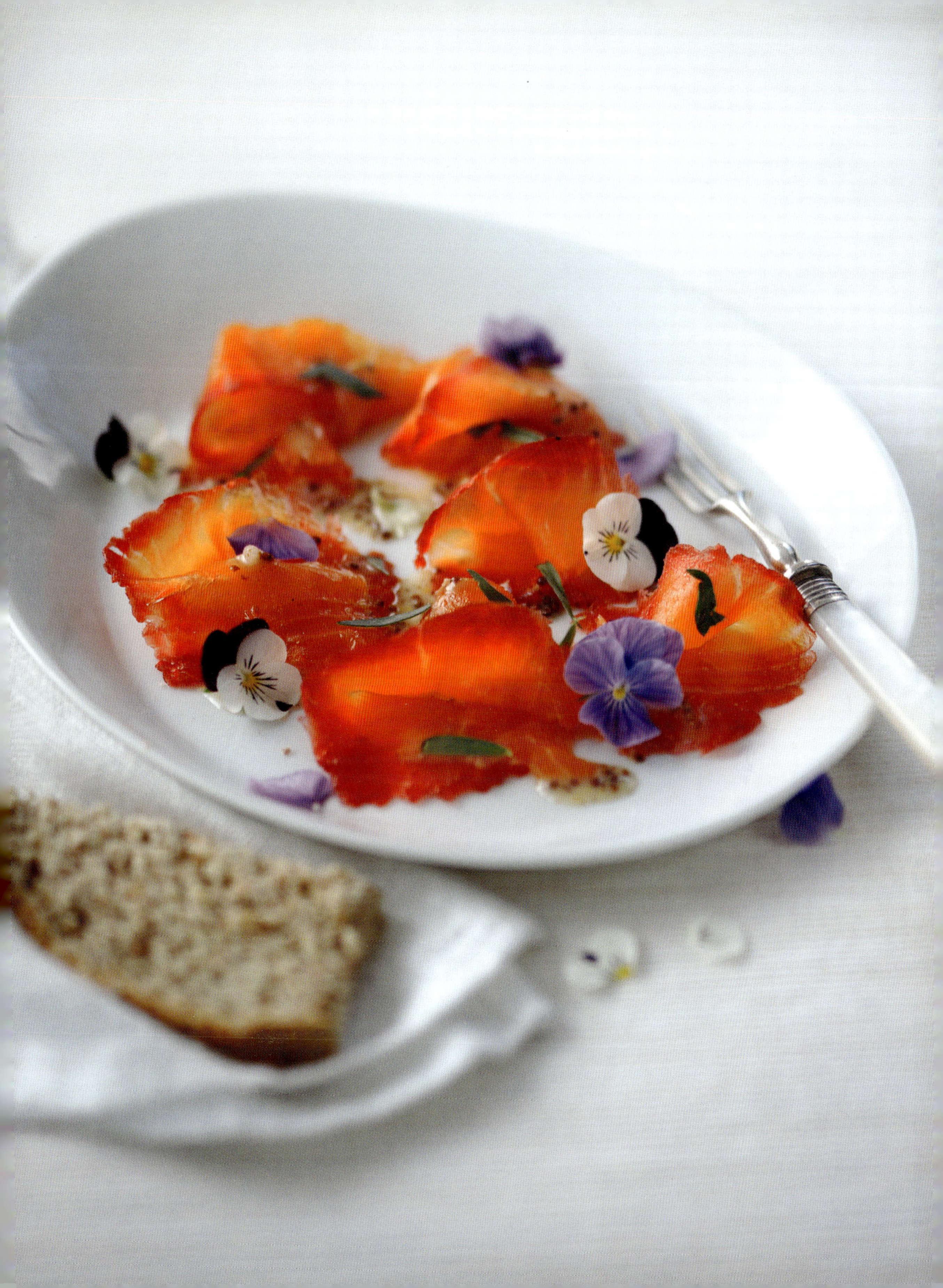

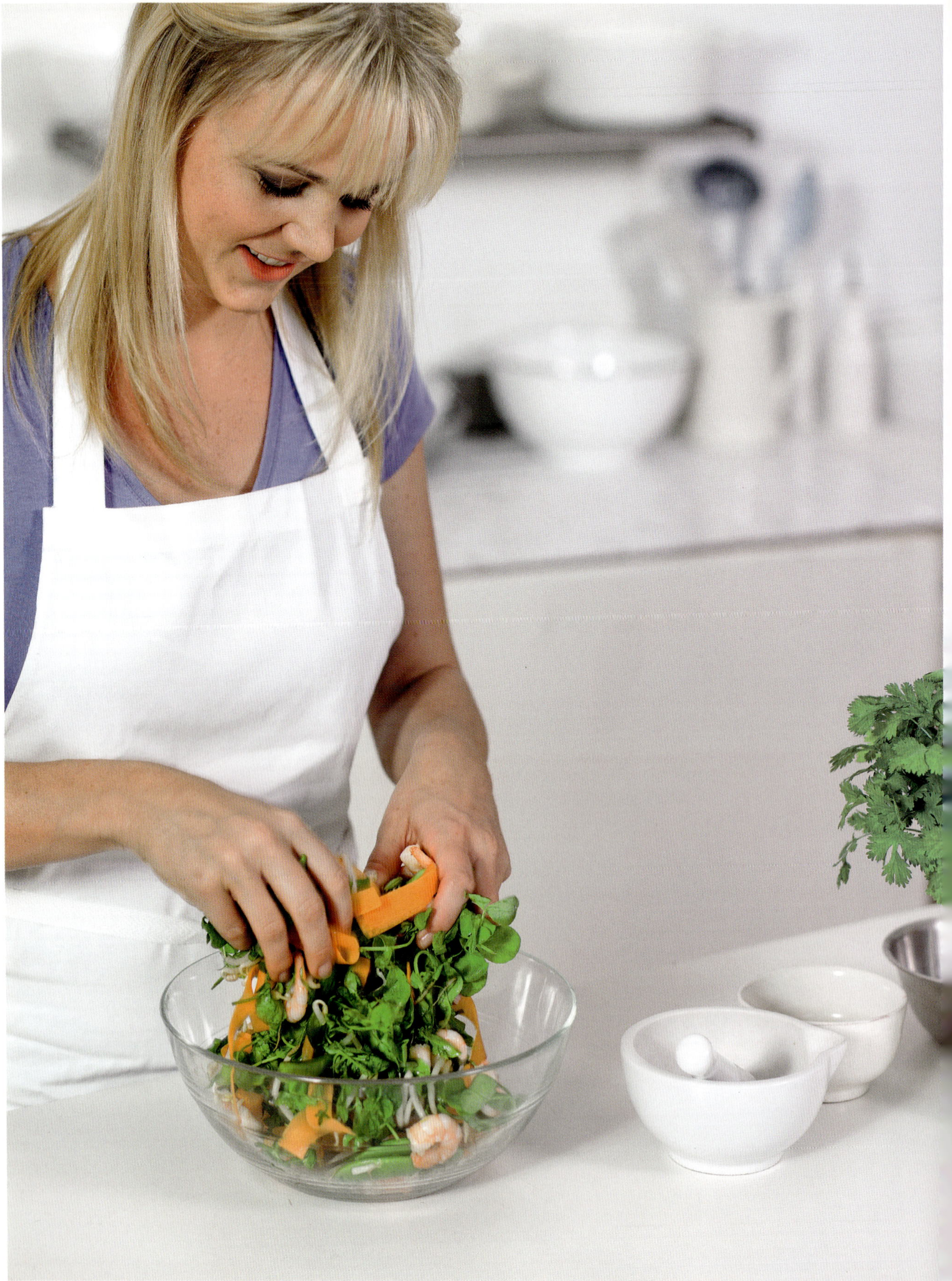

Salada picante de camarão

TEMPO DE PREPARO: 20 minutos | TEMPO DE COZIMENTO: 2 minutos | PORÇÕES: 4

200 g de ervilha-torta
100 g de brotos de feijão
100 g de brotos de ervilha(*)
2 cenouras descascadas e cortadas em tirinhas finas
400 g de camarões grandes, sem casca e cozidos
um punhado pequeno de folhas de coentro picadas, para salpicar

MOLHO PICANTE
1 colher (sopa) de amendoim
1 pimenta vermelha
uma pitada de açúcar
uma pitada de pimenta vermelha em pó ou em flocos
1 colher (chá) de molho de peixe
1 colher (chá) de suco de limão
1 colher (chá) de vinagre de arroz
1 colher (chá) de molho de soja

(*) Se preferir, elimine o broto de ervilha e aumente a quantidade de ervilha-torta para 300 g ou substitua por folhinhas de agrião.

A culinária tailandesa e do Sudeste da Ásia busca principalmente o equilíbrio dos sabores. Doce, salgado, picante e azedo: todos precisam ser combinados na medida certa. Sirva essa salada como entrada, seguida pelos Bifes de vitela (p. 112) ou pelo Pad Thai (p. 128).

Para fazer o molho picante, coloque o amendoim, a pimenta e o açúcar em um miniprocessador e bata até obter uma pasta lisa. Uma alternativa é fazê-lo no pilão. Transfira a pasta para uma tigela pequena e misture com os demais ingredientes do molho até ficar homogêneo.

Leve ao fogo uma panela com água e, quando ferver, adicione a ervilha-torta. Afervente por apenas 2 minutos, escorra e esfrie em água corrente para interromper o processo de cozimento. Escorra muito bem, coloque em uma tigela grande e misture os brotos de feijão, os brotos de ervilha, a cenoura e o camarão. Regue a salada com o molho e mexa bem. Salpique coentro.

Essa salada pode ser feita até 1 hora antes de ser servida.

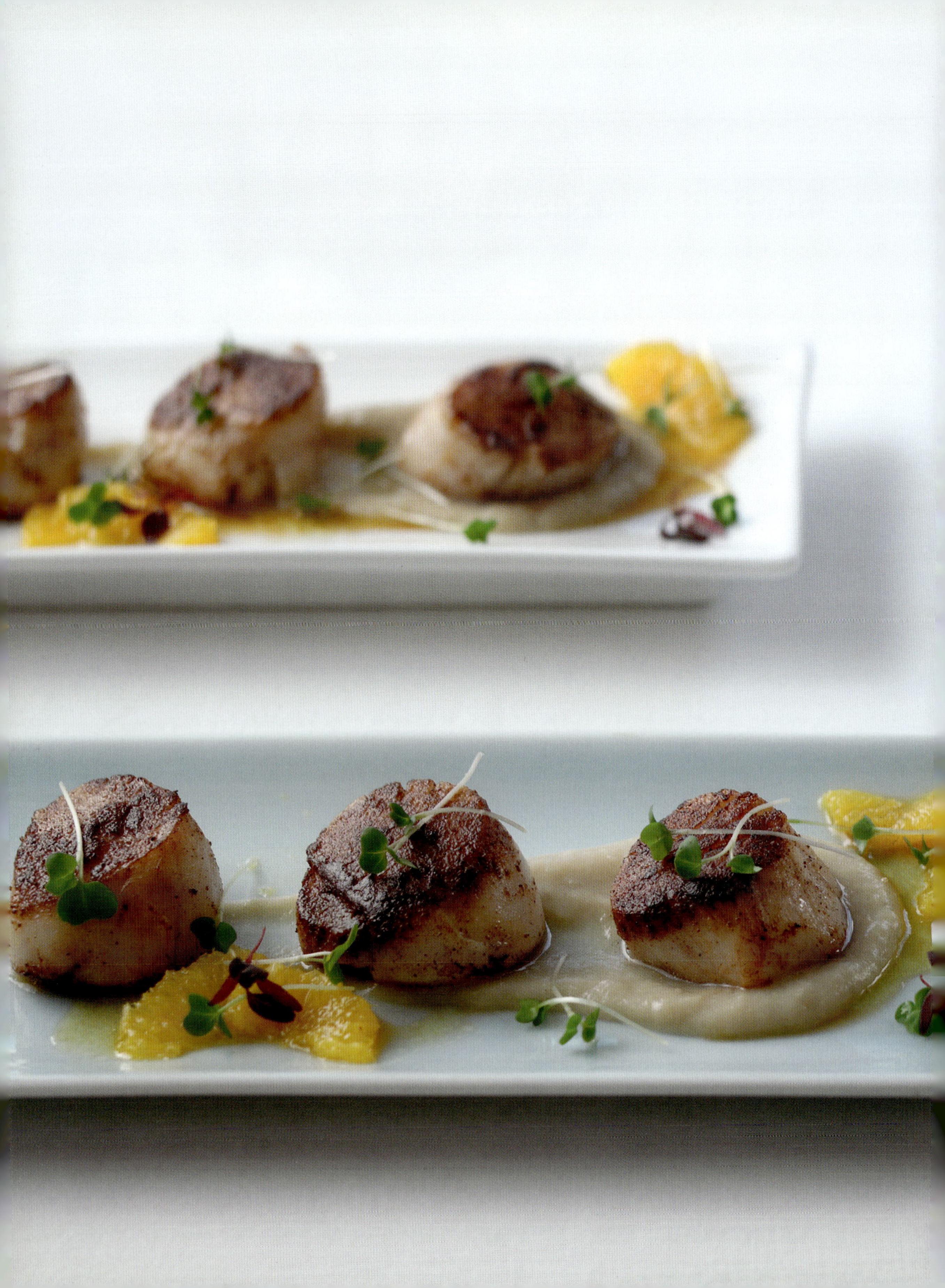

Vieiras com purê de erva-doce e molho de laranja

TEMPO DE PREPARO: 20 minutos | TEMPO DE COZIMENTO: 25 minutos | PORÇÕES: 4

2 colheres (chá) de tempero chinês de cinco especiarias(*)
12 vieiras muito frescas sem as conchas
sal marinho e pimenta-do-reino moída na hora
1 colher (chá) de azeite
um punhado pequeno de agrião, para salpicar

PURÊ DE ERVA-DOCE

2 bulbos de erva-doce picados grosseiramente
25 g de manteiga
400 ml/pouco mais de 1½ xícara (chá) de caldo de legumes
1 colher (sopa) de creme de leite fresco

MOLHO DE LARANJA

1 laranja
2 colheres (chá) de molho de soja light
3 colheres (chá) de azeite

(*)O tempero de cinco especiarias é uma mistura composta de anis-estrelado, pimenta-de-sichuan, cravo-da-índia, canela e sementes de erva-doce, mas pode incluir outros ingredientes, como gengibre em pó, noz-moscada e pimenta-do-reino.

As vieiras são maravilhas da natureza: sua carne macia e adocicada, quando bem dourada, é incomparável. Escolhi servi-las com purê de erva-doce, cujo sabor é realçado pelo anis-estrelado que compõe o tempero de cinco especiarias.

Para fazer o purê, coloque a erva-doce, a manteiga e o caldo de legumes em uma panela em fogo alto e espere ferver. Diminua a temperatura e cozinhe por 20 minutos, ou até a erva-doce ficar macia. Escorra, reservando 1 colher (sopa) do caldo. Coloque a erva-doce, com o caldo reservado, no liquidificador ou processador e bata até obter um purê liso. Tempere com sal e pimenta, adicione o creme de leite e bata novamente para homogeneizar. Reserve.

Para fazer o molho de laranja, retire completamente a casca da laranja e a parte branca com uma faca afiada. Trabalhe sobre uma tigela para não perder nada do suco. Separe cuidadosamente os gomos, retirando a polpa de dentro da película que a recobre. Tempere a polpa com o molho de soja e o azeite. Reserve.

Polvilhe o tempero de cinco especiarias em um prato. Enxugue as vieiras com papel-toalha, depois pressione os dois lados de cada vieira sobre o tempero e polvilhe sal.

Aqueça o azeite em uma frigideira em fogo alto e frite as vieiras por cerca de 2½ minutos de cada lado até ficarem douradas, mas ainda macias.

Coloque nos pratos o purê de erva-doce, arrume as vieiras por cima, espalhe o agrião e regue com o molho de laranja. Sirva imediatamente.

Panquecas de caranguejo, gengibre e coco

TEMPO DE PREPARO: 15 minutos, mais 30 minutos de descanso | TEMPO DE COZIMENTO: 35 minutos | PORÇÕES: 4

1-2 colheres (chá) de óleo de amendoim
1 colher (chá) de óleo de gergelim
2,5 cm de gengibre descascado e bem picado
300 g de carne branca de caranguejo cozida(*)
1 colher (chá) de molho de soja

MASSA DE PANQUECA
175 g/1 xícara (chá) bem cheia de farinha de arroz
250 ml/1 xícara (chá) de leite de coco
1 colher (chá) de cúrcuma
1 colher (sopa) de cebolinha-francesa picada, mais um pouco para salpicar
uma pitada de sal marinho

PARA SERVIR
2 colheres (sopa) de molho de ostra

(*)Se quiser, substitua a carne de caranguejo pela de siri, congelada.

Quando faço essa receita, tento recriar um prato que comi na Malásia. Às vezes, adiciono à mistura tirinhas de carne de porco; em outras, acrescento ervas frescas, camarão e amendoim.

Para fazer a massa, coloque em uma tigela a farinha de arroz, o leite de coco, a cúrcuma, a cebolinha, o sal e 125 ml/½ xícara (chá) de água. Bata até obter uma mistura homogênea. Cubra com filme de PVC e leve à geladeira para descansar por 30 minutos.

Para preparar as panquecas, preaqueça o forno a 140°C e aqueça um pouco do óleo de amendoim em uma frigideira de 20 cm de diâmetro em fogo médio--alto. Quando estiver quente, despeje ¼ da massa e incline a frigideira para espalhar por igual. Frite a panqueca por 5 minutos até a massa firmar e as bordas ficarem douradas. Vire e frite o outro lado por 2-3 minutos até dourar. Passe a panqueca pronta para uma travessa refratária e conserve no forno enquanto prepara as outras, acrescentando mais óleo, se necessário.

Aqueça o óleo de gergelim em uma frigideira em fogo médio, acrescente o gengibre e frite por 2 minutos, mexendo sempre. Adicione a carne de caranguejo e o molho de soja e refogue até ficar bem quente. Divida a mistura de caranguejo entre as panquecas e enrole-as. Sirva imediatamente, regadas com um fio de molho de ostra e salpicadas com cebolinha.

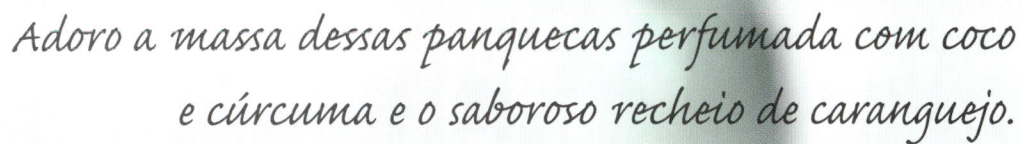

Adoro a massa dessas panquecas perfumada com coco e cúrcuma e o saboroso recheio de caranguejo.

Gelatina de tomate e gerânio com caranguejo e manjericão

TEMPO DE PREPARO: 20 minutos, mais uma noite para coar, mais 4 horas para firmar | TEMPO DE COZIMENTO: 2 minutos | PORÇÕES: 4

2 kg de tomate maduro
um punhado pequeno de manjericão
100 ml/pouco menos de ½ xícara (chá) de vinagre balsâmico branco(*)
100 ml/pouco menos de ½ xícara (chá) de água mineral
2 colheres (chá) de açúcar
1 colher (chá) de sal marinho
3 folhas de gerânio
10 folhas de gelatina
300 g de carne branca de caranguejo cozida
azeite, para temperar
8 tomates-cereja amarelos cortados ao meio
8 tomates-cereja vermelhos cortados ao meio

PARA SERVIR
folhinhas de manjericão roxo

(*) O vinagre balsâmico branco pode ser encontrado em lojas de produtos gastronômicos ou na internet.

Apesar de parecer uma combinação estranha, tomate e gerânio contêm uma substância química similar, e por isso essa receita extrai o melhor de cada um. A delicada gelatina é feita da essência do tomate e é acompanhada de uma pequena porção de carne de caranguejo. Perfeita para uma refeição leve de verão.

Coloque os tomates, o manjericão, o vinagre balsâmico, a água mineral, o açúcar, o sal e as folhas de gerânio no liquidificador ou processador e bata bem. Forre um escorredor de massa com gaze umedecida e coloque-o sobre uma tigela grande e funda de modo que fique bastante espaço entre a borda da tigela e o escorredor. Despeje a mistura de tomate no escorredor, cubra com filme de PVC e leve à geladeira para coar de um dia para o outro.

No dia seguinte, aperte levemente o que sobrou no escorredor para recolher o suco restante. Não aperte demais, porque, se misturar com a polpa, o líquido ficará turvo. Você vai precisar de 750 ml/3 xícaras (chá) do suco coado. Se a quantidade for menor, não dilua com água – modifique a receita para 500 ml/ 2 xícaras (chá) de líquido e 7 folhas de gelatina, diminuindo o número de porções.

Aqueça 200 ml/pouco mais de ¾ de xícara (chá) do suco de tomate em uma panela apenas até começar a ferver e retire do fogo. Reserve o restante. Enquanto isso, mergulhe as folhas de gelatina em um pouco de água fria por 5 minutos ou até amolecerem. Aperte para retirar o excesso de água e coloque na panela com o suco, mexendo até a gelatina dissolver por completo. Despeje essa mistura no suco de tomate reservado, mexa bem e divida entre quatro tigelas de sopa. Coloque na geladeira, sem tampar, por 3-4 horas para firmar.

Quando a gelatina estiver pronta, tempere o caranguejo com um pouco de azeite. Divida a carne sobre as gelatinas, acrescente os tomates-cereja e salpique as folhinhas de manjericão para servir.

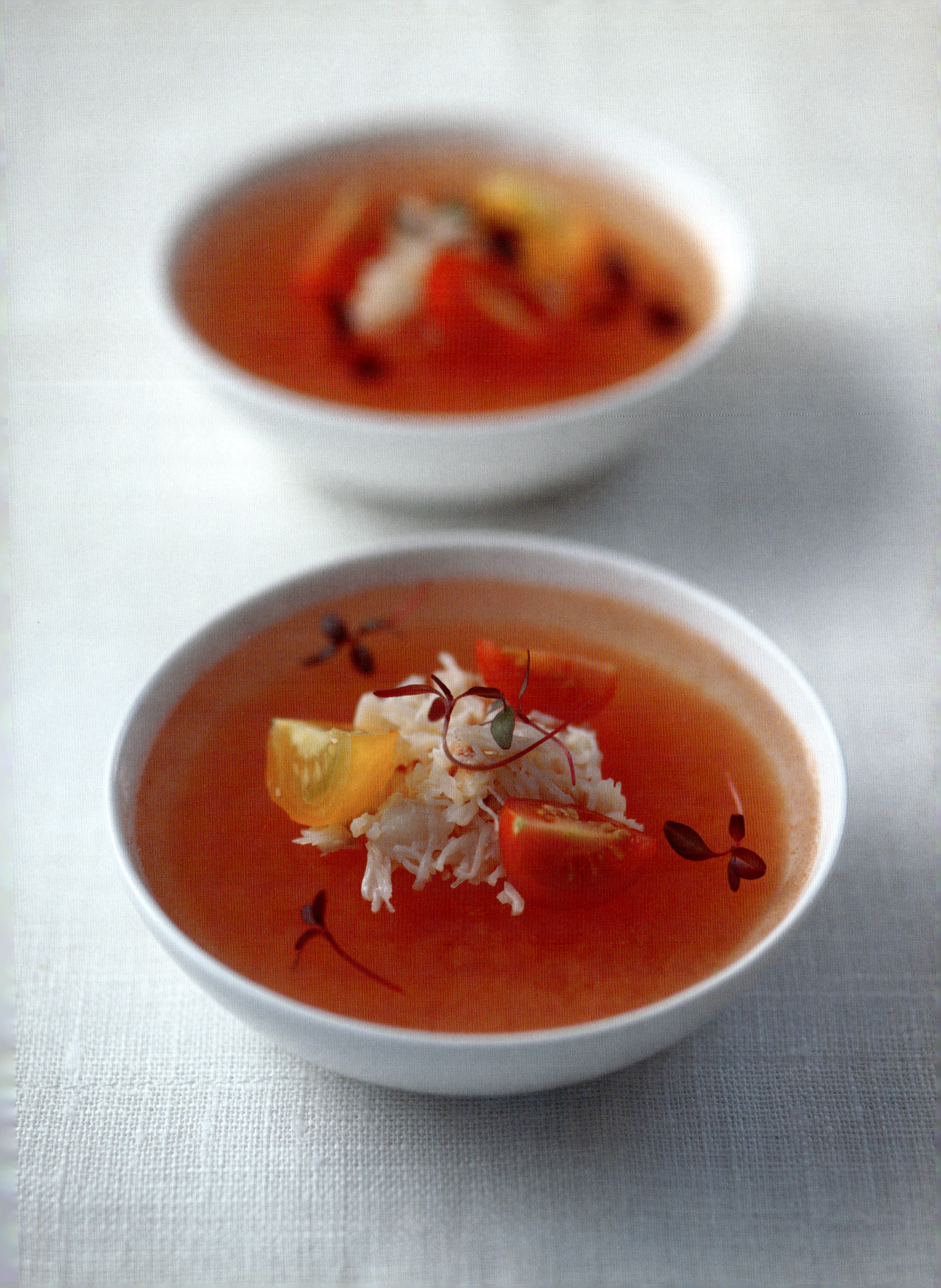

Sanduíche de lagosta com maionese

TEMPO DE PREPARO: 40 minutos, mais 1 hora de congelamento das lagostas, mais o preparo dos pãezinhos e da maionese | TEMPO DE COZIMENTO: 6 minutos | PORÇÕES: 4

2 lagostas vivas com 500 g cada ou 600 g de carne de lagosta cozida
4 pães de cachorro-quente feitos com a receita de Pão de hambúrguer (p. 201)
sal marinho e pimenta-do-reino moída na hora
Maionese (p. 199)

Esses sanduíches resgatam influências da Nova Inglaterra e são perfeitos acompanhados de vinho branco gelado. Você também pode fazê-los com camarões, que são igualmente gostosos e muito mais baratos. Sirva com pão de cachorro-quente, feito com minha massa doce e amanteigada, ou brioches tostados.

Se usar lagostas vivas, coloque-as no freezer por até 1 hora antes de cozinhá-las. Esse método é considerado um dos mais brandos para cozinhar lagostas, porque o congelamento as mata sem dor ou as dessensibiliza para a água fervente.

Leve ao fogo alto uma panela grande com bastante água. Quando ferver, acrescente as lagostas e cozinhe até as cascas ficarem vermelhas. O tempo do cozimento depende do tamanho das lagostas, mas a regra geral é de 10 minutos para cada 450 g. Se usar uma lagosta maior, calcule o tempo com essa fórmula. Retire as lagostas da água e coloque em uma travessa para esfriar.

Para extrair a carne das lagostas, pegue uma faca grande e insira a ponta entre os olhos, depois puxe a lâmina para baixo a fim de dividi-la ao meio. Retire a carne da cauda e alguns pedacinhos que ficaram no corpo. Arranque as pinças e as pernas, quebre-as com um martelo de carne e extraia a carne. Repita o processo com a segunda lagosta, depois pique toda a carne em pedacinhos, coloque em uma tigela e tempere com sal e pimenta. Adicione maionese a gosto.

Corte cada pãozinho ao meio no sentido do comprimento, mas não separe totalmente as metades. Coloque o preparado de lagosta nos pães e sirva. Se quiser, faça o recheio com antecedência, cubra com filme de PVC e leve à geladeira até a hora de servir.

Salada de haloumi, quinoa, romã e hortelã

TEMPO DE PREPARO: 10 minutos, mais o preparo do molho | TEMPO DE COZIMENTO: 30 minutos | PORÇÕES: 4

200 g/1 xícara (chá) de quinoa
4 cebolinhas cortadas em rodelas bem finas
200 g de rabanete cortado em fatias bem finas
um bom punhado de folhas de hortelã picadas grosseiramente
50 g de pistaches picados
50 g /pouco mais de 1/4 de xícara (chá) de sementes de romã
300 g de queijo haloumi(*)

MOLHO
suco de 1 limão
3 colheres (sopa) bem cheias de azeite
2 colheres (sopa) de xarope de romã

PARA SERVIR
Molho de iogurte (p. 199) (opcional)

(*) O haloumi é um queijo cipriota feito com leite de cabra e ovelha, semelhante ao feta grego. Pode ser frito ou grelhado facilmente. Se não encontrar, substitua por queijo de coalho, queijo de minas frescal bem firme ou queijo de cabra fresco.

Adoro os sabores típicos do Oriente Médio, como romã, pistache e hortelã, aqui combinados com o queijo haloumi. Usei a quinoa em lugar dos tradicionais trigo sarraceno ou cuscuz para aumentar o teor de proteína.

Coloque a quinoa em uma panela e cozinhe de acordo com as instruções da embalagem. Ela é cozida como o arroz, tampada, até toda a água ser absorvida, o que deve levar cerca de 20 minutos. Deixe esfriar.

Enquanto isso, prepare o molho, misturando todos os ingredientes até ficar homogêneo. Reserve.

Passe a quinoa para uma tigela grande. Adicione a cebolinha e o rabanete e misture. Em seguida, junte a hortelã, o pistache, as sementes de romã e o molho e misture bem. Essa salada pode ser feita com algumas horas de antecedência para os sabores se mesclarem.

Quando estiver pronta, aqueça uma chapa em fogo médio-alto. Corte o haloumi em fatias de 1 cm de espessura e grelhe por 3 minutos de cada lado ou até amolecerem e ficarem bem marcadas com o desenho da grelha.

Sirva o haloumi sobre a salada com o molho de iogurte.

REFEIÇÕES LEVES

Salada incrementada com molhos de avocado e de limão

TEMPO DE PREPARO: 15 minutos | **TEMPO DE COZIMENTO:** 5 minutos | **PORÇÕES:** 4

200 g de aspargo aparado
100 g de folhas de minialface
2 bulbos de erva-doce cortados muito finos
2 cenouras descascadas e raladas grosseiramente
150 g de beterraba cozida, descascada e cortada em cubinhos
Peru cozido (p. 205) (opcional)
50 g de sementes de romã
25 g/cerca de 1/4 de xícara (chá) de macadâmias picadas

MOLHO DE AVOCADO
2 avocados (*) maduros ou 1 abacate
½ dente de alho bem picado
1 colher (chá) de azeite
1 colher (sopa) de iogurte natural
suco de 1 limão
sal marinho e pimenta-do-reino moída na hora

MOLHO DE LIMÃO
suco de 2 limões
5 colheres (sopa) de azeite

(*) Se não encontrar o avocado, use abacate e diminua a quantidade de suco de limão para obter um creme firme.

Beterraba, ótima para ativar o fígado, aspargo, que promove a limpeza do organismo, cenoura, que contém betacaroteno, e alface, rica em cálcio e ferro, mais molhos com a gordura benéfica do avocado e as bactérias sadias do iogurte, além do azeite. Tudo salpicado com macadâmias crocantes. O que poderia ser mais saudável?

Leve ao fogo uma panela com água. Quando ferver, branqueie os aspargos por 4-6 minutos, apenas até cozinharem. Escorra e esfrie em água corrente para interromper o processo de cozimento.

Enquanto os aspargos cozinham, prepare o molho de avocado batendo todos os ingredientes, mais 5 colheres (chá) de água, no liquidificador ou processador até formar um molho liso. Tempere com sal e pimenta. Faça também o molho de limão, batendo os ingredientes em uma tigelinha até ficarem perfeitamente combinados.

Para montar a salada, você precisará de uma travessa grande. Cubra todo o fundo com uma camada de folhas de alface picadas, depois espalhe a erva-doce, a cenoura, a beterraba e os aspargos. Se for usar o peru, desfie a carne e coloque sobre os legumes. Regue com o molho de avocado e salpique as sementes de romã e as macadâmias picadas. Sirva a salada com o molho de limão à parte, numa tigelinha.

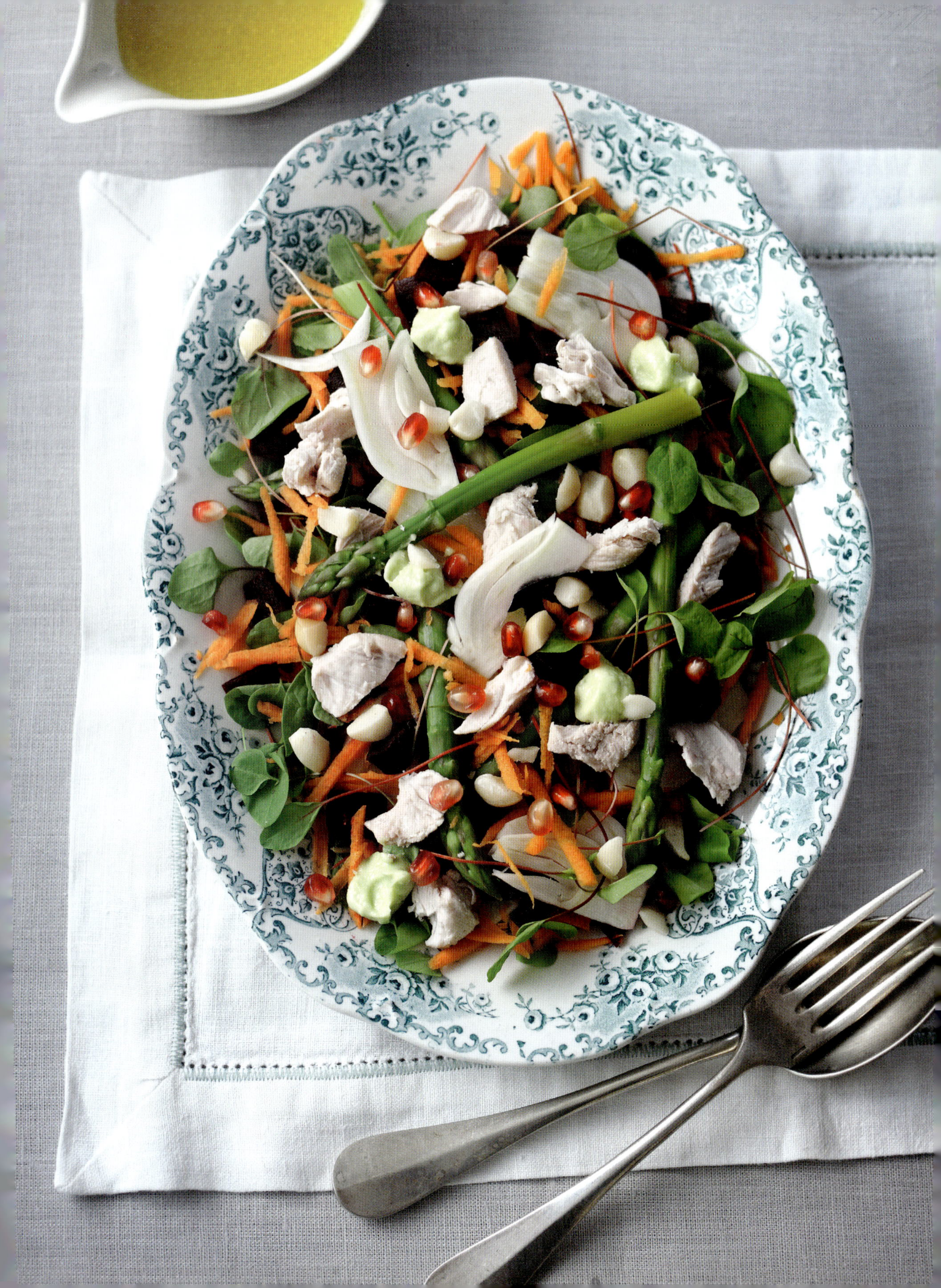

Pakoras de couve-flor e cebola com vinagrete de manga

TEMPO DE PREPARO: 25 minutos, mais 15 minutos de descanso | TEMPO DE COZIMENTO: 30 minutos | PORÇÕES: 4

300 g de buquês de couve-flor
300 ml/cerca de 1¼ de xícara (chá) de óleo vegetal
2 cebolas roxas cortadas em anéis grossos

VINAGRETE DE MANGA
2 mangas
1 echalota bem picada
1 pimenta vermelha sem sementes e picada
½ colher (chá) de sementes de feno-grego(*)
3 colheres (sopa) de vinagre de vinho branco
25 g de açúcar mascavo
1 colher (chá) de folhas de coentro, picadas

MASSA
250 g/2¼ xícaras (chá) de farinha de grão-de-bico(**)
1 colher (chá) de sementes de cominho
½ colher (chá) de cúrcuma
½ colher (chá) de garam masala
suco de 1 limão
sal e pimenta-do-reino moída na hora

(*)Feno-grego é uma semente pequena, muito dura e de cor bege.

(**)Também chamada de besan, a farinha de grão-de-bico é usada na culinária indiana em frituras.

Pakoras são frituras muito populares na Índia, consumidas como tira-gosto. Você vai querer mais e mais desses empanados. O vinagrete é um toque moderno para adicionar frescor ao prato.

Para fazer a o vinagrete, corte a polpa das mangas em cubinhos. Coloque em uma panela em fogo médio-alto com os demais ingredientes do vinagrete, exceto o coentro. Quando ferver, diminua para temperatura mínima e cozinhe por 20 minutos até a manga ficar macia e perfumada. Retire do fogo, deixe esfriar completamente e misture o coentro.

Enquanto isso, prepare a massa, misturando em uma tigela a farinha de grão-de-bico, as especiarias e o suco de limão. Acrescente 300 ml/cerca de 1¼ de xícara (chá) de água e bata até a massa ficar lisa e espessa. Tempere com sal e pimenta, cubra com filme de PVC e deixe na geladeira por 15 minutos.

Enquanto a massa descansa, leve ao fogo uma panela grande com água. Quando ferver, branqueie os buquês de couve-flor por 3 minutos. Coloque em um escorredor e esfrie em água corrente para interromper o cozimento. Deixe escorrer bem.

Aqueça o óleo em uma panela grande, com fundo grosso, em fogo médio até ficar bem quente – mas tome cuidado para não aquecer demais. Ele estará no ponto quando um anel de cebola colocado no óleo começar a chiar.

Mergulhe na massa metade dos buquês de couve-flor e dos anéis de cebola. Deslize para dentro do óleo um pedaço de cada vez e frite por alguns minutos até ficar dourado e crocante. É importante não fritar muitos pedaços ao mesmo tempo para não baixar a temperatura do óleo. Retire com uma escumadeira e coloque para escorrer sobre papel-toalha. Repita com o restante dos buquês de couve-flor e dos anéis de cebola. Sirva as pakoras imediatamente, com o vinagrete em uma tigelinha à parte.

Bruschetta de abobrinha, muçarela e manjericão

TEMPO DE PREPARO: 10 minutos | TEMPO DE COZIMENTO: 10 minutos | PORÇÕES: 4

4 abobrinhas
1 colher (sopa) de azeite, mais para regar
½ colher (chá) de pimenta em flocos
sal marinho e pimenta-do-reino moída na hora
1 colher (chá) de raspas de limão
4 fatias de pão italiano
1 dente de alho grande cortado ao meio
2 bolas de muçarela de búfala
algumas folhinhas de manjericão

Às vezes, o simples é bom. Use a melhor muçarela e as abobrinhas mais frescas que encontrar para a cobertura, pão italiano da melhor qualidade e o mais precioso dos azeites para a base. Adoro degustar essas bruschettas em um almoço leve ou como aperitivos antes do jantar.

Fatie as abobrinhas bem finas no sentido do comprimento usando um descascador de legumes. Aqueça o azeite em uma frigideira grande em fogo médio, acrescente a abobrinha e a pimenta em flocos, tempere com sal e pimenta e frite por 10 minutos, mexendo de vez em quando, até ficar macia. Adicione as raspas de limão e retire do fogo.

Enquanto isso, toste as fatias de pão no forno ou na torradeira. Esfregue o dente de alho, com a parte cortada para baixo, em um lado de cada fatia.

Arrume a abobrinha nas fatias de pão sobre o lado em que passou o alho. Desmanche as bolas de muçarela e coloque sobre a abobrinha. Salpique as folhinhas de manjericão e regue com um fio de azeite. Sirva imediatamente.

Focaccias com cogumelo assado e cream cheese sabor ervas finas e alho

TEMPO DE PREPARO: 10 minutos | TEMPO DE COZIMENTO: 25 minutos | PORÇÕES: 4

4 tomates
4 cogumelos portobello(*) aparados
sal marinho e pimenta-do-reino moída na hora
4 dentes de alho
folhas de 1 ramo de tomilho, mais um pouco para salpicar
1 colher (sopa) de azeite
4 quadrados de focaccia com 10 cm x 10 cm
150 g de cream cheese sabor ervas finas e alho

(*)Se não encontrar portobello, use shitake ou outro cogumelo grande.

Vegetarianos, alegrai-vos! O cogumelo quente e suculento derrete o cream cheese, que, por sua vez, equilibra a acidez do tomate assado. Pode-se usar qualquer tipo de pão, mas eu prefiro minifocaccia.

Preaqueça o forno a 200°C. Elimine as extremidades dos tomates, depois corte-os em rodelas não muito finas. Arranje os cogumelos em uma assadeira, tempere com sal e pimenta e distribua sobre eles as fatias de tomate. Amasse ligeiramente os dentes de alho e coloque um em cada cogumelo. Salpique o tomilho, tempere novamente com sal e pimenta e regue com um fio de azeite.

Asse por 15-20 minutos até os cogumelos ficarem cozidos e suculentos. Desligue o forno, mas não retire a assadeira para manter os cogumelos aquecidos.

Corte os quadrados de focaccia ao meio e torre a parte interna em chapa quente. Espalhe uma camada espessa de cream cheese sobre as fatias torradas. Retire a assadeira do forno e coloque um cogumelo assado e tomates sobre cada parte inferior do sanduíche, eliminando os dentes de alho, se quiser. Salpique mais algumas folhas de tomilho, junte os quadrados de focaccia, fechando o sanduíche, e sirva.

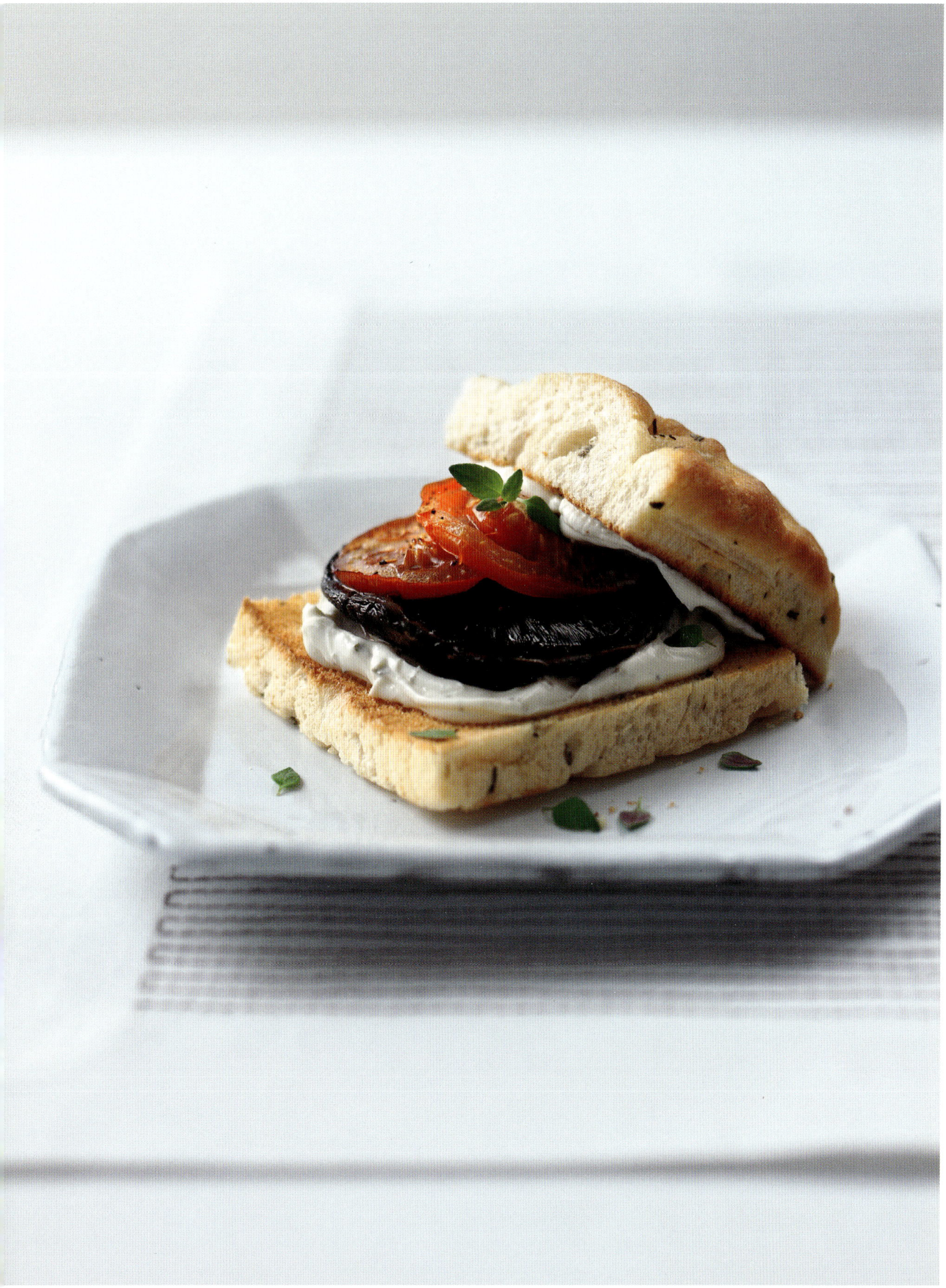

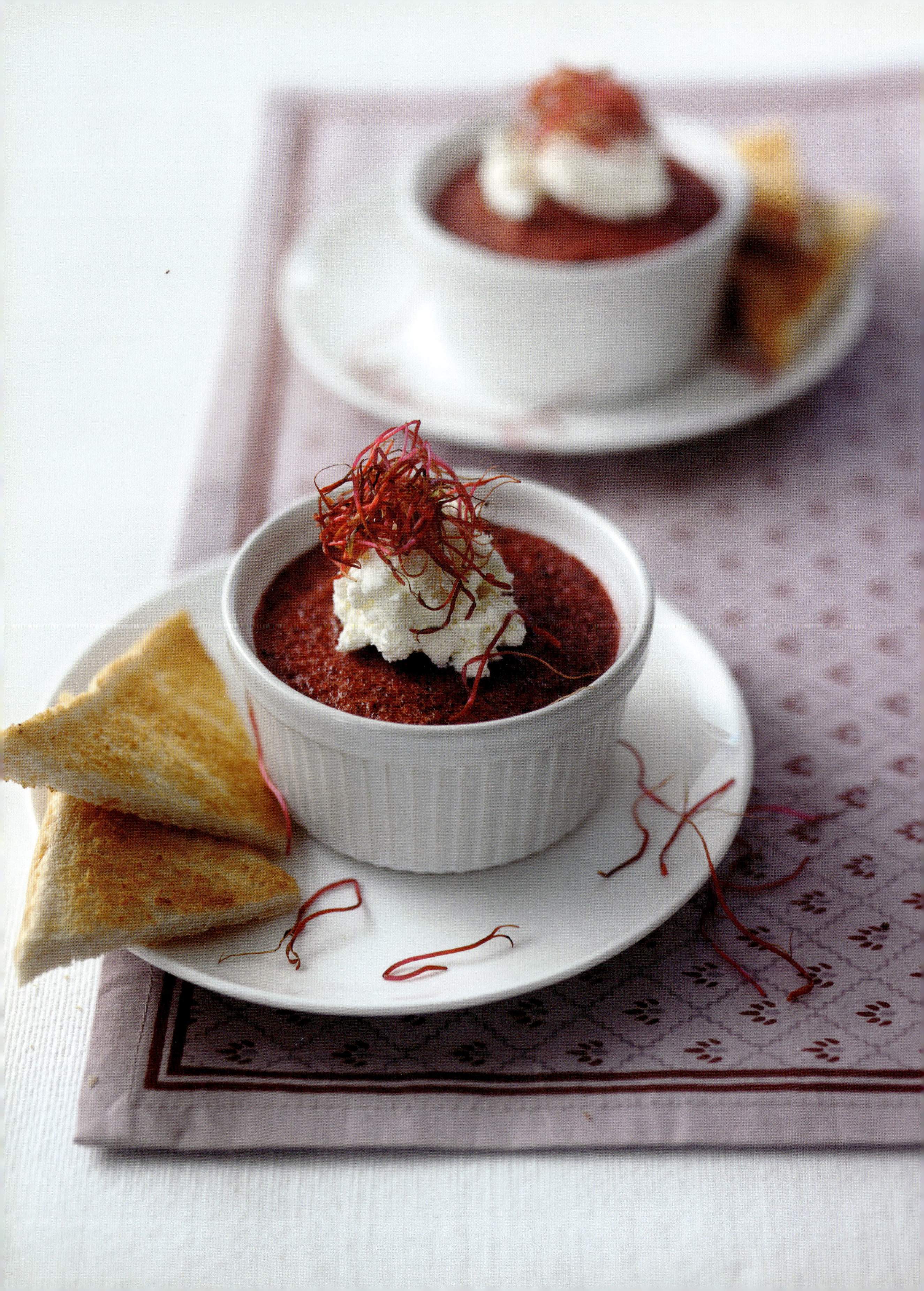

Musse de beterraba com queijo de cabra

TEMPO DE PREPARO: 20 minutos, mais uma noite para gelar | TEMPO DE COZIMENTO: 30 minutos | PORÇÕES: 4

1 cebola roxa picada grosseiramente
400 g de beterraba pequena crua, descascada e cortada em quartos
1 dente de alho
6 colheres (sopa) de azeite
1 colher (chá) de açúcar
sal marinho e pimenta-do-reino moída na hora
4 folhas de gelatina
250 ml/1 xícara (chá) de caldo quente de legumes
1 colher (sopa) de suco de limão
2 claras grandes
200 g de queijo de cabra macio sem casca
50 ml/pouco menos de ¼ de xícara (chá) de creme de leite fresco

PARA SERVIR
dois punhados de brotos de beterraba(*)

(*)Se não encontrar brotos de beterraba, substitua por outros brotos comestíveis.

A beterraba é um vegetal maravilhoso: sua cor, textura e sabor são ótimos e, além disso, ela é muito saudável porque tem propriedades que agem na limpeza do fígado. Aqui elaborei uma musse colorida e saborosa, perfeita para espalhar sobre torradas.

Preaqueça o forno a 200°C. Coloque a cebola, a beterraba e o alho em uma assadeira, regue com o azeite e tempere com açúcar, sal e pimenta. Cubra com papel-alumínio e asse por 30 minutos até a beterraba amaciar.

Deixe as folhas de gelatina de molho em água fria por 5 minutos, até amolecerem, elimine o excesso de água, coloque em um pote refratário com o caldo quente e mexa até dissolver. Espere esfriar. Coloque a beterraba assada com a cebola e o alho no liquidificador ou processador e adicione o suco de limão e o caldo com gelatina. Bata até obter uma pasta muito fina e verifique os temperos.

Bata as claras em uma tigela grande até obter picos macios. Incorpore as claras à mistura de beterraba. Divida entre quatro ramequins e deixe gelar de um dia para o outro.

Pouco antes de servir, misture o queijo de cabra com o creme de leite e coloque uma colherada em cada musse. Salpique os brotos de beterraba e sirva com triângulos de pão torrado.

Suflê de queijo gratinado com salada de tomate e manjericão

TEMPO DE PREPARO: 25 minutos, mais 10 minutos de infusão e 10 minutos de geladeira | TEMPO DE COZIMENTO: 35 minutos | PORÇÕES: 4

250 ml/1 xícara (chá) de leite
1 cebola bem picada
140 g de manteiga
50 g/pouco menos de ½ xícara (chá) de farinha de trigo
200 g de cheddar maturado ralado
1 colher (chá) de mostarda inglesa
1 colher (chá) de mostarda extraforte
3 ovos grandes, claras e gemas separadas
sal marinho e pimenta-do-reino moída na hora
150 ml/pouco menos de ⅔ de xícara (chá) de creme de leite fresco
50 g de parmesão ralado fino

SALADA DE TOMATE E MANJERICÃO
100 g de tomates-cereja cortados em quartos
5 colheres (chá) de vinagre balsâmico branco (p. 64)
uma pitada de açúcar
um punhado de folhinhas de manjericão

Coloque o leite e a cebola em uma panela sobre fogo médio e, quando ferver, desligue o fogo e deixe em infusão por 10 minutos. Enquanto isso, derreta 100 g da manteiga e pincele quatro ramequins de 150 ml. Leve-os à geladeira e, depois de gelados, pincele outra camada de manteiga. Repita até usar toda a manteiga derretida.

Coe o leite passando por uma peneira fina sobre uma jarra. Derreta a manteiga restante em uma panela antiaderente, adicione a farinha e cozinhe por 1 minuto, mexendo com uma colher de pau. Acrescente o leite aos poucos, sempre batendo com um fouet até formar um creme liso. Adicione o cheddar e as mostardas, retire do fogo e incorpore as gemas, uma de cada vez. Tempere com sal e pimenta e deixe esfriar.

Preaqueça o forno a 180°C. Quando a mistura de queijo estiver completamente fria, bata as claras até formarem picos. Incorpore delicadamente a clara em neve ao creme de queijo, mexendo pouco para reter o ar.

Coloque os ramequins preparados em uma assadeira e divida a mistura de queijo entre eles. Despeje água fervente na assadeira até ficar a ⅔ da altura das forminhas e leve ao forno. Asse os suflês por 15 minutos até crescerem e dourarem. Retire a assadeira do forno e os ramequins do banho-maria e espere esfriar por completo. Os suflês vão murchar.

Aumente a temperatura do forno para 200°C. Desenforme os suflês em quatro pratos refratários pequenos. Despeje o creme de leite sobre eles e polvilhe o parmesão. Asse por 15 minutos ou até ficarem dourados e crocantes. Enquanto isso, faça a salada de tomate e manjericão misturando todos os ingredientes em uma tigela. Sirva os suflês imediatamente com a salada.

Você pode fazer os suflês até o primeiro estágio de forno algumas horas antes, depois leve ao forno pela segunda vez para gratinar na hora de servir.

São suflês à prova de desastre que qualquer um pode fazer.

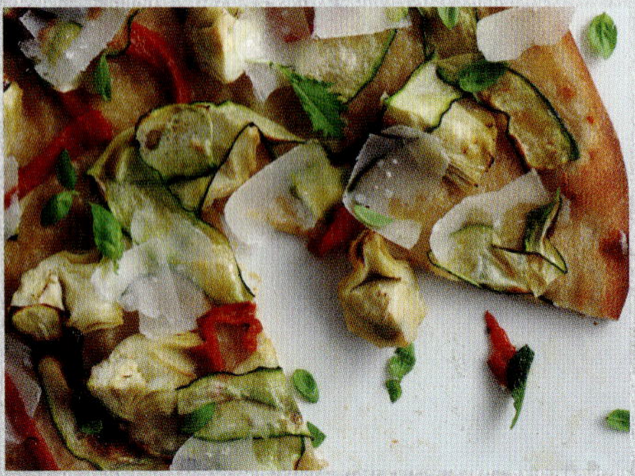
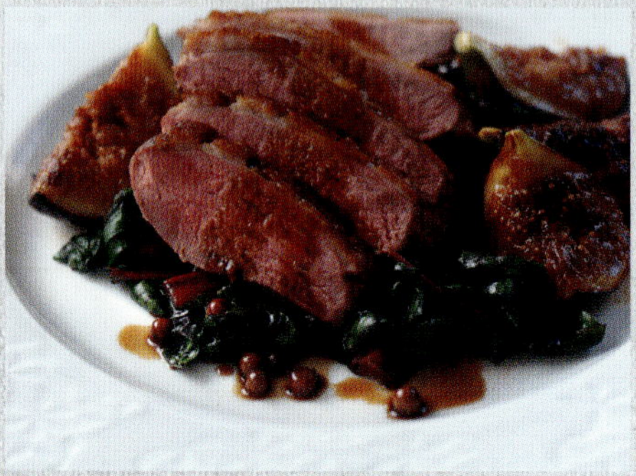
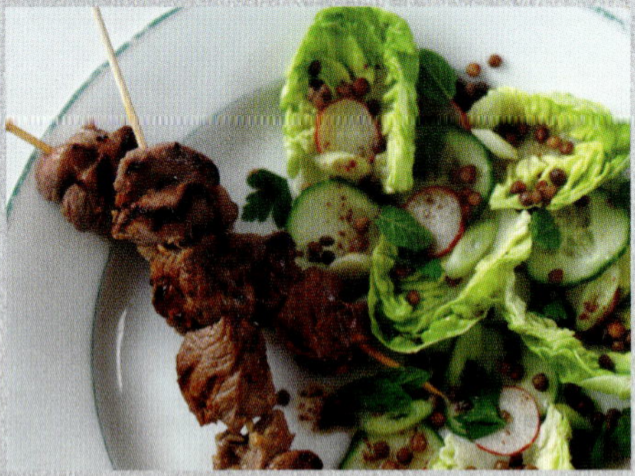
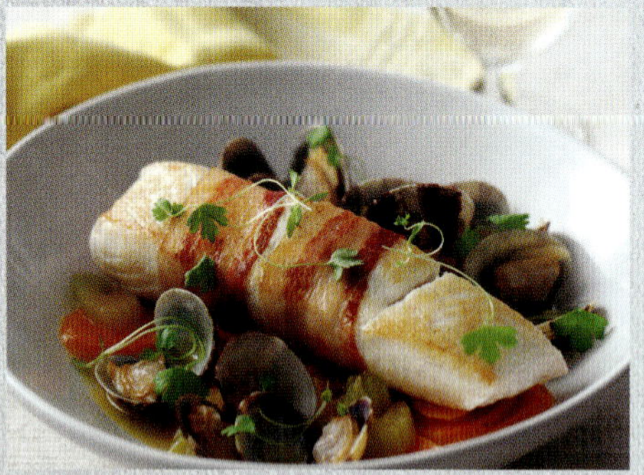

Pratos principais

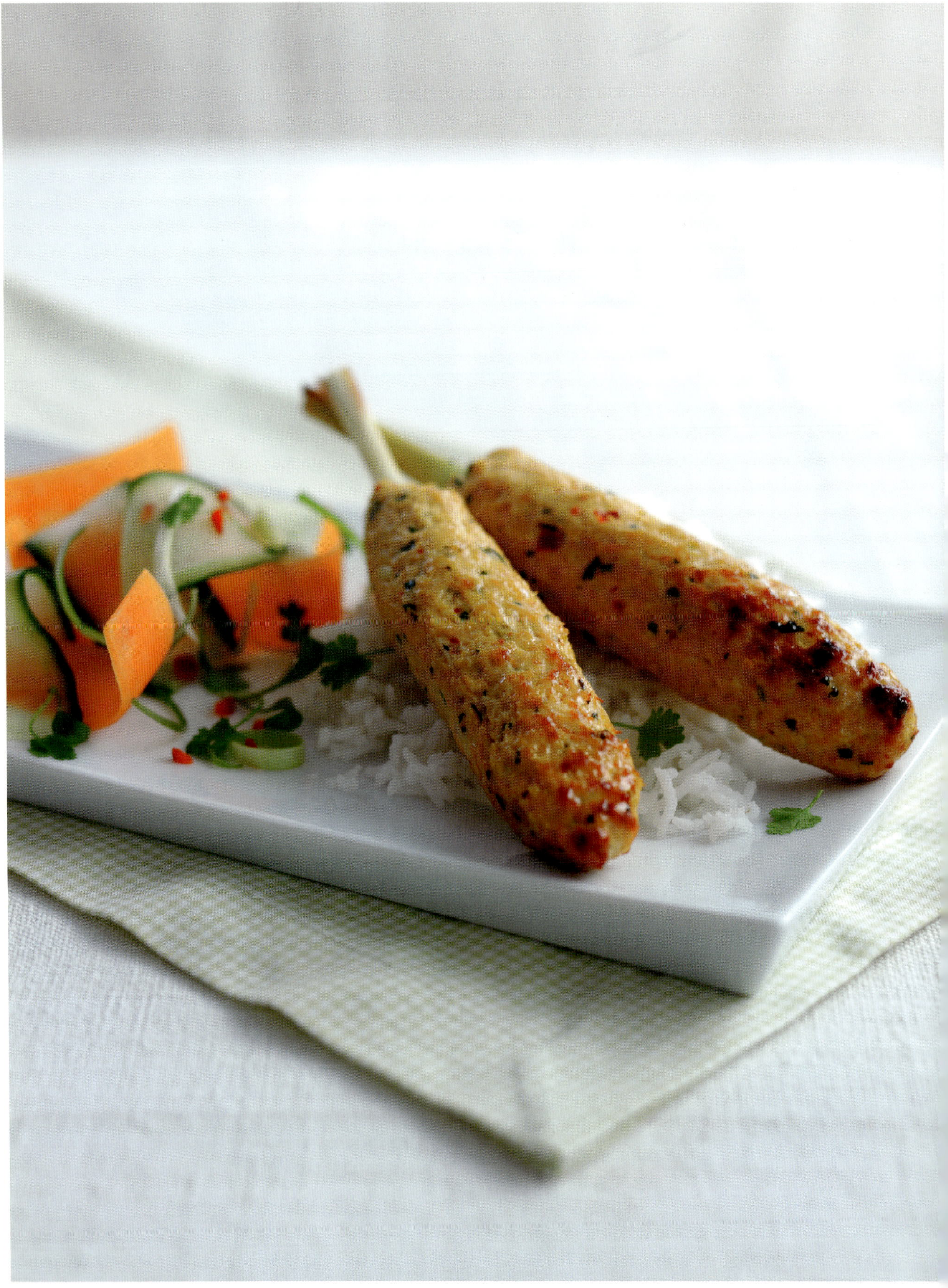

Espetos de frango e capim-limão com salada de cenoura e pepino

TEMPO DE PREPARO: 25 minutos, mais 15 minutos para marinar | TEMPO DE COZIMENTO: 10 minutos | PORÇÕES: 4

2 peitos de frango desossados, sem pele e cortados em pedaços
1 colher (chá) de cúrcuma
2 colheres (chá) de açúcar
1 colher (chá) de molho de soja
1 pimenta vermelha sem sementes e bem picada
um punhado pequeno de coentro
1 colher (chá) de pasta de curry vermelho (*)
sal marinho e pimenta-do-reino moída na hora
8 talos de capim-limão com as folhas aparadas
óleo para untar

SALADA
2 cenouras cortadas em fatias bem finas
½ pepino cortado em fatias muito finas
2 cebolinhas cortadas em tirinhas de 5 cm
1 pimenta vermelha sem sementes e bem picada
um punhado pequeno de folhinhas de coentro
suco de 1 limão

PARA SERVIR
arroz basmati cozido

(*) As pastas de curry podem ser encontradas em lojas de produtos asiáticos ou na internet.

A culinária do Sudeste da Ásia é um equilíbrio de três sabores – doce, azedo e picante –, portanto, essa é a primeira regra a ser seguida. Quando você se acostumar com os ingredientes básicos – pimenta vermelha, molho de peixe, coentro, gengibre, alho, capim-limão –, estará apto a fazer pratos sensacionais.

Coloque o frango, a cúrcuma, o açúcar, o molho de soja, a pimenta, o coentro e a pasta de curry no liquidificador ou processador, tempere com sal e pimenta e bata até obter uma pasta lisa. Modele oito porções iguais dessa mistura em torno dos talos de capim-limão, deixando livre cerca de um terço da extremidade do talo, para segurar. Cubra com filme de PVC e reserve.

Para fazer a salada, misture bem todos os ingredientes em uma tigela. Tempere com sal e pimenta, cubra com filme de PVC e leve à geladeira por 15 minutos para mesclar os sabores.

Pouco antes de servir, aqueça o forno em temperatura máxima. Arrume os espetos de frango em uma assadeira levemente untada com óleo e asse por 5 minutos de cada lado até ficarem cozidos e dourados. Sirva imediatamente com o arroz e a salada.

PRATOS PRINCIPAIS

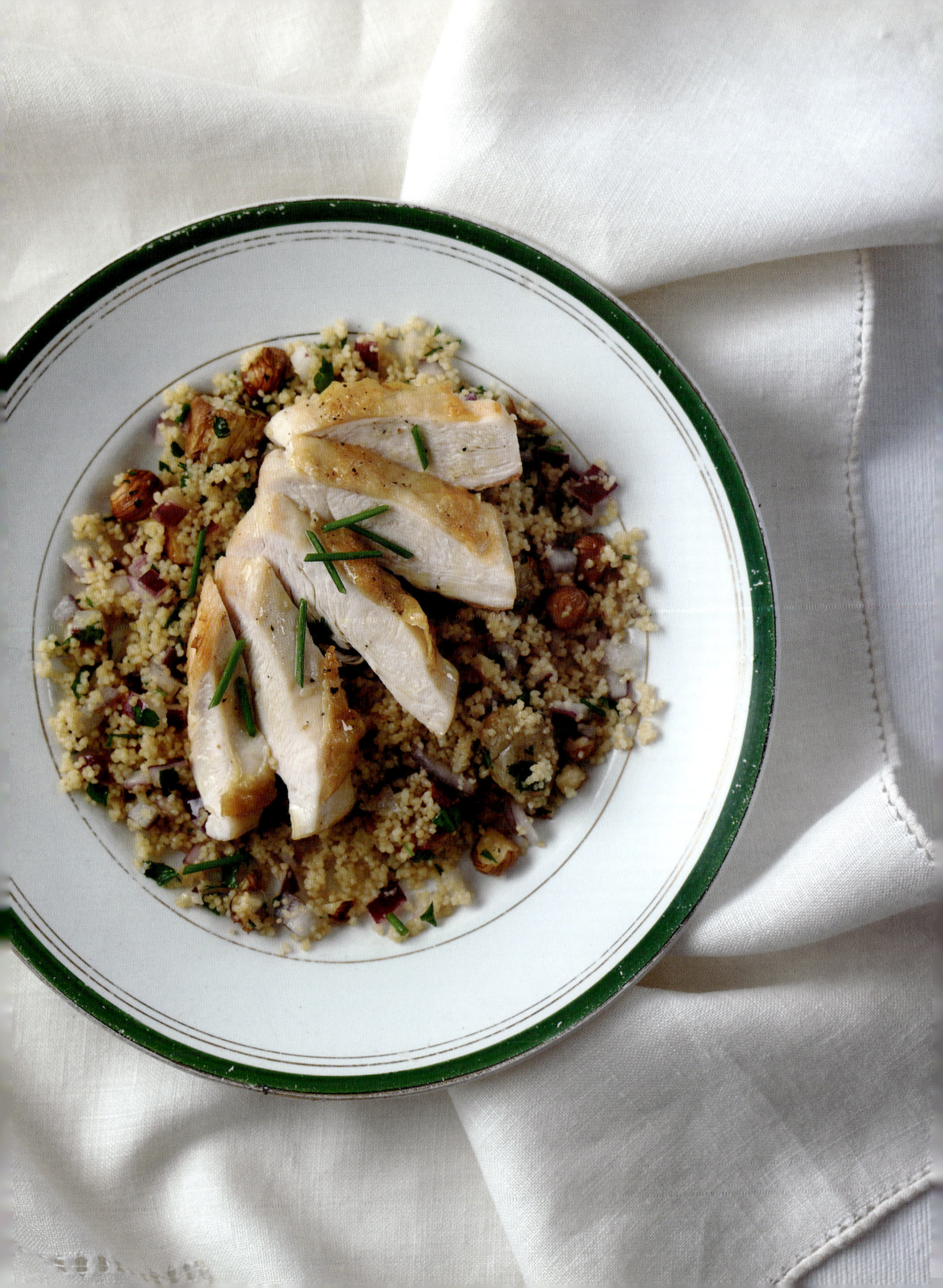

Peito de frango assado com cuscuz de avelãs e tupinambo

TEMPO DE PREPARO: 20 minutos | TEMPO DE COZIMENTO: 20 minutos | PORÇÕES: 4

200 g de tupinambo (*) descascado e picado
2 colheres (sopa) de azeite
sal marinho e pimenta-do-reino moída na hora
2 peitos de frango desossados, cortados ao meio e com pele
150 g/¾ de xícara (chá) de cuscuz marroquino
300 ml/pouco menos de 1¼ de xícara (chá) de caldo de galinha
50 g de manteiga
1 cebola roxa bem picada
1 colher (chá) de cebolinha-francesa picada, mais um pouco para servir
2 colheres (sopa) bem cheias de salsa picada
50 g/ ⅓ de xícara (chá) de avelãs picadas

MOLHO
5 colheres (sopa) de azeite
5 colheres (chá) de azeite de avelã
2 colheres (sopa) de vinagre de maçã
uma pitada de açúcar
sal marinho e pimenta-do-reino moída na hora

(*) Nesse prato, o tupinambo pode ser substituído por alcachofra, congelada ou em conserva.

O cuscuz marroquino, feito de sêmola de trigo pré-cozida, é muito fácil de preparar e geralmente acompanha pratos do Oriente Médio ou do Norte da África à base de carnes, peixes ou legumes. Nessa receita, ele ganha o sabor peculiar do azeite de avelã.

Preaqueça o forno a 200°C. Espalhe o tupinambo em uma assadeira, regue com o azeite e tempere com sal e pimenta. Leve ao forno e asse por 20 minutos até ficar cozido e levemente dourado.

Enquanto isso, aqueça uma frigideira em fogo médio-forte. Tempere os filés de frango com sal e pimenta, arranje-os na frigideira com a pele para baixo e frite por 7 minutos até dourarem. Transfira-os para uma assadeira, desta vez com a pele para cima, leve ao forno em que já está o tupinambo e asse por 10 minutos. Para verificar se estão bem cozidos, insira uma faca na parte mais espessa da carne – os sucos devem sair transparentes.

Enquanto o frango e o tupinambo assam, coloque o cuscuz em uma tigela grande. Ferva o caldo de galinha, despeje sobre o cuscuz e mexa bem com um garfo. Cubra com filme de PVC e deixe hidratar por 5 minutos, ou até todo o caldo ser absorvido. Solte com um garfo.

Retire o frango e o tupinambo do forno. Passe o frango para uma travessa e reserve. Adicione ao cuscuz o tupinambo, a manteiga, a cebola, a cebolinha-francesa, a salsa e as avelãs picadas e misture bem.

Em uma tigelinha, bata bem todos os ingredientes do molho. Despeje metade do molho sobre o cuscuz, tempere com sal e pimenta e misture bem.

Divida o cuscuz em quatro pratos. Fatie os peitos de frango na diagonal, no sentido contrário ao das fibras, e arrume sobre o cuscuz. Regue com o molho restante, salpique com cebolinha e sirva.

Frango cozido no açafrão com gremolata de salsa e estragão

TEMPO DE PREPARO: 25 minutos | TEMPO DE COZIMENTO: 40 minutos | PORÇÕES: 4

600 ml/pouco menos de 2½ xícaras (chá) de caldo de galinha
150 ml/ pouco menos de ²⁄₃ de xícara (chá) de vinho branco
uma boa pitada de pistilos de açafrão
2 peitos de frango desossados, cortados ao meio e sem pele
sal marinho e pimenta-do-reino moída na hora
8 minicenouras aparadas
2 bulbos pequenos de erva-doce aparados e cortados em quartos
4 cebolinhas aparadas
2 abobrinhas cortadas em palitos de 5 mm de espessura

GREMOLATA DE ESTRAGÃO
25 g de salsa bem picada
1 colher (chá) de raspas de laranja
1 colher (chá) de raspas de limão
um punhado pequeno de estragão
1 dente de alho bem picado
3 colheres (sopa) bem cheias de azeite

PARA SERVIR
batatas cozidas (opcional)

O açafrão proporciona aos pratos cor e perfume maravilhosos. Aqui cozinhei o frango e os vegetais em caldo com açafrão e depois somei novos sabores com a clássica gremolata italiana, trocando parte do limão por laranja para enriquecer o aroma.

Coloque o caldo de galinha e o vinho em uma panela, leve ao fogo e espere ferver. Adicione o açafrão, reduza para temperatura mínima, deixe ferver por 5 minutos e desligue o fogo.

Enquanto isso, para fazer a gremolata, coloque todos os ingredientes em uma tigela, tempere com sal e pimenta, misture bem e reserve.

Tempere os filés de frango com sal e pimenta. Ferva o caldo novamente, adicione o frango, diminua para temperatura mínima, e cozinhe por 10 minutos. Retire o frango do caldo com uma escumadeira, coloque em uma travessa, cubra com papel-alumínio e deixe descansar.

Enquanto isso, coloque no caldo as minicenouras, a erva-doce, as cebolinhas e a abobrinha e cozinhe por 5 minutos. Retire os vegetais do caldo e mantenha-os aquecidos. Aumente o fogo e deixe o caldo ferver por 15-20 minutos até reduzir à metade.

Corte os filés de frango na diagonal, no sentido contrário ao das fibras. Arranje as fatias de frango nos pratos sobre os vegetais e despeje um pouco de caldo por cima. Adicione colheradas de gremolata e sirva imediatamente, acompanhado de batatas cozidas, se quiser.

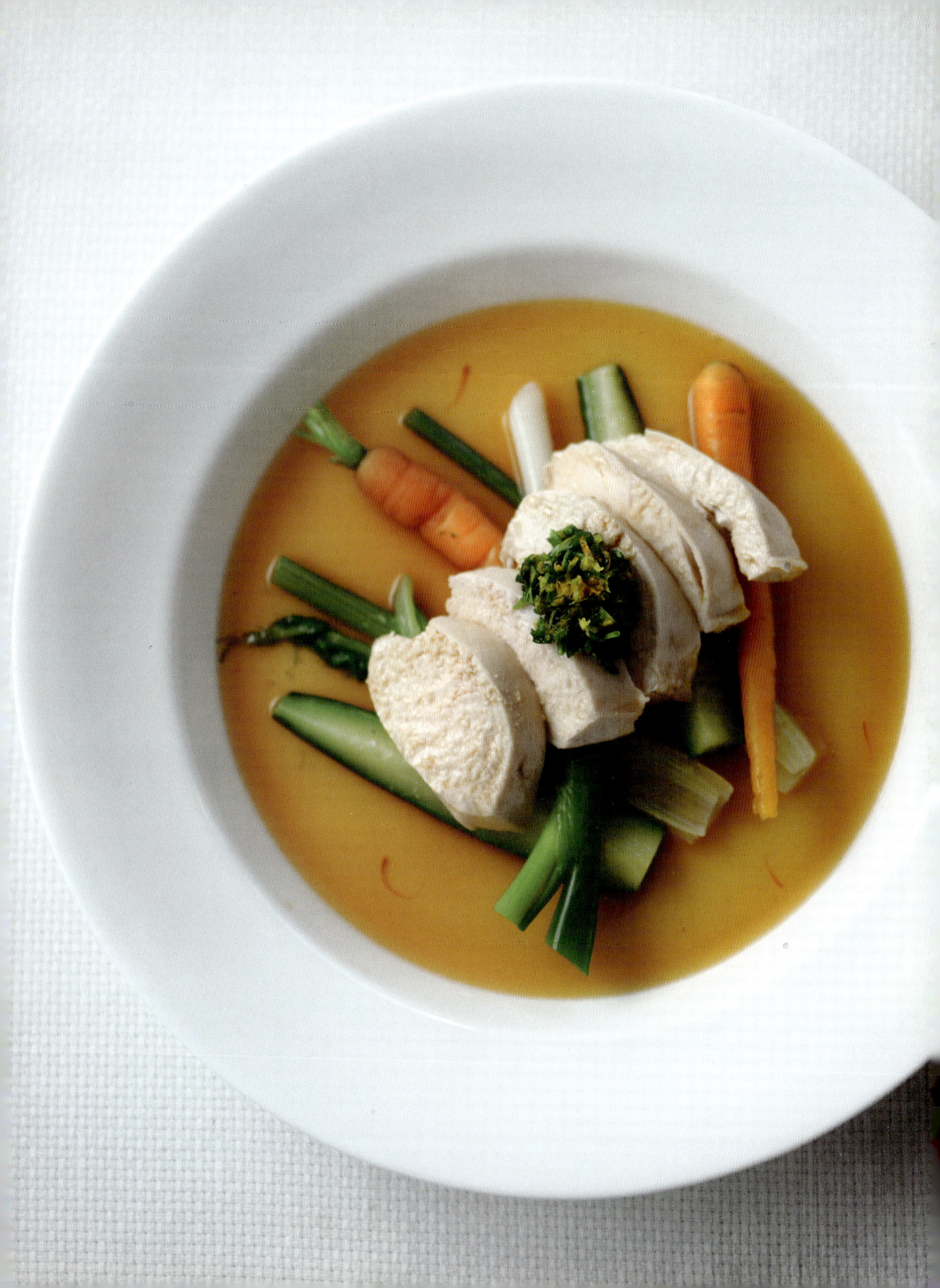

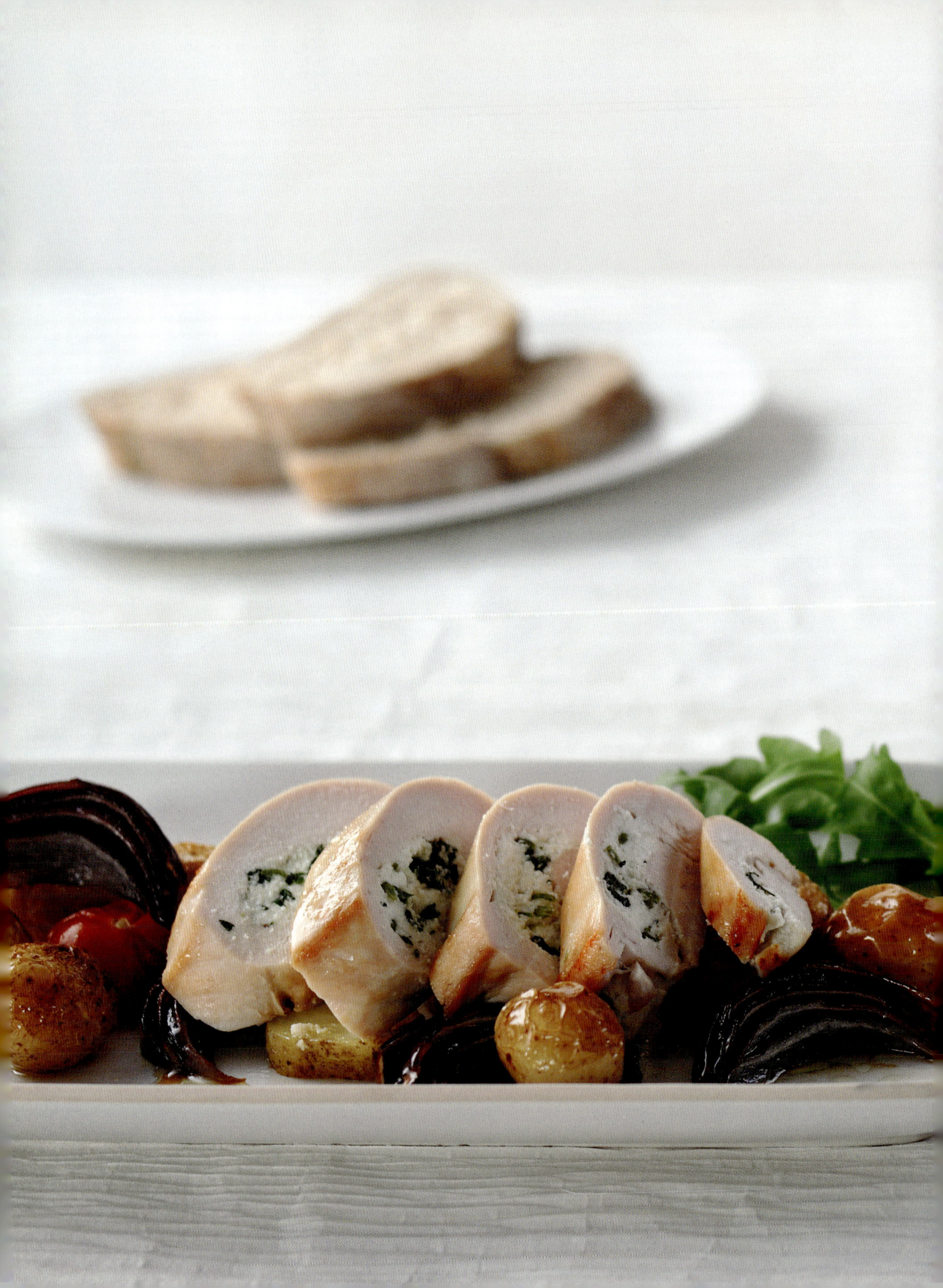

Peito de frango assado recheado com ricota e agrião

TEMPO DE PREPARO: 10 minutos | TEMPO DE COZIMENTO: 35 minutos | PORÇÕES: 4

250 g de ricota
uma boa pitada de noz-moscada ralada na hora
sal marinho e pimenta-do-reino moída na hora
50 g de folhas de agrião
400 g de batatas pequenas
150 g de tomates-cereja
2 cebolas roxas cortadas em quartos
2 dentes de alho
1 colher (sopa) de azeite
2 peitos de frango desossados, cortados ao meio e sem pele

PARA SERVIR
rúcula
pão italiano

Esse é o tipo de assado prático e gostoso. Você pode usar qualquer tipo de queijo para rechear o frango: o feta combina bem, o queijo de cabra com alho fica delicioso. É um prato rústico e colorido.

Preaqueça o forno a 200°C. Misture em uma tigela a ricota e a noz-moscada e tempere com sal e pimenta. Coloque o agrião em uma panela, borrife com água e leve ao fogo médio-baixo. Espere murchar, escorra o líquido restante, pique grosseiramente e misture com a ricota.

Coloque as batatas, os tomates, a cebola e o alho em uma assadeira, regue com o azeite em fio e tempere com sal e pimenta.

Coloque os filés de frango em uma tábua de cortar e abra-os ao meio, na horizontal, mas não corte até o fim. Abra cada um em formato de borboleta e coloque o recheio ao longo do meio de cada lado. Enrole os filés e feche com um ou dois palitos. Arrume os filés recheados na assadeira sobre os vegetais. Asse por 30 minutos, ou até a carne ficar bem cozida. Para verificar se está assada por dentro, insira a ponta de uma faca na parte mais espessa da carne – os sucos devem sair transparentes.

Corte cada filé recheado em fatias grossas na diagonal e arrume em uma travessa, guarnecendo com os vegetais. Sirva acompanhado de rúcula e pão italiano.

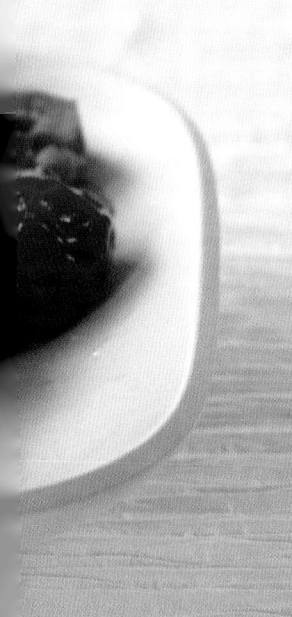

Frango assado com salsa verde

TEMPO DE PREPARO: 20 minutos, mais 20 minutos para descansar | TEMPO DE COZIMENTO: 1h35 | PORÇÕES: 4

1 frango de 1,5 kg
sal marinho e pimenta-
  -do-reino moída na hora
1 limão cortado ao meio
1 cebola
azeite para regar
4 dentes de alho
500 g de abóbora-
  -paulista descascada e
  cortada em pedaços
uma pitada de pimenta-
  -calabresa em flocos
250 g de brócolis

SALSA VERDE
2 filés de aliche escorridos
1 dente de alho
suco e raspas de 1 limão
1 colher (sopa) de
  alcaparras escorridas
um bom punhado
  de ervas variadas,
  como estragão, salsa
  e hortelã, picadas
  grosseiramente
100 ml/pouco menos de
  ½ xícara (chá) de azeite

Frango assado é um prato comum na mesa das famílias, mas às vezes gosto de fazer uma variação. Nessa receita, eu o assei com abóbora, servi com brócolis e preparei uma salsa verde, um tipo de molho muito bem temperado para acompanhar.

Preaqueça o forno a 240°C. Lave bem o frango por dentro e por fora e enxugue com papel-toalha. Tempere com sal e pimenta e recheie a cavidade com as metades de limão e a cebola. Coloque o frango em uma assadeira, regue com um fio de azeite e leve ao forno. Depois de 15 minutos, diminua a temperatura para 190°C e deixe o frango assar por 1h15 ou até ficar bem cozido. Para verificar se está no ponto, insira a ponta de uma faca na parte mais espessa do peito. Os sucos devem sair transparentes.

Depois de 45 minutos do início do cozimento, esmague os dentes de alho com a ponta de uma faca. Coloque em torno do frango o alho e a abóbora, regue com um pouco mais de azeite, polvilhe a pimenta-calabresa em flocos e tempere com sal e pimenta.

Enquanto isso, prepare a salsa verde. Usando um pilão ou um processador, esmague o aliche e o alho. Passe para uma tigela e adicione o suco e a casca de limão, as alcaparras, as ervas picadas e o azeite. Tempere com sal e pimenta, misture bem e reserve.

Quando o frango estiver assado, retire do forno, cubra com papel-alumínio e deixe descansar por 20 minutos. Pouco antes de servir, cozinhe rapidamente os brócolis em água fervente com um pouco de sal até ficar *al dente*. Sirva o frango assado com os brócolis e a abóbora, com a salsa verde espalhada por cima.

Refogado de frango e tamarindo e arroz com sementes de mostarda

TEMPO DE PREPARO: 15 minutos | TEMPO DE COZIMENTO: 40 minutos | PORÇÕES: 4

1 colher (sopa) de óleo
2 peitos de frango cortados em cubos
sal marinho e pimenta-do-reino moída na hora
150 g de ervilha-torta aparada e sem fios
1 pimenta vermelha sem sementes e bem picada
4 cebolinhas cortadas em pedaços de 2,5 cm
2 dentes de alho cortados em fatias muito finas
um punhado pequeno de manjericão roxo picado

ARROZ
1 colher (chá) de óleo
1 echalota picada
300 g/1½ xícara (chá) de arroz basmati
2 colheres (chá) de sementes de mostarda
½ colher (chá) de cúrcuma

MOLHO DE TAMARINDO
1 colher (chá) de xarope de tamarindo
½ colher (chá) de pimenta vermelha em pó
½ colher (chá) de grãos de pimenta-do-reino triturados
1 colher (sopa) de molho de soja
1 colher (chá) de molho de peixe
1 colher (chá) de açúcar

Os refogados são uma ótima opção para preparar um jantar rápido. Você pode juntar todos os tipos de vegetais e temperar a seu gosto. Para dar um toque de acidez, usei o xarope de tamarindo, que pode ser comprado em lojas de produtos orientais ou na internet.

Para fazer o arroz com sementes de mostarda, aqueça o óleo em uma frigideira em fogo médio-baixo, junte a echalota e frite por 5 minutos, até amolecer e ficar transparente. Adicione o arroz, as sementes de mostarda e 600 ml/cerca de 2½ xícaras (chá) de água. Acrescente a cúrcuma, tempere com sal e pimenta e mexa bem. Diminua para fogo baixo, tampe e cozinhe por 20 minutos, ou até a água ter sido absorvida e o arroz estar cozido. Reserve, tampado, enquanto faz o refogado.

Para fazer o molho de tamarindo, coloque todos os ingredientes em uma tigela ou jarra pequena e mexa até ficarem bem combinados. Reserve.

Aqueça o óleo em um wok ou frigideira em fogo alto. Quando estiver bem quente, adicione o frango, tempere com sal e pimenta e refogue por 5 minutos. Acrescente a ervilha-torta, a pimenta e a cebolinha e mantenha por mais 5 minutos, depois acrescente o alho e refogue por mais 3 minutos. Junte o molho de tamarindo e o manjericão roxo. Quando estiver bem quente, sirva imediatamente com o arroz.

Pato assado com figo, acelga vermelha e molho de pimenta-rosa

TEMPO DE PREPARO: 15 minutos, mais 10 minutos para descansar e fazer o purê (opcional) | TEMPO DE COZIMENTO: 40 minutos | PORÇÕES: 4

2 peitos de pato cortados ao meio e desossados
sal marinho e pimenta-do-reino moída na hora
4 figos maduros cortados em quartos
2 colheres (chá) de açúcar mascavo
1 colher (chá) de grãos de pimenta-rosa
100 ml/pouco menos de ½ xícara (chá) de vinho madeira
25 g de manteiga
100 g de acelga vermelha ou comum, folhas e talos separados e picados

PARA SERVIR
Purê de aipo-rábano (p. 205) (opcional)

A carne de pato é excelente. Tem a fama de ser gordurosa, mas, quando cozida desta maneira, lentamente e com a pele para baixo, fica ótima. Os figos emprestam doçura e perfume, e os grãos de pimenta-rosa adicionam um sabor picante, mas delicado.

Preaqueça o forno a 180°C. Risque a pele do peito do pato com a ponta de uma faca muito bem afiada, fazendo cortes bem próximos, e tempere generosamente com sal e pimenta. Aqueça uma frigideira refratária em fogo baixo e nela arrume os quatro filés de peito de pato com a pele para baixo. Frite lentamente por 10-15 minutos, descartando a gordura que soltar, até a pele começar a ficar crocante. Aumente o fogo para que fique bem crocante, depois vire os filés e frite por mais 2 minutos. Leve a frigideira ao forno e asse por 5 minutos, ou até os filés ficarem firmes ao toque, mas ainda bem rosados por dentro. Retire do forno, passe-os para uma travessa aquecida e cubra com papel-alumínio. Deixe descansar por 10-15 minutos.

Enquanto isso, elimine o excesso de gordura da frigideira, mas deixe os resíduos. Leve ao fogo médio, adicione o figo e o açúcar mascavo e caramelize por 3-4 minutos. Acrescente os grãos de pimenta e deixe por 1 minuto, junte o vinho madeira e cozinhe por mais 5 minutos, até o molho reduzir e engrossar.

Derreta a manteiga em outra panela, acrescente os talos de acelga picados e refogue por 2-3 minutos, depois junte as folhas picadas e cozinhe por mais 2 minutos ou até murcharem.

Corte os filés de peito de pato em fatias diagonais no sentido contrário ao das fibras. Disponha ao lado o figo caramelizado e a acelga. Regue com o molho de pimenta-rosa e, se quiser, acompanhe com Purê de aipo-rábano.

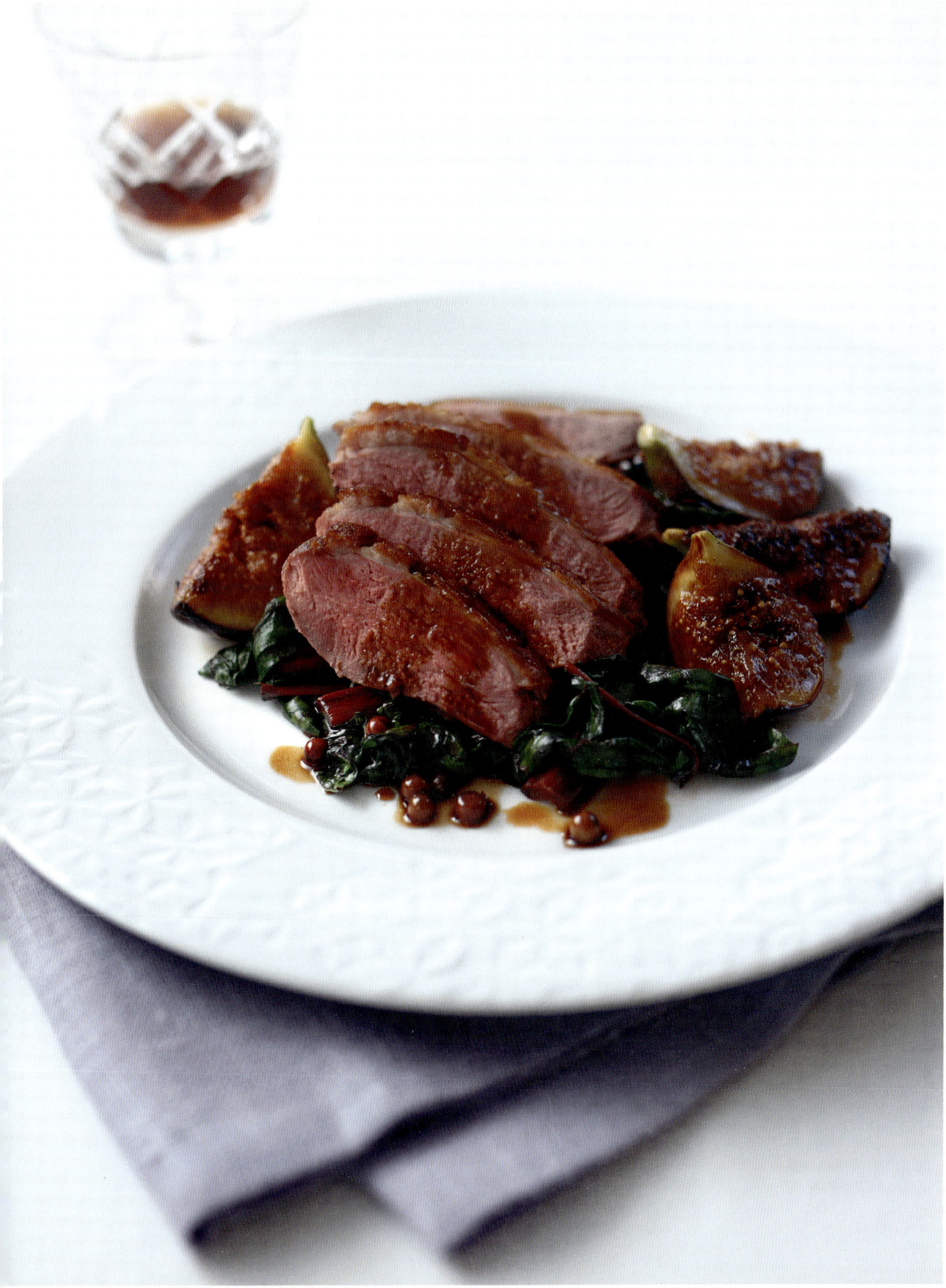

Barriga de porco glaceada com missô e bok choy refogado

TEMPO DE PREPARO: 25 minutos, mais uma noite para marinar | TEMPO DE COZIMENTO: 2h30 | PORÇÕES: 4

150 g de sal marinho
150 g de açúcar
1 peça de 1,5 kg de barriga de porco

GLACÊ DE MISSÔ
100 ml/pouco menos de ½ xícara (chá) de mirin
50g/cerca de ¼ de xícara (chá) de açúcar
2 colheres (sopa) de pasta de missô

BOK CHOY
1 colher (chá) de óleo de gergelim
4 bok choys (*) grandes, cortados em quartos, ou 8 pequenos cortados ao meio
1 pimenta vermelha sem sementes e bem picada
1 colher (sopa) de molho de soja

PARA SERVIR
arroz cozido

(*) O bok choy, também conhecido por repolho-chinês, pode ser encontrado em mercearias de produtos orientais.

A barriga de porco é uma carne fantástica: é barata, muito saborosa e combina bem com ingredientes asiáticos. Nesse prato, eu a preparei com um glacê de missô, unindo o doce e o salgado. O arroz e o bok choy refogado equilibram os sabores.

Misture o sal e o açúcar com 500 ml/2 xícaras (chá) de água quente em uma jarra e mexa até dissolverem por completo. Coloque a barriga de porco em uma tigela ou assadeira funda que não seja de metal e despeje o caldo. Cubra com filme de PVC e deixe na geladeira para marinar de um dia para o outro.

Preaqueça o forno a 180°C. Coloque uma grade sobre uma assadeira e arrume a barriga de porco na grade. Despeje água fervente na assadeira até alcançar 2,5 cm de altura. Cubra tudo com papel-alumínio e asse por 2 horas, ou até a carne ficar bem macia.

Enquanto isso, faça o glacê de missô. Misture o mirin e o açúcar em uma panela em fogo médio e deixe ferver. Acrescente a pasta de missô, retire do fogo e continue mexendo até alisar. Reserve.

Retire a barriga de porco do forno e aumente a temperatura para 200°C. Pincele a carne com o glacê até cobrir por completo e asse, sem cobrir, por 30 minutos, até o glacê ficar brilhante e úmido.

Prepare o bok choy aquecendo o óleo de gergelim em uma frigideira grande, adicione a verdura e refogue por 5 minutos até começar a murchar. Acrescente a pimenta e o molho de soja, mantenha por mais alguns minutos e retire do fogo.

Retire a barriga de porco do forno e corte no sentido contrário ao das fibras. Arranje as fatias nos pratos, com o lado glaceado para cima e o bok choy ao lado. Sirva acompanhado de arroz branco.

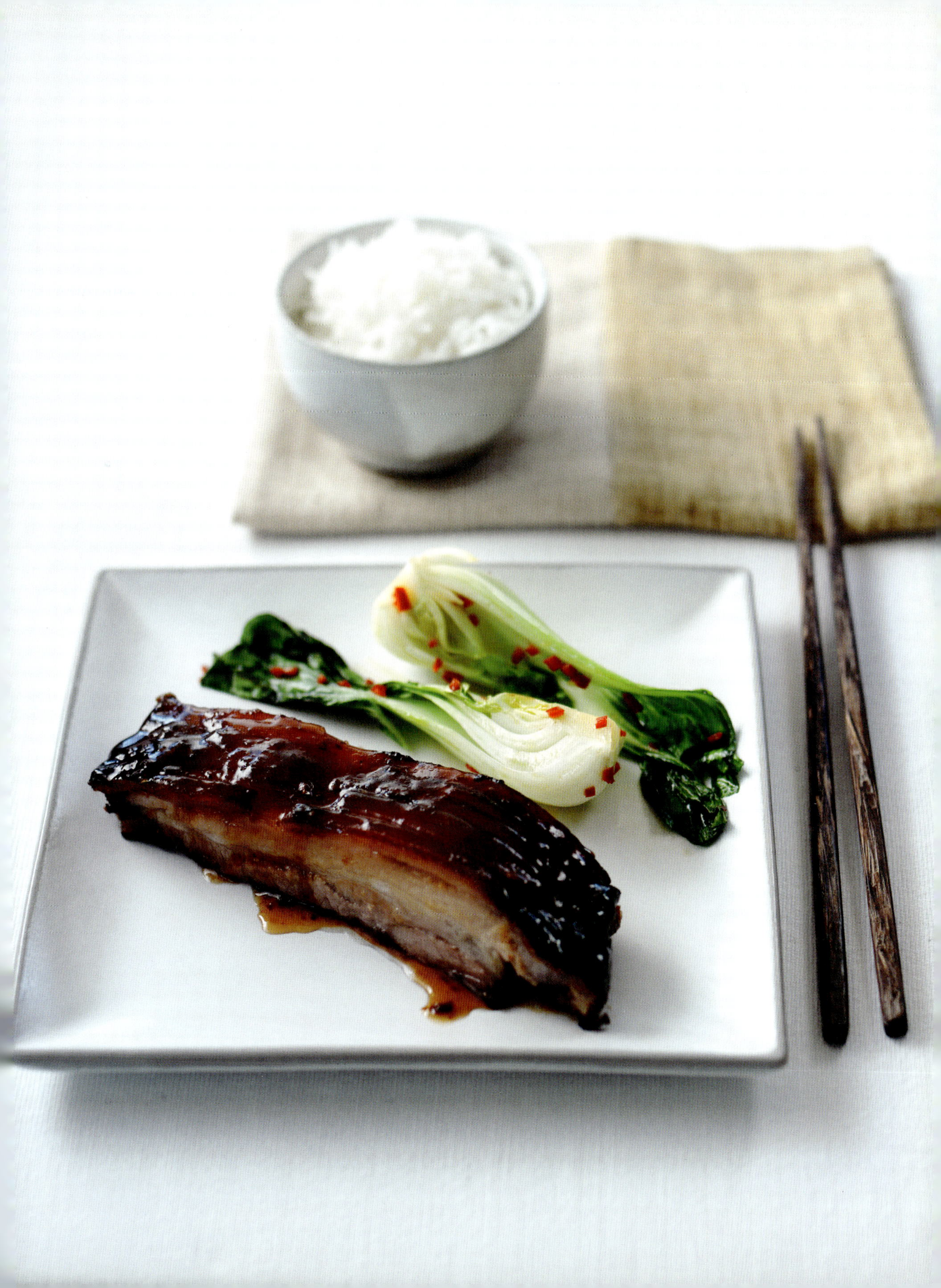

Adoro os sabores das castanhas e do marmelo. Com um toque de canela, é o melhor da comida reconfortante para as noites de inverno.

Caçarola de porco, marmelo e castanhas e purê de batata com agrião

TEMPO DE PREPARO: 20 minutos | TEMPO DE COZIMENTO: 1h30 | PORÇÕES: 4

2 colheres (sopa) de azeite
750 g de carne de porco cortada em cubos
sal marinho e pimenta-do-reino moída na hora
100 ml/pouco menos de ½ xícara (chá) de vinho branco
2 cebolas cortadas em gomos
2 marmelos descascados e fatiados
250 g de castanhas portuguesas embaladas a vácuo ou em conserva
1 canela em pau
500 ml/2 xícaras (chá) de caldo de legumes
folhas de 1 ramo de sálvia, mais um pouco para servir

PURÊ COM AGRIÃO
600 g de batata descascada e cortada em cubos
1 colher (sopa) de azeite
150 g de agrião picado grosseiramente

É comum pensarmos na culinária grega como própria para o verão, com saladas e muito peixe, mas ela é saborosa também no inverno, quando ganha outros sabores. Essa caçarola foi inspirada no inverno da Grécia, quando sentamos perto da lareira, olhando para o panorama da neve nas montanhas.

Aqueça 1 colher (sopa) de azeite em uma frigideira grande em fogo alto. Adicione os cubos de carne em lotes, tempere com sal e pimenta e frite-os até ficarem selados e dourados. Frite bem para que o sabor fique mais intenso. Você levará 15-20 minutos para selar todos os cubos de carne. Quando terminar, retire toda a carne da frigideira e despeje o vinho. Para soltar os sedimentos, mexa por 4 minutos, balançando o vinho de um lado para o outro e raspando os pedacinhos de carne grudados no fundo da frigideira. Reserve.

Em outra panela, aqueça 1 colher (sopa) de azeite em fogo médio. Adicione a cebola e as fatias de marmelo e refogue por 5 minutos, mexendo de vez em quando. Acrescente as castanhas, a canela, os cubos de carne e os sucos da frigideira. Junte o caldo de legumes e as folhas de sálvia e deixe ferver. Diminua para temperatura mínima e cozinhe lentamente por 1 hora, ou até a carne ficar macia. Tempere com sal e pimenta.

Após 30 minutos de cozimento da carne, cozinhe a batata. Coloque-a em uma panela grande, cubra com água e espere ferver. Reduza para temperatura mínima, tampe a panela e deixe cozinhar por cerca de 20 minutos até ficar macia. Escorra e, ainda quente, passe pelo espremedor. Adicione o azeite e o agrião, tempere com sal e pimenta e misture bem. Sirva o purê acompanhando a caçarola salpicada com folhas de sálvia.

Costelas de porco no chá defumado e anis-estrelado com pepino marinado

TEMPO DE PREPARO: 15 minutos, mais 10 minutos para marinar | TEMPO DE COZIMENTO: 2 horas | PORÇÕES: 4

2 litros/8 xícaras (chá) de caldo de legumes
5 cm de gengibre descascado e fatiado
2 colheres (sopa) de folhas de chá defumado *russian caravan* ou *lapsang souchong*
3 anises-estrelados
1 kg de costeletas de porco separadas

GLACÊ
1 colher (chá) de tempero chinês de cinco especiarias (p. 61)
1 colher (sopa) de açúcar mascavo
2 colheres (sopa) de molho de soja
2 colheres (sopa) de mel
1 colher (chá) de óleo de gergelim

PEPINO MARINADO
70 ml/pouco menos de ⅓ de xícara (chá) de vinagre de vinho branco
2 colheres (chá) de açúcar
1 colher (chá) de sal marinho
1 pepino sem sementes e cortado em fatias

PARA SERVIR
arroz cozido (opcional)

Cozinhar com chá é muito interessante. As folhas colocadas no caldo dão às costeletas um aroma intenso e defumado. O pepino marinado é delicioso e combina com muitos pratos, inclusive com a Barriga de porco glaceada com missô e bok choy refogado (p. 92).

Despeje o caldo de legumes em uma panela grande e adicione o gengibre, as folhas de chá e os anises-estrelados. Espere ferver, diminua para temperatura mínima e cozinhe lentamente por 5 minutos. Junte as costeletas e continue cozinhando, com a panela tampada, por 1 hora ou até ficarem bem cozidas.

Para fazer o pepino marinado, coloque o vinagre e o açúcar em uma panela, leve ao fogo e espere ferver. Diminua para fogo baixo e cozinhe, sempre mexendo, até o açúcar dissolver. Retire do fogo e deixe esfriar completamente. Enquanto isso, misture o sal e as fatias de pepino em uma tigela e deixe descansar por 10 minutos, depois passe o pepino para um escorredor, enxágue em água fria para tirar o sal e escorra bem. Retorne o pepino à tigela, despeje o caldo de vinagre já frio e misture bem. Reserve.

Para fazer o glacê, coloque todos os ingredientes em uma panela pequena em fogo médio e espere ferver. Diminua para temperatura mínima e cozinhe por 5 minutos. Retire do fogo e reserve.

Preaqueça o forno a 200°C. Quando as costeletas estiverem cozidas, retire-as da panela e passe para um escorredor. (Você não vai precisar do líquido para essa receita, mas não o jogue fora porque é um caldo excelente para sopas asiáticas.) Arrume as costeletas em uma assadeira e pincele-as generosamente com o glacê. Leve ao forno e asse por 45 minutos, pincelando de vez em quando com mais glacê, até formar uma camada úmida e as costeletas ficarem muito macias. Retire do forno e sirva com o pepino marinado e, se quiser, o arroz cozido.

Paleta de porco assada ao barbecue e desfiada com salada de repolho roxo

TEMPO DE PREPARO: 25 minutos, mais 15 minutos para descansar, mais o tempo de fazer o molho, a maionese e o pão (se preferir) | TEMPO DE COZIMENTO: 3 horas | PORÇÕES: 4

azeite para untar e regar
2 colheres (chá) de páprica
½ colher (chá) de cominho em pó
½ colher (chá) de coentro em pó
1 colher (chá) de orégano
1 colher (chá) de cúrcuma
2 colheres (chá) de sal de alho
1 colher (chá) de sal de aipo
1,5 kg de paleta de porco
100 ml/pouco menos de ½ xícara (chá) de Molho barbecue (p. 198)
1 colher (sopa) de maple syrup
400 g de batata-doce cortada em gomos
sal marinho e pimenta-do-reino moída na hora

SALADA DE REPOLHO
½ repolho roxo pequeno cortado bem fino
2 cenouras raladas
2 maçãs vermelhas descascadas e raladas
2 colheres (sopa) de Maionese (p. 199)
1 cebola roxa picada

PARA SERVIR
Pão de hambúrguer (p. 201) (opcional)

Tenho um desejo quase obsessivo por sabores típicos norte-americanos. Nessa receita, incorporo o gosto do molho clássico de churrasco a um assado de porco, que tornei um pouco mais leve acompanhando-o com salada de repolho roxo e maçã. Batata-doce também é um ótimo complemento.

Preaqueça o forno a 160°C e unte uma assadeira com azeite. Misture todas as especiarias, o orégano, o sal de alho e o sal de aipo em uma tigela pequena e esfregue a mistura por toda a carne. Coloque-a na assadeira untada, cubra com papel-alumínio, leve ao forno, na grade do meio e asse por 1 hora, sem mexer. Despeje cerca de 100 ml/quase ½ xícara (chá) de água na assadeira, cubra novamente e deixe assar por mais 1h30.

Enquanto isso, prepare a salada de repolho. Misture todos os ingredientes em uma tigela grande e tempere com sal e pimenta. Cubra com filme de PVC e deixe na geladeira até a hora de servir.

Depois de ter assado a carne por 2h30, bata o molho barbecue e o maple syrup em uma tigelinha e pincele sobre a carne. Devolva a assadeira ao forno, sem cobrir, por mais 30 minutos. Enquanto isso, espalhe os pedaços de batata-doce em outra assadeira, regue com um fio de azeite, tempere com sal e pimenta e coloque no forno, na grade embaixo da carne de porco.

Quando a carne de porco estiver pronta, retire do forno, cubra com papel-alumínio e deixe descansar por 15 minutos. Mantenha a batata-doce no forno até a hora de servir.

Desfie a carne de porco em lascas pequenas usando dois garfos e disponha em uma travessa. Sirva imediatamente com a salada de repolho roxo fria e a batata-doce quente, ou com o Pão de hambúrguer, se desejar.

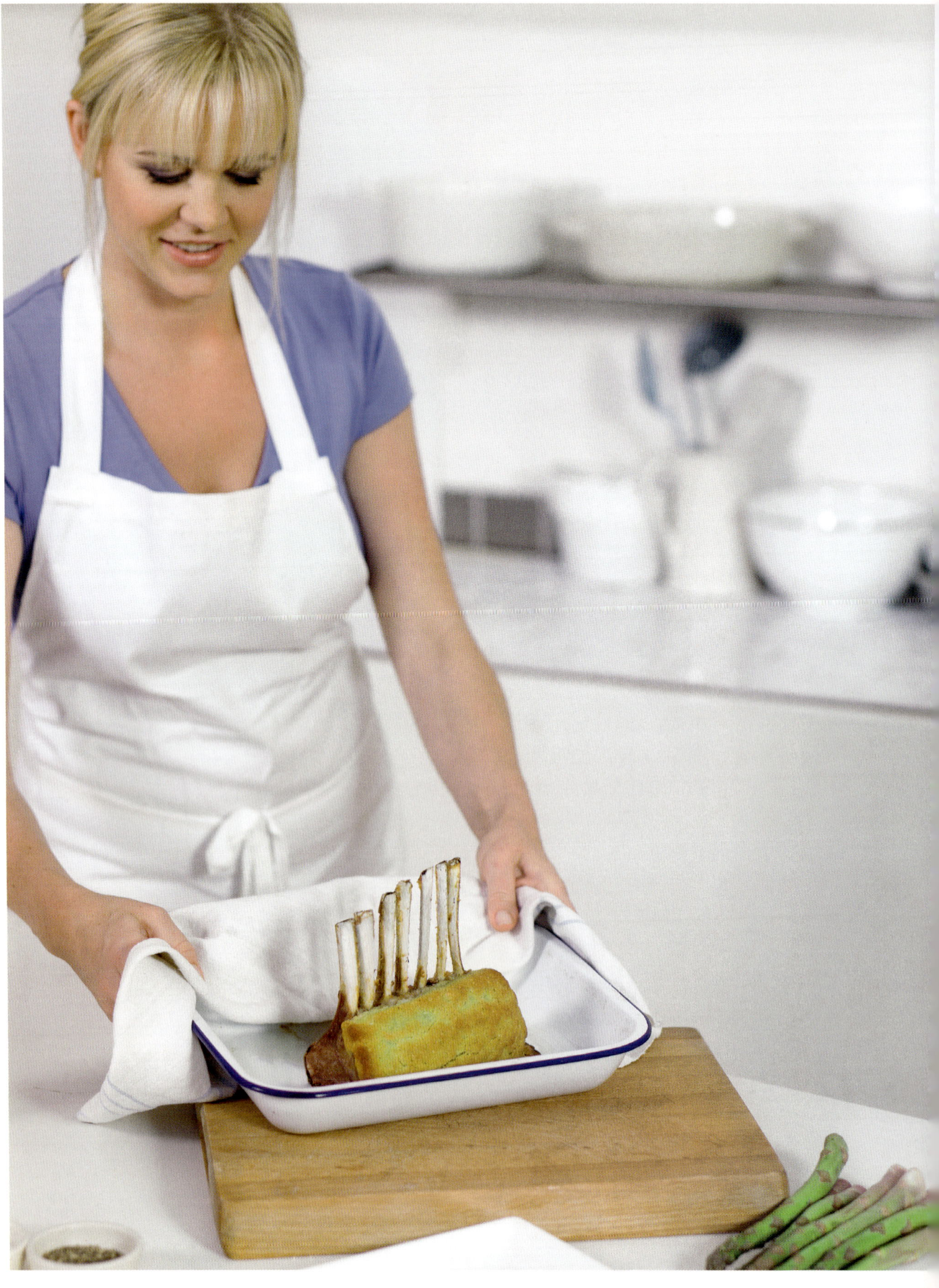

Carré de cordeiro em crosta de macadâmia e manjericão

TEMPO DE PREPARO: 25 minutos | TEMPO DE COZIMENTO: 25 minutos | PORÇÕES: 4

3 colheres (sopa) de azeite

2 carrés de cordeiro magros aparados à moda francesa (veja a foto ao lado) e cortados ao meio

12 talos de aspargo fresco

150 g de mizuna (p. 49) separada em folhas

5 colheres (chá) de vinagre balsâmico

CROSTA DE MACADÂMIA E MANJERICÃO

250 g/1 $^{2}/_{3}$ xícara (chá) de macadâmias

2 colheres (sopa) de folhas de manjericão picadas

100 g/2 xícaras (chá) de migalhas de pão fresco

150 g de manteiga em cubos

sal marinho e pimenta-do-reino moída na hora

PARA SERVIR

batatas pequenas cozidas e amassadas

O carré de cordeiro é um corte que causa impacto quando servido em um jantar. Mantive o acompanhamento do prato muito leve: a mizuna e os aspargos *al dente* compõem uma refeição sensacional. O cordeiro também combina com batata na manteiga.

Aqueça 1 colher (sopa) de azeite em uma frigideira de fundo grosso em fogo médio-alto. Adicione os carrés de cordeiro e frite por cerca de 8 minutos, virando de vez em quando, até a carne ficar dourada e selada (não cozinhe demais).

Coloque os carrés de cordeiro cortados ao meio em uma assadeira, com a gordura virada para cima. Cubra com a crosta de macadâmia e manjericão e aperte firmemente. Leve ao forno e asse por 10 minutos: a carne deve estar ainda um pouco rosada.

Enquanto isso, leve ao fogo para ferver uma panela grande com água e um pouco de sal. Adicione os aspargos, cozinhe por 5 minutos, ou até ficar *al dente*, e escorra. Coloque a mizuna em uma tigela e tempere com o vinagre balsâmico e as 2 colheres (sopa) restantes do azeite. Junte os aspargos escorridos e misture.

Retire o cordeiro do forno e deixe descansar por alguns minutos. Corte cada carré em costeletas e sirva com batata cozida levemente esmagada e a salada de mizuna e aspargo.

Espetos de cordeiro com salada de lentilha

TEMPO DE PREPARO: 35 minutos, mais 8 horas para marinar, 10 minutos de descanso, tempo de fazer o molho e o pão sírio | TEMPO DE COZIMENTO: 15 minutos | PORÇÕES: 4

½ cebola ralada
2 dentes de alho picados
suco e raspas de ½ limão
uma pitada de pistilos de açafrão
400 g de pernil de cordeiro desossado e cortado em cubos
5 colheres (chá) de azeite
sal marinho e pimenta-do-reino moída na hora

SALADA
6 rabanetes cortados em fatias muito finas
½ pepino cortado em fatias finas
4 cebolinhas cortadas em rodelas finas
150 g de lentilhas em conserva e escorridas
um punhado de folhas de salsa
um punhado de folhas de hortelã
2 minialfaces separadas em folhas
½ colher (chá) de sumagre
suco de 1 limão
5 colheres (chá) de azeite

PARA SERVIR
Molho de iogurte (p. 199)
4 Pães sírios (p. 202)

Esse prato foi inspirado em minhas viagens pelo Oriente Médio. A marinada lembra os métodos da culinária persa, e a salada tem suas raízes no Líbano. De fato, a salada é muito similar ao fatouche, devido ao sabor ácido e cítrico do sumagre.

Coloque a cebola, o alho, o suco e as raspas de limão e o açafrão em uma tigela grande e misture bem. Deixe descansar por 10 minutos, depois adicione o cordeiro e o azeite, tempere com sal e pimenta e mexa até a carne ficar bem recoberta pela marinada. Cubra a tigela com filme de PVC e leve à geladeira por 8 horas, no mínimo, ou de um dia para o outro. Enquanto isso, deixe oito espetos de madeira de molho em água fria.

No dia seguinte, misture todos os ingredientes da salada em uma tigela grande e mexa até as folhas incorporarem bem o tempero. Cubra com filme de PVC e deixe na geladeira, enquanto grelha o cordeiro.

Coloque uma chapa em fogo alto. Introduza os cubos de carne nos espetos molhados e tempere com sal e pimenta. Quando a chapa estiver bem quente, grelhe a carne de todos os lados até chegar ao ponto de sua preferência. Levará cerca de 10-12 minutos para o cordeiro ficar rosado por dentro e bem dourado por fora. Sirva os espetos com a salada de lentilha, acompanhados do molho de iogurte e do pão sírio.

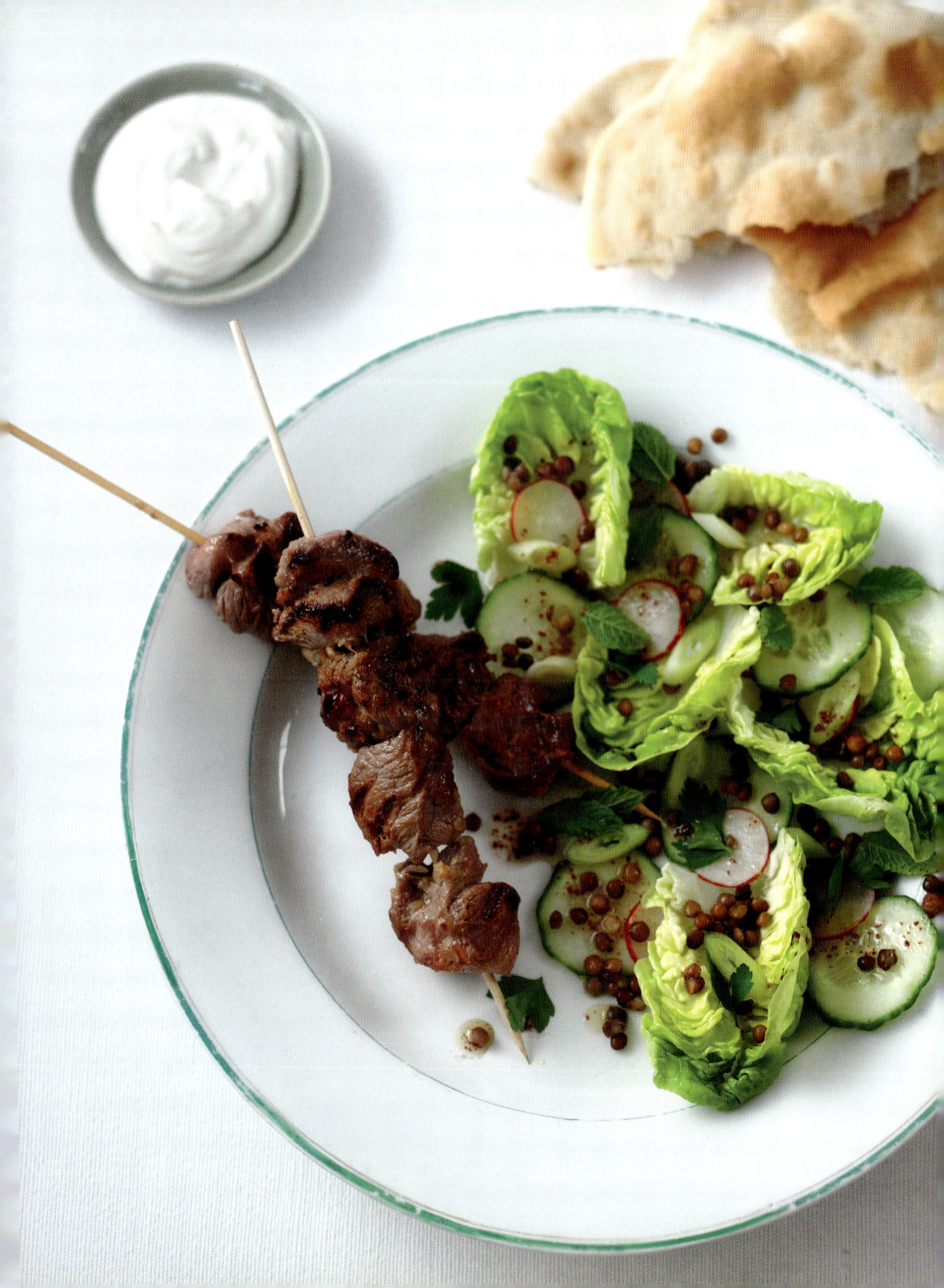

Almôndegas com cereja e tagliatelle na manteiga

TEMPO DE PREPARO: 20 minutos | TEMPO DE COZIMENTO: 45 minutos | PORÇÕES: 4

250 g de carne de vitela moída
250 g de carne de cordeiro moída
100 g/½ xícara (chá) de cerejas azedas secas ou cranberries secos (*)
50 g/⅓ de xícara (chá) de pinholes torrados
1 colher (chá) de pimenta-da-jamaica em pó
½ colher (chá) de canela em pó
25 g/½ xícara (chá) de migalhas de pão fresco
1 ovo batido
sal marinho e pimenta-do-reino moída na hora
1 colher (sopa) de azeite
100 g de manteiga
2 cebolas picadas
100 ml/quase ½ xícara (chá) de vinho branco
1 colher (sopa) de salsa picada
250 g de tagliatelle

(*) Encontrados em lojas de produtos gastronômicos importados.

Essas almôndegas são um pouco diferentes das usuais. Os pinholes e as cerejas azedas, além do toque de especiarias, conferem a elas um sabor exótico, e a massa na manteiga absorve os sabores.

Coloque em uma tigela grande as carnes moídas de vitela e de cordeiro, as cerejas, os pinholes, a pimenta-da-jamaica, a canela, as migalhas de pão e o ovo. Tempere com sal e pimenta e misture tudo muito bem. Divida a mistura em dezesseis partes iguais e modele almôndegas pequenas.

Aqueça o azeite e metade da manteiga em uma frigideira grande em fogo médio. Adicione a cebola e refogue por 5 minutos, depois reduza para temperatura mínima e mantenha por mais 30 minutos ou até ficar caramelizada.

Cerca de 10 minutos antes de terminar o cozimento da cebola, aqueça outra frigideira em fogo médio-alto e frite as almôndegas por 10 minutos até ficarem bem douradas por fora e cozidas por dentro. Passe as almôndegas para a frigideira em que está a cebola caramelizada. Adicione o vinho e cozinhe por mais 10 minutos. Acrescente a manteiga restante e a salsa picada e misture bem.

Enquanto isso, coloque uma panela grande com bastante água em fogo alto, adicione uma boa pitada de sal e espere ferver. Junte o tagliatelle e cozinhe pelo tempo indicado na embalagem. A massa deve ficar *al dente*. Escorra e coloque na frigideira com a cebola e as almôndegas. Misture bem e sirva imediatamente.

As almôndegas são um clássico, mas essas trazem novas possibilidades de sabor.

Contrafilé grelhado com echalota caramelizada e agrião

TEMPO DE PREPARO: 15 minutos | TEMPO DE COZIMENTO: 30 minutos | PORÇÕES: 4

1 colher (chá) de azeite, mais um pouco para regar
25 g de manteiga
400 g de echalotas descascadas e aparadas
1 colher (chá) de açúcar
3 colheres (sopa) bem cheias de vinagre balsâmico
4 bifes de contrafilé
200 g de folhinhas de agrião
sal marinho e pimenta-do-reino moída na hora

PARA SERVIR
batata frita ou batata palha (opcional)

Os sabores clássicos continuam firmes na culinária. O melhor modo de servir um bife é acompanhado de echalota caramelizada, salada de agrião e, se quiser, também batata frita, por que não? Tempere bem a carne e espere a chapa ficar o mais quente possível. É sucesso garantido.

Aqueça o azeite e a manteiga em uma frigideira em fogo baixo. Junte as echalotas, tampe e deixe refogar lentamente por cerca de 20 minutos até ficarem bem douradas, macias e caramelizadas. Acrescente o açúcar e o vinagre balsâmico e mantenha por mais 10 minutos, com a panela destampada, até o líquido reduzir e engrossar.

Enquanto o molho das echalotas reduz, coloque uma chapa para aquecer em fogo alto e tempere os bifes com sal e pimenta. Quando a chapa estiver bem quente, grelhe os bifes por cerca de 4 minutos de cada lado para obter a carne ao ponto. Ponha o agrião em uma tigela e regue com um pouco de azeite. Sirva os bifes com colheradas de echalota caramelizada por cima, agrião ao lado e, se quiser, batata frita.

Meus sensacionais hambúrgueres

TEMPO DE PREPARO: 40 minutos, mais o tempo de preparar o pão, a maionese e o chutney | TEMPO DE COZIMENTO: 15 minutos | PORÇÕES: 4

2 colheres (chá) de azeite, mais para fritar os hambúrgueres
2 ou 3 echalotas cortadas em cubinhos
400 g de contrafilé ou acém cortados em pedaços
1 ovo
1 colher (chá) de molho inglês
1 colher (sopa) de ketchup
sal marinho e pimenta-do-reino moída na hora
4 fatias de bacon magro
8 fatias de queijo cheddar
½ pé de alface-americana picado
Maionese de alho (p. 199)
8 Pães de hambúrguer (p. 201) cortados ao meio
fatias de pepino em conserva suave
2 tomates fatiados
1 receita de Chutney rápido de tomate (p. 200)

Dizer que meus hambúrgueres são SENSACIONAIS pode parecer uma ousadia, mas eu assino embaixo. Escolha complementos ao seu gosto e crie seus próprios hambúrgueres sensacionais! Você pode adicionar sabor à maionese com mostarda ou azeite de trufas, ou acrescentar cebola frita, queijo gorgonzola ou gruyère. As opções são intermináveis, e o hambúrguer perfeito poderá surgir a qualquer instante…

Aqueça o azeite em uma frigideira em fogo médio, acrescente a echalota e frite por cerca de 5 minutos até amolecer e ficar transparente. Retire do fogo e deixe esfriar.

Bata a carne no processador até ficar bem moída. Adicione a echalota frita, o ovo, o molho inglês e o ketchup e tempere com sal e pimenta. Bata de novo para misturar. Modele 8 pequenos hambúrgueres, cubra com filme de PVC e leve à geladeira.

Enquanto isso, aqueça a chapa em temperatura máxima e também uma frigideira em fogo alto. Toste as fatias de bacon na chapa por 5 minutos de cada lado, até ficarem ligeiramente crocantes. Retire e corte-as ao meio. Ao mesmo tempo, adicione um pouco de azeite à frigideira e frite os hambúrgueres por 4-5 minutos de cada lado, até ficarem suculentos e rosados por dentro, ou aumente o tempo de cozimento se preferir mais bem passados. Cerca de 1-2 minutos antes de alcançar o ponto de cozimento desejado, coloque uma fatia de queijo sobre cada hambúrguer.

Misture a alface picada com a maionese de alho, ajustando a quantidade de ambas a seu gosto, e distribua sobre a parte inferior dos pães. Coloque algumas fatias de picles de pepino sobre a alface, continue com uma fatia de tomate, meia fatia de bacon e um hambúrguer. Espalhe uma colherada do chutney de tomate na parte superior do pão, feche os sanduíches e sirva.

Peixinho marinado com purê de batata-doce e molho de coentro e mel

TEMPO DE PREPARO: 25 minutos, mais 1 hora para marinar | TEMPO DE COZIMENTO: 20 minutos | PORÇÕES: 4

2 colheres (sopa) de molho de soja
2 dentes de alho picados
1 colher (sopa) de azeite
100 ml/pouco menos de ½ xícara (chá) de suco de abacaxi
2 pedaços de 500 g cada de peixinho (ou outro corte de carne bovina)
500 g de batata-doce descascada e picada
sal marinho e pimenta-do-reino moída na hora

MOLHO DE COENTRO E MEL
1 pimenta vermelha sem sementes e picada
um punhado pequeno de coentro
suco de 1 limão
1 colher (chá) de mel
2 colheres (sopa) de azeite

O peixinho é um excelente corte de carne bovina, muito saboroso quando servido malpassado, portanto, ajuste o tempo de cozimento sugerido de acordo com a espessura da carne. Nessa receita, escolhi como acompanhamentos a batata-doce, rica em betacaroteno, e um molho leve similar ao chimichurri argentino.

Misture o molho de soja, o alho, o azeite e o suco de abacaxi em uma jarra até ficarem bem combinados. Coloque a carne em uma travessa e despeje a marinada por cima. Role a carne na marinada até absorver totalmente, cubra com filme de PVC e leve à geladeira para marinar por 1 hora.

Coloque a batata-doce em uma panela, cubra com água e uma pitada de sal e deixe ferver. Reduza para temperatura mínima e cozinhe, com a panela tampada, por 20 minutos, ou até ficar bem macia. Escorra e amasse com um pouco de sal e pimenta.

Enquanto isso, aqueça uma chapa em fogo médio-alto. Enxugue a carne com papel-toalha e tempere com sal e pimenta. Coloque os pedaços na chapa e grelhe, virando algumas vezes, por 8-10 minutos ou até ficarem dourados por fora, mas ainda rosados por dentro.

Deixe a carne descansar por 5 minutos antes de fatiá-la no sentido contrário ao das fibras. Enquanto isso, prepare o molho. Coloque todos os ingredientes no liquidificador e bata até ficarem picados e agregados, mas ainda com certa textura. Despeje o molho sobre os bifes e sirva com o purê de batata-doce.

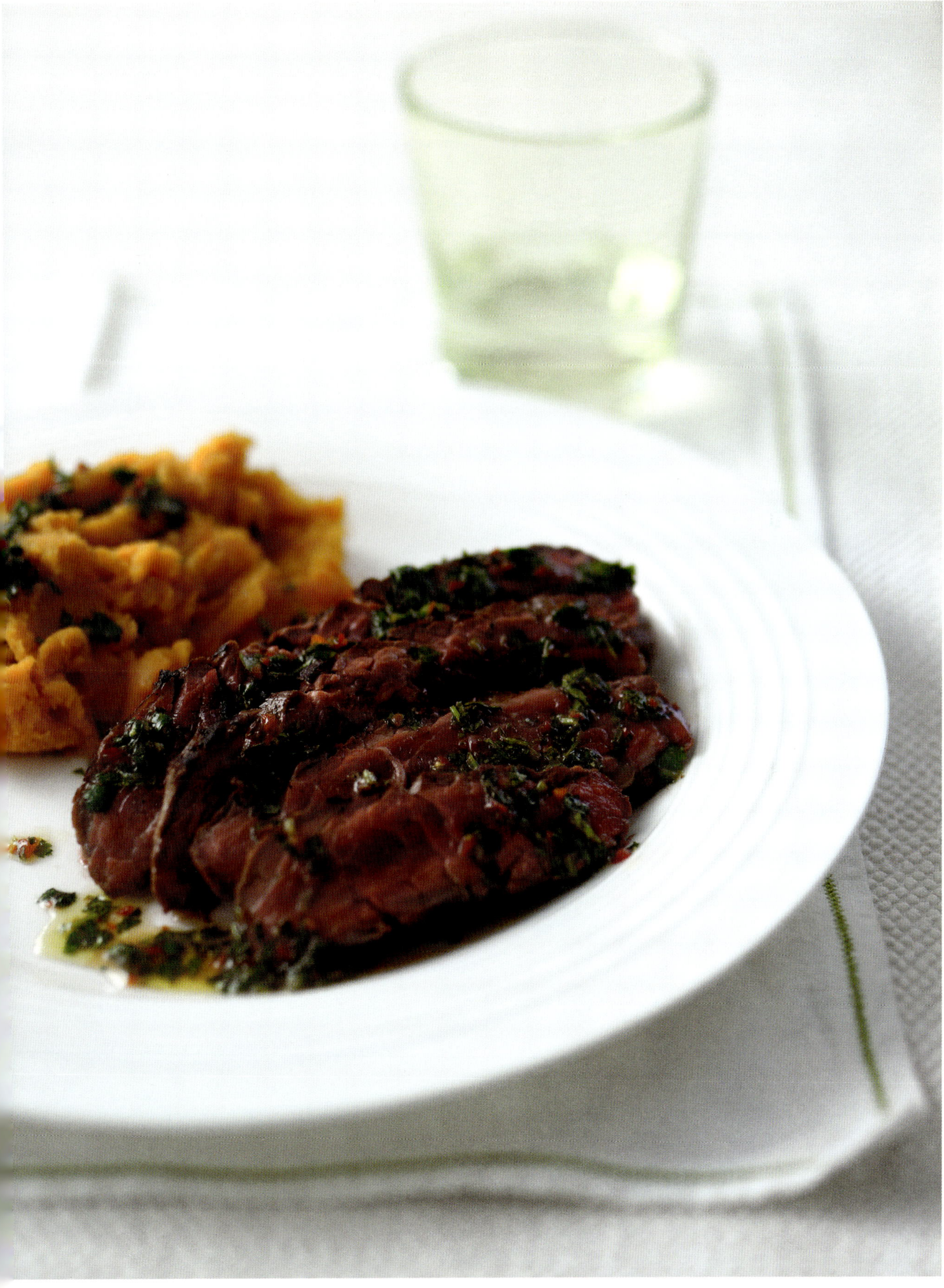

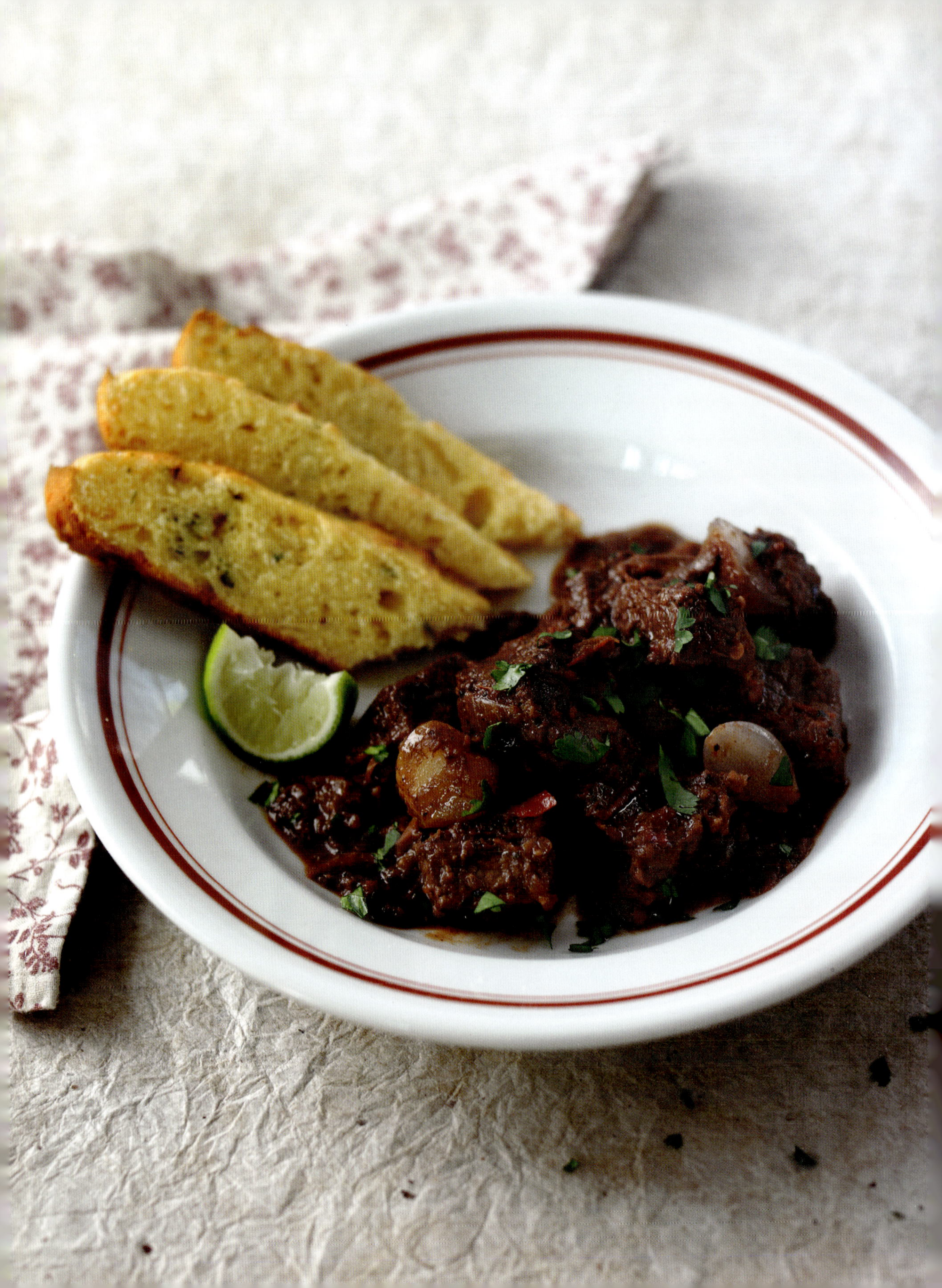

Ensopado mexicano e pão de fubá com pimenta e coentro

TEMPO DE PREPARO: 25 minutos, mais o preparo do pão | TEMPO DE COZIMENTO: 1 hora–1h10 | PORÇÕES: 4

4 tomates cortados em quartos
2 cebolas cortadas em quartos
3 dentes de alho
2 colheres (sopa) de azeite
500 g de acém cortado em cubos
8-10 echalotas pequenas
2 pimentas vermelhas secas
1 colher (chá) de canela em pó
1 colher (chá) de coentro em pó
300 ml/pouco menos de 1¼ xícara (chá) de caldo de carne
1 colher (chá) de açúcar
125 g de chocolate meio amargo
1 colher (chá) de orégano seco
suco de 1 limão
sal marinho e pimenta-do-reino moída na hora

PARA SERVIR
um punhado de folhas de coentro picadas
1 receita de Pão de fubá com pimenta e coentro (p. 180)
1 limão cortado em quartos

Essa versão simplificada do picadinho mexicano, além de ser mais suave, é uma boa introdução à culinária desse país: adoro a riqueza acrescentada pelo chocolate. O pão de fubá, simplesmente divino e rápido de fazer, é perfeito para recolher o molho.

Preaqueça o forno até ficar bem quente. Coloque o tomate, a cebola e o alho em uma assadeira e asse por 10 minutos ou até amolecerem. Passe os vegetais para o liquidificador ou processador e bata até obter uma pasta lisa.

Enquanto os vegetais estão no forno, aqueça metade do azeite em uma frigideira em fogo alto. Acrescente a carne e frite, mexendo de vez em quando, por 5-10 minutos até ficar selada e dourada. Procure obter uma cor bem escura, para que o sabor do prato fique mais apurado.

Aqueça o azeite restante em uma panela em fogo médio. Junte as echalotas e frite, mexendo de vez em quando, por 10 minutos ou até dourarem. Acrescente a carne, as pimentas secas, a canela e o coentro em pó. Refogue por 5 minutos, mexendo de vez em quando, depois adicione a pasta de tomate e o caldo, tampe e espere ferver. Reduza para temperatura mínima e deixe cozinhar lentamente, mexendo algumas vezes, por 30-40 minutos, até a carne amaciar. Acrescente o açúcar, o chocolate, o orégano e o suco de limão e tempere com sal e pimenta.

Sirva salpicado de coentro, acompanhado do pão de fubá e com os quartos de limão para espremer por cima.

Rendang de carne com sambal de abacaxi e pimenta

TEMPO DE PREPARO: 30 minutos, mais o preparo da pasta de curry e do sambal | TEMPO DE COZIMENTO: 1 hora | PORÇÕES: 4

1 colher (sopa) de óleo
750 g de contrafilé cortado em cubinhos
1 receita de Pasta de curry (p. 200)
200 ml/pouco mais de ¾ de xícara (chá) de caldo de carne
2 colheres (sopa) de molho de peixe
4 folhas de limão kaffir (*)
1 canela em pau
4 talos de capim-limão sem as folhas e amassados
1 colher (sopa) de açúcar mascavo
sal marinho e pimenta-do-reino moída na hora
um punhado pequeno de folhas de coentro

ARROZ DE COCO
300 g/1½ xícara (chá) de arroz jasmim tailandês
100 ml/pouco menos de ½ xícara (chá) de leite de coco
1 colher (chá) de sementes de mostarda amarela

PARA SERVIR
Sambal de abacaxi e pimenta (p. 199)

(*) O kaffir é uma variedade de limão bastante ácida. Suas folhas são largamente usadas nas culinárias orientais.

O rendang, originário da Indonésia, é um prato à base de carne e especiarias, cozido por várias horas. O sambal é uma pasta de pimenta usada como tempero ou acompanhamento. Essa receita é um curry excelente: espesso, perfumado e saboroso. Incluí o sambal de abacaxi porque ele acrescenta equilíbrio.

Aqueça o óleo em uma frigideira grande em fogo médio-alto. Acrescente a carne e frite, mexendo de vez em quando, por cerca de 10 minutos, até os cubos ficarem selados e dourados. Deixe-os bem escuros para acentuar o sabor do prato depois de pronto. Transfira a carne para uma panela, junte a pasta de curry e cozinhe por mais 5 minutos, depois acrescente o caldo de carne, o molho de peixe, as folhas de limão kaffir, a canela e o capim-limão. Cozinhe em fogo baixo, mexendo de vez em quando, por 40 minutos, ou até a carne ficar macia e o molho espesso e marrom-dourado. Se estiver usando uma carne mais dura, aumente o tempo de cozimento em fogo baixo para 1h10.

Enquanto isso, prepare o arroz de coco. Coloque o arroz em uma panela grande com o leite de coco, as sementes de mostarda e uma pitada de sal. Adicione água até ficar 1 cm acima da superfície do arroz. Tampe bem a panela, espere ferver e depois diminua para fogo baixo. Cozinhe por 20 minutos, ou até o arroz absorver todo o líquido. Retire do fogo, afofe o arroz com um garfo, tampe novamente a panela e deixe o vapor separar ainda mais os grãos. Reserve até a hora de servir.

Adicione o açúcar ao rendang e tempere com sal e pimenta. Misture o coentro e sirva, acompanhado do arroz de coco e do sambal de abacaxi e pimenta.

Refogado de carne, bok choy e brotos de bambu

TEMPO DE PREPARO: **20** minutos | TEMPO DE COZIMENTO: **35** minutos | PORÇÕES: **4**

200 g/1 xícara (chá) de arroz branco, como o jasmim tailandês ou o basmati
600 g de contrafilé cortado em tiras finas
sal marinho e pimenta-do-reino moída na hora
2 colheres (chá) de maisena
3 colheres (sopa) bem cheias de vinho de arroz ou vinho xerez
1 colher (sopa) de molho de soja
2 colheres (chá) de óleo vegetal
1 colher (chá) de óleo de gergelim
2,5 cm de gengibre descascado e picado
2 dentes de alho picados
1 pimenta vermelha sem sementes e bem picada
1 pimentão vermelho sem sementes e cortado em tirinhas
4 bok choys (p. 92) cortados em quartos
150 g de brotos de bambu em conserva, escorridos, ou frescos, pré-cozidos e fatiados

Os refogados, rápidos e fáceis de fazer, são uma ótima maneira de acrescentar vegetais à sua dieta. Com a adição de especiarias ficam ainda mais saborosos. Varie essa receita usando frango, carne de porco ou camarão no lugar da carne.

Coloque o arroz em uma panela e adicione água até ficar 1 cm acima da superfície do arroz. Tampe bem a panela, espere ferver e depois diminua para fogo baixo. Cozinhe por 20 minutos, ou até o arroz absorver todo o líquido. Retire do fogo, afofe o arroz com um garfo, tampe novamente a panela e deixe o vapor separar ainda mais os grãos. Reserve até a hora de servir.

Coloque a carne em uma tigela e tempere com sal e pimenta, acrescente a maisena e misture bem até toda a carne ficar recoberta. Misture o vinho de arroz e o molho de soja em uma tigelinha.

Com todos os outros ingredientes preparados e à mão, aqueça o óleo vegetal em um wok ou frigideira grande até ficar bem quente. Refogue a carne por 4 minutos até ficar levemente cozida e dourada, depois passe para um prato.

Aqueça novamente o wok ou a frigideira até ficar muito quente e adicione o óleo de gergelim, o gengibre, o alho, a pimenta e todos os vegetais. Refogue por 8 minutos, acrescente 1 colher (sopa) de água e a mistura de vinho de arroz e mexa bem. Retorne a carne e seus sucos ao wok e misture tudo rapidamente, até os ingredientes ficarem combinados e a carne bem aquecida. Sirva imediatamente com o arroz.

Bifes de veado com repolho roxo agridoce e palitos de polenta trufada

TEMPO DE PREPARO: 20 minutos, mais 20 minutos para firmar | TEMPO DE COZIMENTO: 1h30 | PORÇÕES: 4

óleo vegetal para fritar
4 bifes de veado(*)
sal marinho e pimenta-
  -do-reino moída na hora

REPOLHO ROXO
AGRIDOCE
1 colher (chá) de bagas de
  zimbro
1 folha de louro
200 ml/pouco mais de ¾
  xícara (chá) de vinagre
  de vinho tinto
50 g/¼ de xícara (chá)
  de açúcar mascavo bem
  compactado
1 repolho roxo pequeno
  cortado em tiras finas

PALITOS DE POLENTA
  TRUFADA
1 litro/4 xícaras (chá) de
  caldo de legumes
50 g de manteiga
200 g/1 ⅓ xícara (chá) de
  polenta instantânea
125 g de parmesão fresco
  ralado
1 colher (sopa) de pasta
  de trufa picada (p. 38)
1 colher (chá) de azeite
  trufado
100 ml/pouco menos de
  ½ xícara (chá) de azeite

(*) A carne de veado pode
  ser encontrada em lojas
  especializadas em carnes exóticas.

A carne de veado é rica em proteína e tem pouca gordura. Os palitos de polenta são deliciosos e servem como acompanhamento de uma refeição maior e também como petiscos.

Para fazer os palitos de polenta, forre com filme de PVC uma assadeira de 18 cm x 25 cm. Coloque o caldo e a manteiga em uma panela e leve ao fogo. Quando ferver, acrescente rapidamente a polenta e mexa bem para não formar grumos. Diminua o fogo e cozinhe em fogo baixo, sempre mexendo, por 15 minutos. Junte 100 g do parmesão e tempere com sal e pimenta. Adicione a pasta e o azeite trufado e mexa até incorporarem bem. Deixe amornar por alguns minutos, depois transfira para a assadeira preparada. Espere esfriar completamente e leve à geladeira por 20 minutos para firmar.

Enquanto isso, prepare o repolho. Coloque em uma panela as bagas de zimbro, o louro, o vinagre e o açúcar, leve ao fogo e deixe ferver. Reduza o fogo, adicione o repolho roxo e misture bem. Tampe e cozinhe em fogo baixo, mexendo de vez em quando, por 40 minutos, até o repolho ficar macio. Reserve.

Quando o repolho estiver cozido, preaqueça o forno a 180°C. Vire a polenta gelada sobre uma tábua e corte em palitos de 2 cm x 8 cm.

Aqueça o azeite em uma frigideira em fogo médio-alto e, quando estiver bem quente, frite os palitos de polenta por 5 minutos até ficarem dourados. Transfira para uma assadeira, polvilhe o parmesão restante e leve ao forno.

Enquanto isso, aqueça o óleo vegetal em outra frigideira em fogo médio-
-alto. Tempere a carne com sal e pimenta, coloque na frigideira quente e frite por cerca de 6 minutos de cada lado, dependendo da espessura dos bifes, até ficarem bem dourados por fora, mas ainda rosados por dentro.

Sirva os bifes com os palitos de polenta e o repolho agridoce ainda morno.

*A carne de veado é a minha preferida.
Ela tem uma riqueza de sabor e textura que não se
encontra na carne bovina.*

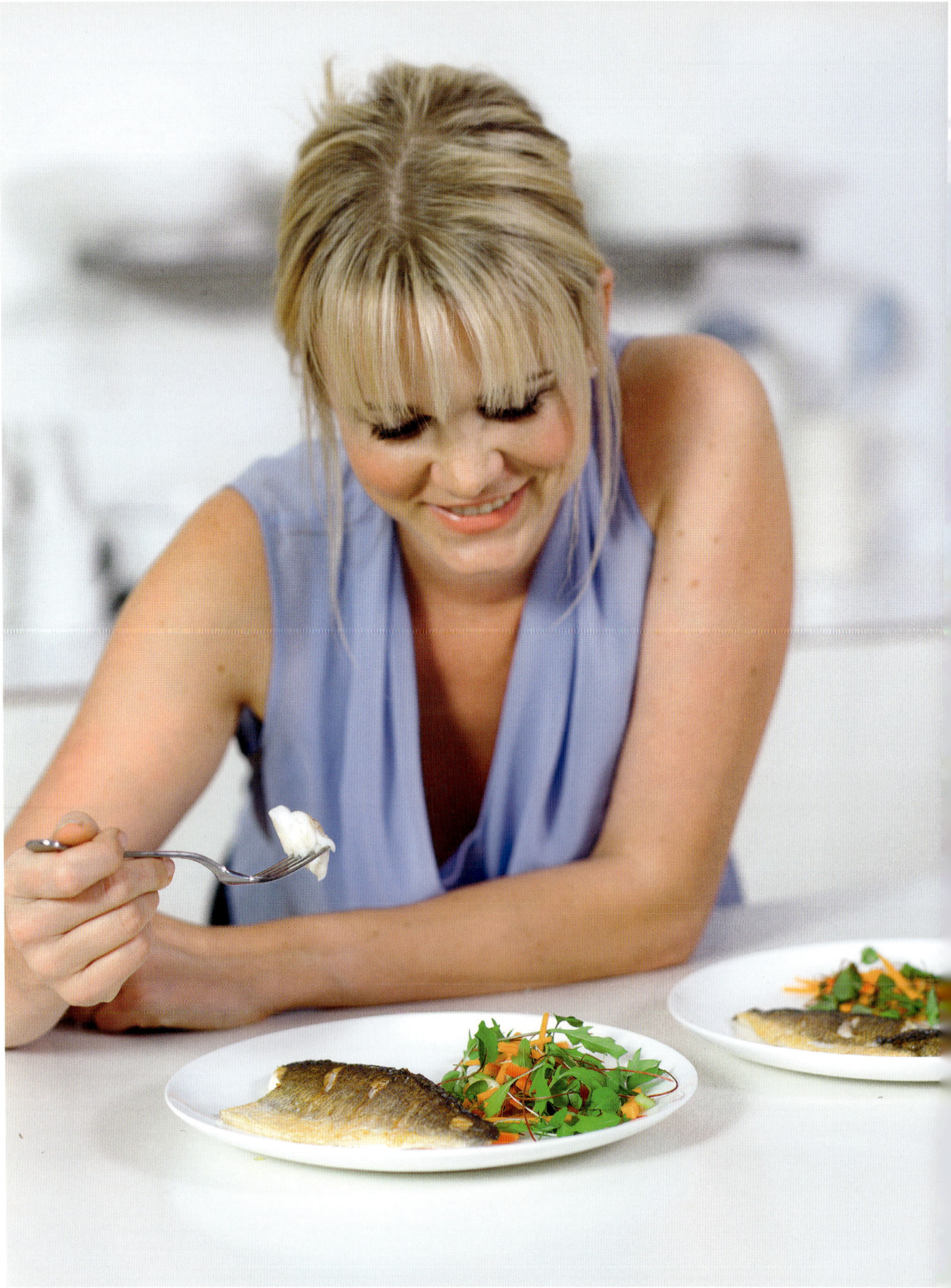

Robalo frito com salada de ervas

TEMPO DE PREPARO: 25 minutos | TEMPO DE COZIMENTO: 10 minutos | PORÇÕES: 4

2 cenouras descascadas e cortadas à juliana
1 pimentão vermelho sem sementes e cortado à juliana
3 cebolinhas cortadas em rodelas finas
4 filés de robalo (ou de pescada) com a pele
sal marinho e pimenta-do-reino moída na hora
1 colher (chá) de óleo vegetal
2 colheres (sopa) de shoyu
1 colher (chá) de mirin
1 colher (chá) de óleo de gergelim
2,5 cm de gengibre descascado e ralado fino
um punhado pequeno de folhinhas de agrião
um punhado pequeno de folhinhas de mizuna (p. 49)
um punhado pequeno de folhinhas de coentro
um punhado pequeno de folhinhas de manjericão roxo

PARA SERVIR
300 g/1½ xícara (chá) de arroz basmati (opcional)

Esse é um prato simples, mas as pessoas adoram. É comida natural, ótima para um menu desintoxicante, que vai muito bem com arroz branco ou uma verdura cozida no vapor. É exatamente isso o que você deseja comer quando abusou um pouco em outras refeições.

Coloque a cenoura, o pimentão e a cebolinha em uma saladeira e misture bem. Com uma faca afiada, faça cortes rasos na pele do robalo e tempere os dois lados dos filés de peixe com sal e pimenta.

Aqueça uma frigideira grande em fogo médio. Acrescente o óleo e os filés de peixe com a pele virada para baixo. Frite por cerca de 8 minutos, até a pele ficar dourada e crocante, e o peixe, quase cozido. Vire os filés e frite por mais 1 minuto – o suficiente para aquecer, mas não dourar a carne.

Enquanto isso, prepare o molho da salada misturando em uma tigelinha o shoyu, o mirin, o óleo de gergelim e o gengibre. Adicione as folhinhas de ervas à saladeira e tempere com metade do molho.

Sirva o peixe com a salada e regue com o molho restante. Se quiser, acompanhe com arroz basmati.

Salmão frito com champ e manteiga de aliche e limão

TEMPO DE PREPARO: 25 minutos | **TEMPO DE COZIMENTO:** 35 minutos | **PORÇÕES:** 4

2 colheres (chá) de azeite
4 filés de salmão com pele
250 g de brócolis

CHAMP
500 g de batata descascada e cortada em pedaços
25 g de manteiga
5 colheres (chá) de creme de leite fresco
8 cebolinhas cortadas em rodelas bem finas
sal marinho e pimenta-do-reino moída na hora

MANTEIGA DE ALICHE E LIMÃO
2 filés de aliche escorridos
raspas de ¼ de limão
70 g de manteiga sem sal amolecida
¼ de colher (chá) de suco de limão

É sensacional a combinação do salmão saudável com o champ, o purê de batata irlandês, que é o máximo em comida reconfortante. Os sabores fortes da manteiga de aliche e limão conferem ao prato equilíbrio perfeito.

Para fazer a manteiga de aliche e limão, batas os filés de aliche e a casca de limão ralada em um processador até ficarem bem combinados. Adicione a manteiga e o suco de limão e bata novamente até obter uma pasta lisa. Reserve.

Para fazer o champ, coloque a batata em uma panela grande, cubra com água e deixe ferver. Diminua o fogo e cozinhe, tampada, por 20 minutos ou até atingir o ponto. Passe para um escorredor e deixe secar no próprio vapor por alguns minutos. Retorne à panela e amasse; se quiser uma textura mais fina, use o espremedor. Adicione a manteiga, o creme de leite e a cebolinha e tempere com sal e pimenta. Mantenha aquecido.

Leve ao fogo uma panela com água para cozinhar os brócolis. Coloque uma frigideira em fogo médio. Despeje o azeite na frigideira bem quente e adicione os filés de salmão com a pele para baixo. Frite por 8 minutos ou até ficarem dourados e crocantes, depois vire e frite do outro lado por 4 minutos.

Enquanto isso, adicione os brócolis à água fervente e cozinhe por 5 minutos até ficar *al dente*. Escorra bem e misture com a manteiga de aliche e limão até ficarem bem recobertos.

Sirva o salmão com o champ e os brócolis. Se sobrar manteiga derretida, despeje por cima.

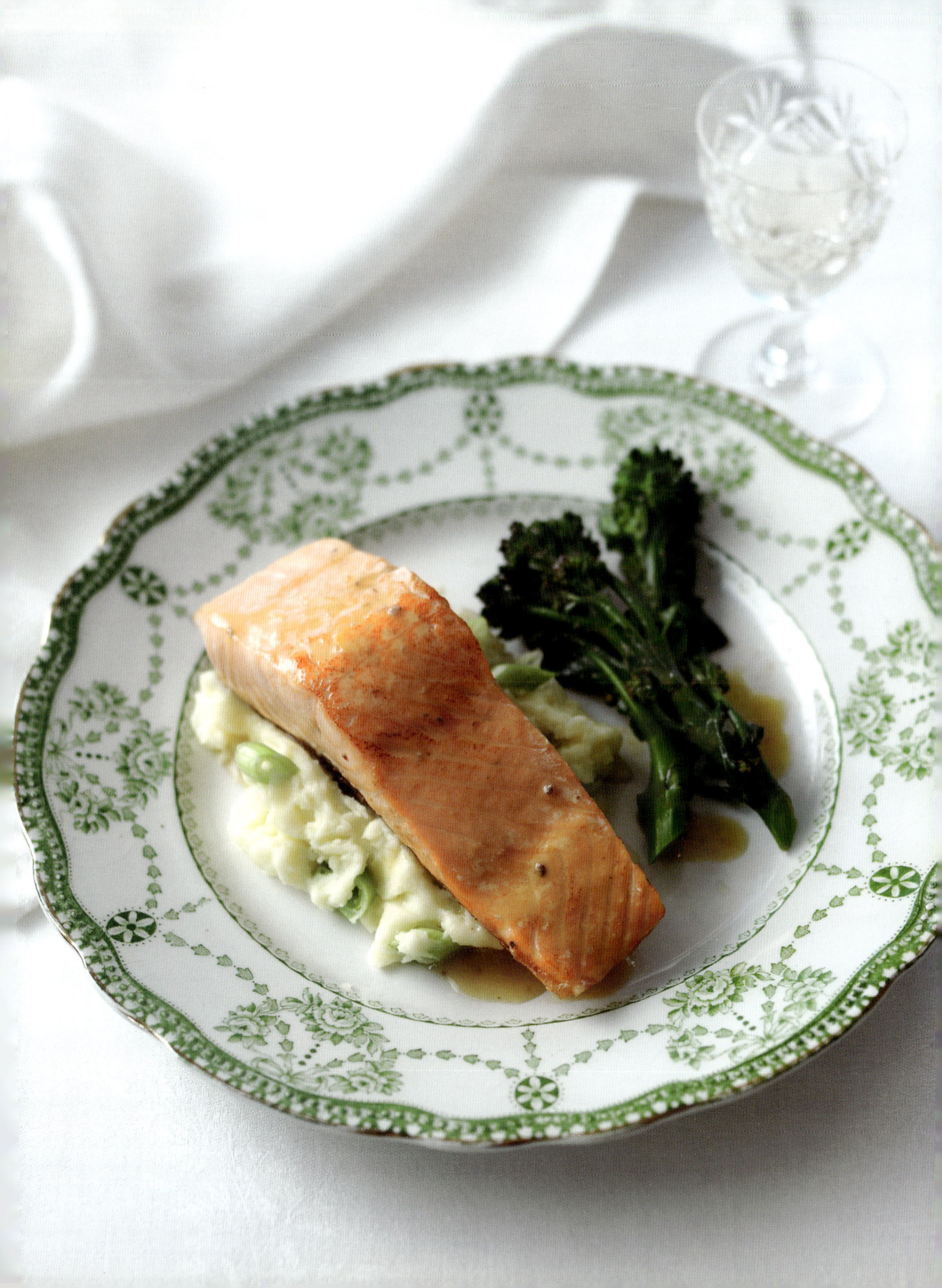

Mexilhões com vinho sauternes, açafrão e coentro

TEMPO DE PREPARO: 15 minutos | **TEMPO DE COZIMENTO:** 15 minutos | **PORÇÕES:** 4

2 kg de mexilhões
1 colher (sopa) de azeite
2 cebolas médias em rodelas finas
4 dentes de alho em fatias finas
uma pitada de pistilos de açafrão
100 ml/pouco menos de ½ xícara (chá) de Sauternes ou outro vinho para sobremesa
3 colheres (sopa) bem cheias de creme de leite fresco
1 colher (sopa) de suco de laranja
sal marinho e pimenta-do-reino moída na hora
um bom punhado de folhinhas de coentro picadas grosseiramente

PARA SERVIR
pão italiano

O doce vinho Sauternes e o açafrão combinam muito bem. Eu os usei para fazer esse maravilhoso e rico caldo para cozinhar os mexilhões.

Escove e limpe os mexilhões em água fria corrente, eliminando grãos de areia e o máximo de restos de cracas e barbas que conseguir. De novo, enxágue os mexilhões em água fria por vários minutos e descarte as conchas quebradas ou que não fechem quando tocadas.

Aqueça o azeite em uma panela grande em fogo médio-baixo, acrescente a cebola e o alho e deixe fritar, mexendo de vez em quando, por 5 minutos ou até ficarem macios e transparentes, sem dourar.

Aumente para fogo alto e adicione os mexilhões, o açafrão e o vinho. Tampe bem e cozinhe por 5 minutos. Retire do fogo, despeje o creme de leite e o suco de laranja e tempere com sal e pimenta. Retorne a panela ao fogo e cozinhe tampada por mais 5 minutos. Descarte os mexilhões que não abrirem.

Sirva em tigelas fundas salpicado com o coentro e acompanhado de pão italiano.

Truta defumada com arroz de coco e coentro

TEMPO DE PREPARO: 20 minutos | TEMPO DE COZIMENTO: 45 minutos | PORÇÕES: 4

- 300 g/1½ xícara (chá) de arroz jasmim tailandês
- 100 ml/ pouco menos de ½ xícara (chá) de leite de coco
- 1 colher (sopa) de óleo vegetal
- 2 pimentas vermelhas sem sementes e cortadas em fatias finas
- 3 echalotas em fatias muito finas
- 3 dentes de alho muito bem picados
- 2 cebolinhas cortadas em rodelas finas
- 1 colher (sopa) de molho de soja light
- 2 ovos batidos
- um punhado pequeno de folhinhas de coentro
- 300 g de filé de truta defumada em lascas

PARA SERVIR
- 150 g de coco ralado tostado (p. 154)
- 2 limões cortados em gomos

Arroz de coco com peixe defumado, ervas aromáticas e pimenta proporcionam sabores incomuns e fantásticos: uma espécie de kedgeree, prato típico inglês, mas com um toque tailandês.

Coloque o arroz em uma panela e cubra com o leite de coco e água suficiente para o líquido ficar 1 cm acima da superfície do arroz. Tampe bem e espere ferver. Diminua para temperatura mínima e cozinhe por 20 minutos, ou até todo o líquido ser absorvido. Retire do fogo e afofe o arroz com um garfo. Reserve com a panela destampada.

Aqueça o óleo em um wok ou frigideira em fogo médio. Adicione a pimenta, a echalota, o alho e a cebolinha e refogue, mexendo de vez em quando, por 8 minutos ou até ficarem perfumados e macios. Acrescente o arroz de coco e o molho de soja, misture bem e mantenha por mais 8 minutos até ficar bem quente. Abra um pequeno espaço na lateral da panela e acrescente os ovos batidos. Continue batendo por alguns segundos e frite por 2-3 minutos até ficar com aspecto de omelete.

Por fim, junte o coentro e a truta defumada, misture todos os ingredientes, inclusive o ovo, até ficarem bem combinados e deixe por mais 5 minutos.

Distribua nos pratos e salpique o coco ralado tostado. Sirva com os gomos de limão ao lado.

Peixe enrolado em pancetta com vôngole e salsa

TEMPO DE PREPARO: 10 minutos | TEMPO DE COZIMENTO: 20 minutos | PORÇÕES: 4

25 g de manteiga
4 cenouras descascadas e fatiadas bem finas na diagonal
2 talos de salsão cortados e fatiados finos na diagonal
150 ml/pouco menos de ²/₃ de xícara (chá) de caldo de peixe
4 filés de côngrio rosa ou pescada cambucu sem pele
8 fatias bem finas de pancetta
1 colher (sopa) de azeite
400 g de vôngoles lavados sob água fria
3 colheres (sopa) bem cheias de vinho branco seco
um punhado pequeno de folhinhas de salsa picado

PARA SERVIR
pão italiano (opcional)

Escolha um peixe de carne bem firme para que não desmanche ao cozinhar. Também preparei cenoura e salsão, e acrescentei vôngoles levemente cozidos. Sirva com pão italiano para embeber nos caldos.

Aqueça a manteiga em uma panela em fogo médio até derreter completamente. Acrescente a cenoura e o salsão e mexa bem para ficarem recobertos pela manteiga. Adicione o caldo, espere ferver, diminua o fogo e cozinhe lentamente, sem tampar, por 20 minutos.

Enquanto isso, prepare o peixe. Enrole cada filé com 2 fatias de pancetta, mantendo as extremidades por baixo do filé. Aqueça o azeite em uma frigideira grande e funda em fogo médio e coloque os filés de peixe com as pontas da pancetta para baixo. Frite por 4 minutos de cada lado ou até dourar bem por fora e a carne ficar branca-leitosa por dentro. Retire os filés da frigideira e cubra com papel-alumínio.

Aumente o fogo e adicione à frigideira os vôngoles e o vinho. Tampe bem e cozinhe por 5 minutos, até os vôngoles abrirem. Descarte os que continuarem fechados.

Sirva o peixe sobre um leito de cenoura e salsão com os vôngoles ao lado. Salpique a salsa e, se quiser, acompanhe com o pão italiano.

Escolha um peixe que tenha carne com textura bem densa.

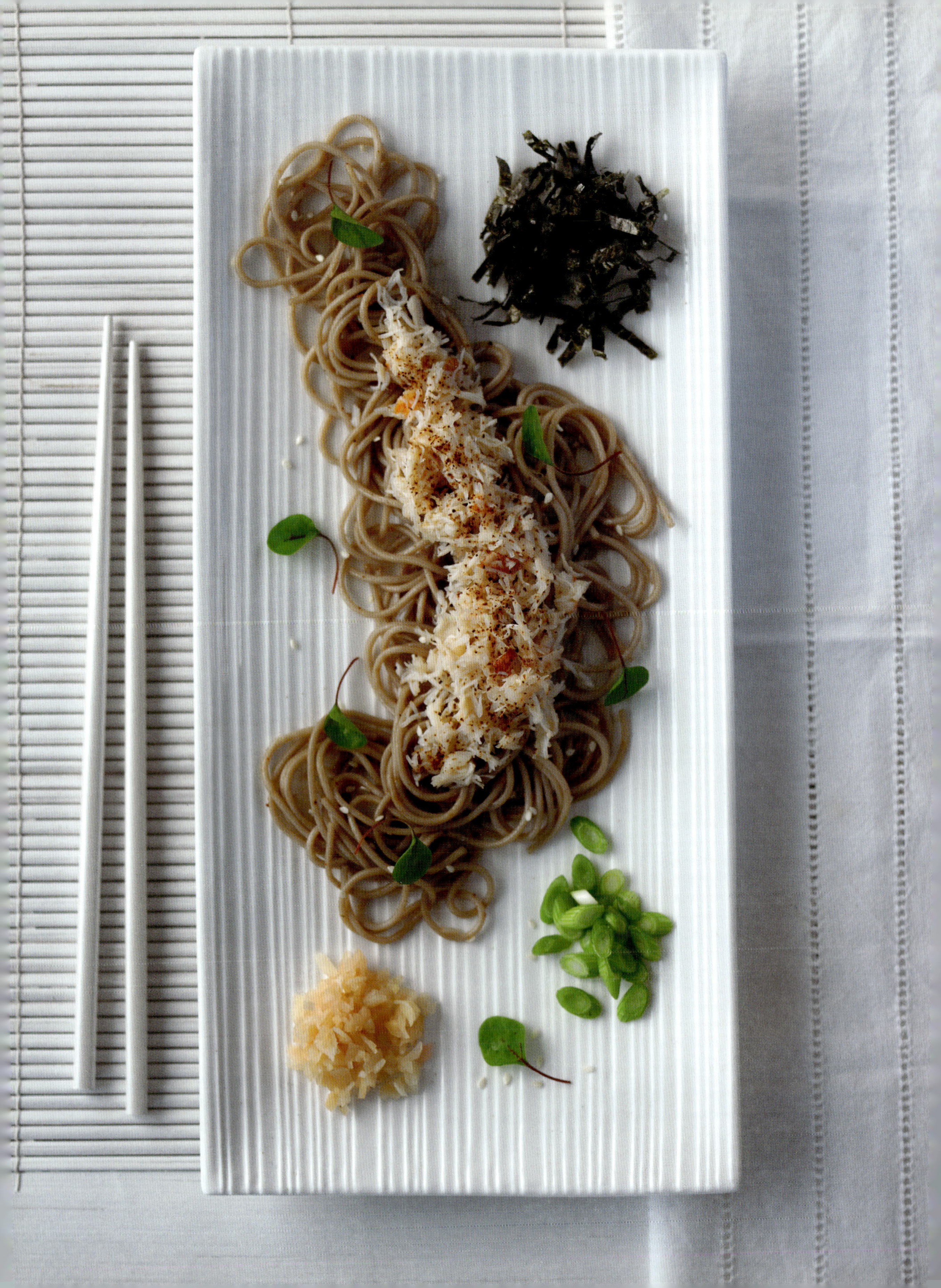

Macarrão sobá com caranguejo e agrião

TEMPO DE PREPARO: 20 minutos | TEMPO DE COZIMENTO: 10 minutos | PORÇÕES: 4

200 g de macarrão sobá
1 colher (chá) de óleo de gergelim
1 colher (chá) de sementes de gergelim
1 colher (sopa) de shoyu, mais para temperar a salada
uma pitada de pimenta vermelha em pó
200 g de carne branca de caranguejo ou de siri separada e cozida
2 folhas de alga nori cortada em tirinhas com tesoura
3 cebolinhas cortadas em rodelas finas
100 g de gengibre em conserva bem picado
1 colher (sopa) de flocos de bonito (*) (opcional)
folhinhas de shiso (*) ou de agrião para salpicar

(*) Encontrados em lojas de produtos orientais.

O macarrão sobá é feito com farinha de trigo sarraceno, mais fácil de ser digerido por pessoas com intolerância ao trigo. É um prato japonês clássico, servido frio com vários condimentos. Eu adoro, porque é muito saudável e super-rápido de fazer.

Leve ao fogo uma panela grande com água. Quando ferver, junte o macarrão sobá, separando os fios, e mexa bem para ter certeza de que ficarão separados. Cozinhe por 7-8 minutos ou conforme as instruções da embalagem. Escorra e esfrie em água corrente até eliminar todo o amido e o glúten e a água sair limpa. Transfira para uma tigela grande, regue com o óleo de gergelim e mexa bem para impedir que os fios grudem.

Misture as sementes de gergelim, o shoyu e a pimenta em pó em uma tigela pequena, adicione ao macarrão e misture bem. Cubra com filme de PVC e deixe na geladeira enquanto prepara os acompanhamentos.

Sirva o macarrão em uma travessa grande com a carne de caranguejo por cima. Coloque em volta a alga, a cebolinha, o gengibre em conserva e os flocos de bonito, se quiser. Tempere as folhinhas de shiso com um pouco de shoyu e espalhe. Sirva imediatamente.

Risoto de caranguejo e açafrão

TEMPO DE PREPARO: 20 minutos | TEMPO DE COZIMENTO: 40 minutos | PORÇÕES: 4

- 800 ml/pouco mais de 3 xícaras (chá) de caldo de peixe
- 1 colher (sopa) de azeite
- 1 cebola picada finamente
- 2 dentes de alho bem picados
- 200 g/1 xícara (chá) de arroz para risoto, como o arbóreo
- 100 ml/pouco menos de ½ xícara (chá) de vinho branco
- uma boa pitada de pistilos de açafrão
- 8 cebolinhas cortadas em rodelas finas
- 400 g de carne branca de caranguejo separada e cozida
- 50 g de manteiga
- 1 colher (sopa) de salsa picada
- raspas de limão a gosto

Muitas pessoas consideram fazer risoto difícil, mas ele precisa apenas de um pouco de amor e atenção. O segredo é mexer sempre, para soltar o amido dos grãos, e não cozinhar demais. Quando você dominar a arte dos risotos, poderá fazer experiências com todas as combinações de sabores.

Coloque o caldo em uma panela e deixe ferver. Aqueça o azeite em uma frigideira funda em fogo médio, adicione a cebola e o alho e frite por 5 minutos até ficarem macios e transparentes. Junte o arroz e mexa bem para os grãos ficarem recobertos de azeite.

Despeje o vinho branco sobre o arroz e mexa até ser completamente absorvido. Acrescente uma concha do caldo fervente e mexa até ser totalmente absorvido pelo arroz. Junte o açafrão e continue a adicionar o caldo, uma concha de cada vez, mexendo a cada adição, até todo o líquido ser absorvido. Depois de 8-10 minutos (confira o tempo total de cozimento na embalagem), acrescente a cebolinha e cozinhe por mais 5 minutos. Sempre mexendo, junte a carne de caranguejo e a manteiga e mexa até ficar liso e cremoso. Verifique o cozimento do arroz: ele deve estar ainda ligeiramente *al dente*. Se achar que é preciso cozinhar mais, adicione mais caldo.

Quando o arroz estiver pronto, junte a salsa picada e as raspas de limão a gosto. Retire a panela do fogo, tampe e deixe descansar por 5 minutos antes de servir.

Linguine com camarão, ervilha-torta e limão

TEMPO DE PREPARO: 15 minutos | TEMPO DE COZIMENTO: 25 minutos | PORÇÕES: 4

400 g de linguine
2 colheres (sopa) de azeite, mais um pouco para regar
400 g de camarões grandes, descascados e limpos
100 g de ervilha-torta aparada, sem fios e cortada em pedaços
1 pimenta vermelha sem sementes e muito bem picada
suco e raspas de 1 limão-siciliano
um punhado pequeno de folhas de salsa picado
sal marinho e pimenta-do-reino moída na hora

Essa massa leve e fresca é perfeita para o almoço. Os camarões podem ser substituídos por carne de caranguejo ou de siri. Se quiser fazer uma versão vegetariana apenas com ervilha-torta, dobre a quantidade indicada. Adicionar a massa aos camarões, com um pouco da água do cozimento, e cozinhar mais um pouco é o verdadeiro método italiano.

Leve ao fogo uma panela grande com bastante água com um pouco de sal. Quando levantar fervura, acrescente o linguine e cozinhe, conforme as instruções da embalagem, até ficar *al dente*.

Mais ou menos na metade do tempo de cozimento da massa, aqueça o azeite em uma frigideira em fogo médio. Adicione os camarões e a ervilha-torta e refogue por cerca de 4 minutos, em seguida acrescente a pimenta vermelha e frite por mais 2 minutos, ou até os camarões ficarem rosados e quase cozidos.

Escorra o macarrão, reservando 1 colher (sopa) da água do cozimento. Passe o macarrão com a água reservada para a frigideira dos camarões. Junte o suco e as raspas de limão e a salsa picada. Deixe no fogo por mais 2-3 minutos, até todos os ingredientes se integrarem e o macarrão ficar bem aquecido. Adicione um bom fio de azeite, tempere com sal e pimenta e sirva imediatamente.

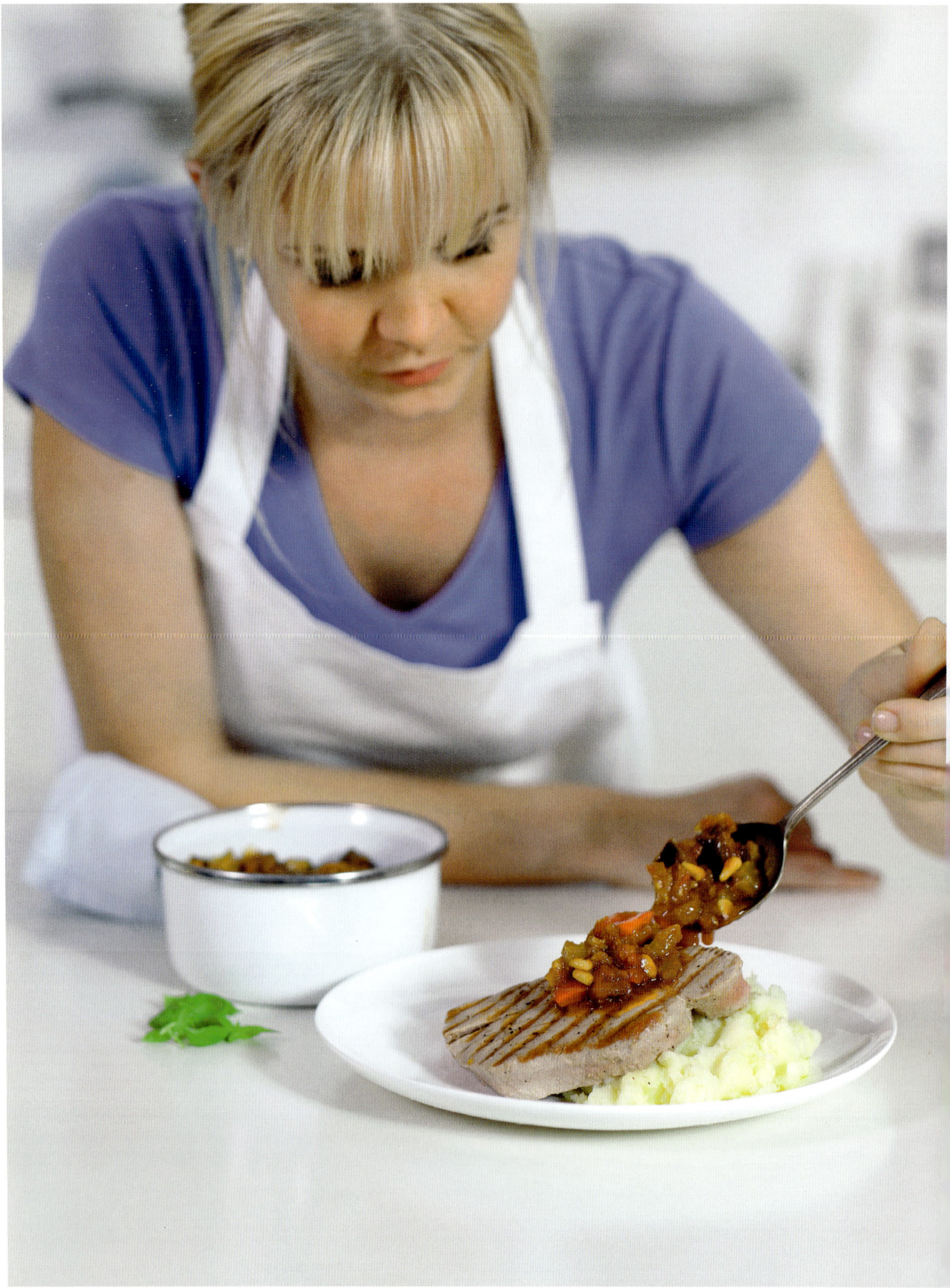

Atum grelhado com caponata e manjericão

TEMPO DE PREPARO: 20 minutos, mais o preparo do purê | **TEMPO DE COZIMENTO:** 1 hora | **PORÇÕES:** 4

50 g de pinholes
2 colheres (sopa) de azeite, mais um pouco para fritar
1 cebola picada
3 dentes de alho bem picados
2 talos de salsão cortados em cubos de 1 cm
sal marinho e pimenta-do-reino moída na hora
1 pimentão vermelho sem sementes e cortado em quadradinhos de 1 cm
2 abobrinhas cortadas em cubos de 1 cm
1 berinjela cortada em cubos de 1 cm
400 g de tomates pelados em lata picados
5 colheres (chá) de vinagre balsâmico
4 colheres (sopa) de açúcar
4 postas de atum com 180-200 g cada uma
um punhado de folhinhas de manjericão

PARA SERVIR
Purê com alho assado e azeite (p. 204)

A caponata é um ensopado de vegetais levemente agridoce, típico do sul da Itália, semelhante ao ratatouille francês. Também fica ótima servida fria com queijos e carnes curadas.

Aqueça uma frigideira em fogo médio-alto, acrescente os pinholes e toste até começarem a dourar. Reserve.

Aqueça 1 colher (sopa) de azeite em uma panela grande em fogo médio. Adicione a cebola, o alho e o salsão e refogue por 10 minutos, mexendo de vez em quando, até amolecerem e a cebola ficar transparente. Tempere com sal e pimenta, acrescente o pimentão e a abobrinha e continue refogando.

Enquanto isso, aqueça a colher de azeite restante na frigideira em fogo muito alto. Adicione a berinjela em lotes e frite cada um, mexendo algumas vezes, por 5 minutos, até os cubos ficarem ligeiramente dourados.

Junte a berinjela e os tomates pelados à panela do refogado. Quando ferver, diminua para fogo baixo e cozinhe lentamente por 30-40 minutos até encorpar. Acrescente o vinagre balsâmico e o açúcar, verifique o tempero e adicione os pinholes tostados.

Aqueça uma chapa em fogo alto até começar a soltar fumaça. Unte levemente os dois lados das postas de atum com azeite e tempere com sal e pimenta. Coloque o atum na chapa e frite por 3-4 minutos de cada lado até ficarem bem selados, mas ainda rosados por dentro. Ajuste o tempo de cozimento de acordo com a espessura das postas e sua preferência.

Sirva o atum com colheradas da caponata por cima, acompanhado do Purê com alho assado e azeite. Salpique folhinhas de manjericão.

Pad Thai

TEMPO DE PREPARO: 20 minutos | TEMPO DE COZIMENTO: 15 minutos | PORÇÕES: 4

250 g de macarrão de arroz
2 colheres (sopa) de camarões secos
1 colher (sopa) de óleo de amendoim, mais para temperar
2 echalotas em fatias
3 dentes de alho picados
150 g de camarões grandes crus, descascados e limpos
100 g de tofu frito, em cubos ou tiras
2 ovos batidos
150 g de brotos de feijão
4 cebolinhas picadas
um punhado pequeno de folhas de coentro

MOLHO PAD THAI
1 colher (chá) de pimenta vermelha em pó
1 colher (sopa) de molho de peixe
1 colher (sopa) de molho de soja light
1 colher (sopa) de água de tamarindo (*)
1 colher (sopa) de açúcar

PARA SERVIR
50 g de amendoins picados
2 limões cortados em gomos

(*) Espécie de chá feito com a própria fruta fervida em água, ou a partir da pasta ou molho de tamarindo com acréscimo de água.

Esse é um prato clássico que costuma ser completamente subvertido em bares, restaurantes e deliveries de todo o mundo. É bastante sofisticado e tem um equilíbrio delicado. Pratique para fazer o molho e o personalize ao seu gosto, acrescentando mais pimenta, tamarindo ou açúcar. Um prato brilhante!

Para fazer o molho, misture todos os ingredientes em uma tigela pequena até ficarem bem combinados e reserve.

Coloque o macarrão em uma tigela refratária, cubra com água fervente e deixe de molho por 10 minutos. Despeje no escorredor e esfrie em água corrente. Retorne-o à tigela e regue com um pouco de óleo para que os fios não grudem. Enquanto isso, coloque os camarões secos em uma tigela separada, cubra com água quente, deixe de molho por 5 minutos e escorra.

Aqueça o óleo em um wok ou frigideira grande em fogo médio. Adicione a echalota, o alho, os camarões secos e os crus e refogue por 5 minutos. Junte o tofu, o macarrão escorrido e o molho reservado e cozinhe por mais 8 minutos, mexendo de vez em quando. Abra um pequeno espaço na lateral da panela e despeje os ovos batidos. Volte a batê-los levemente por mais 2-3 minutos, até ficar com a consistência de ovos mexidos. Por fim, acrescente os brotos de feijão, a cebolinha e o coentro e misture todos os ingredientes, inclusive os ovos mexidos, até ficarem bem combinados.

Sirva polvilhado com amendoim picado e coloque ao lado os gomos de limão.

Camarões grelhados com manga

TEMPO DE PREPARO: **15 minutos** | TEMPO DE COZIMENTO: **8 minutos** | PORÇÕES: **4**

1 pimenta vermelha sem sementes e bem picada
2 dentes de alho picados
1 colher (sopa) de azeite
500 g de camarões grandes descascados e limpos
2 mangas maduras, mas firmes
1 minialface separada em folhas
sal marinho e pimenta-do-reino moída na hora

PARA SERVIR
suco de 1 limão
um punhado pequeno de folhinhas de coentro

Essa é uma salada fácil de preparar e simplesmente deliciosa, com sabores vibrantes. Quando consigo encontrar carne de caranguejo de boa qualidade ou até mesmo lagosta, aproveito para fazer uma variação e uso no lugar dos camarões.

Misture em uma tigela grande a pimenta, o alho e o azeite. Acrescente os camarões e mexa bem.

Com uma faca afiada, corte uma fatia de cada lado das mangas, sem encostar no caroço. Corte a polpa em fatias, indo com a faca até a casca, mas sem perfurá-la, e retire as fatias cuidadosamente. Descasque as partes restantes das mangas e corte a polpa em volta do caroço. Reserve.

Aqueça uma chapa em fogo alto, coloque os camarões, tempere com sal e pimenta e toste por 4 minutos de cada lado, ou até os camarões ficarem rosados e cozidos.

Para servir, coloque as fatias de manga sobre as folhas de alface e arranje os camarões por cima. Regue com o suco de limão e salpique folhinhas de coentro.

Pizzas de vegetais e azeite trufado

TEMPO DE PREPARO: 20 minutos, mais o tempo para fazer a massa | TEMPO DE COZIMENTO: 45 minutos | PORÇÕES: 4

4 abobrinhas
2 colheres (chá) de azeite
250 g de corações de alcachofra em conserva escorridos e cortados em quartos
200 g de pimentão vermelho em conserva e cortado em tiras
1 receita de Massa de pizza dividida em 4 discos (p. 204)
azeite trufado para regar
150 g de queijo parmesão em lascas
um punhado grande de folhinhas de manjericão, de mizuna (p. 49) ou uma mistura das duas

PURÊ DE ECHALOTA CARAMELIZADA
50 g de manteiga
8 echalotas grandes fatiadas
folhas de 1 ramo de tomilho
1 colher (chá) de açúcar
4 colheres (chá) de creme de leite fresco
sal marinho e pimenta-do-reino moída na hora

Uma viagem ao sul da França inspirou essa variação de pizza. Mantive a tradicional massa fina, mas fiz um purê de echalota caramelizada para usar em lugar do molho de tomate. Por cima, coloquei vegetais, lascas de queijo parmesão e um fio de azeite trufado, para finalizar essa pizza luxuosa.

Para fazer o purê de echalota caramelizada, derreta a manteiga em uma frigideira em fogo médio-baixo. Acrescente a echalota e o tomilho e refogue delicadamente por 20 minutos, até a echalota amaciar e ficar transparente. Adicione o açúcar e o creme de leite, tampe e mantenha por mais 15 minutos até caramelizar, depois tempere com sal e pimenta. Coloque a mistura no liquidificador ou processador e bata até obter um purê fino. Se ficar um pouco ralo, apure em fogo baixo, mexendo de vez em quando, até obter a consistência desejada.

Preaqueça o forno a 200°C e coloque duas assadeiras no forno para aquecer.

Fatie as abobrinhas no sentido do comprimento usando um descascador de legumes para que fiquem bem finas. Coloque em uma tigela, junte o azeite, os corações de alcachofra e as tiras de pimentão e misture.

Fure toda a superfície dos discos de massa com um garfo e coloque nas assadeiras quentes. Espalhe o purê de echalota caramelizada uniformemente sobre os discos e disponha os vegetais. Leve as pizzas ao forno e asse por 8-10 minutos ou até ficarem douradas. Retire do forno, regue com um fio de azeite trufado e salpique lascas de parmesão e folhinhas de ervas em cada uma. Sirva imediatamente.

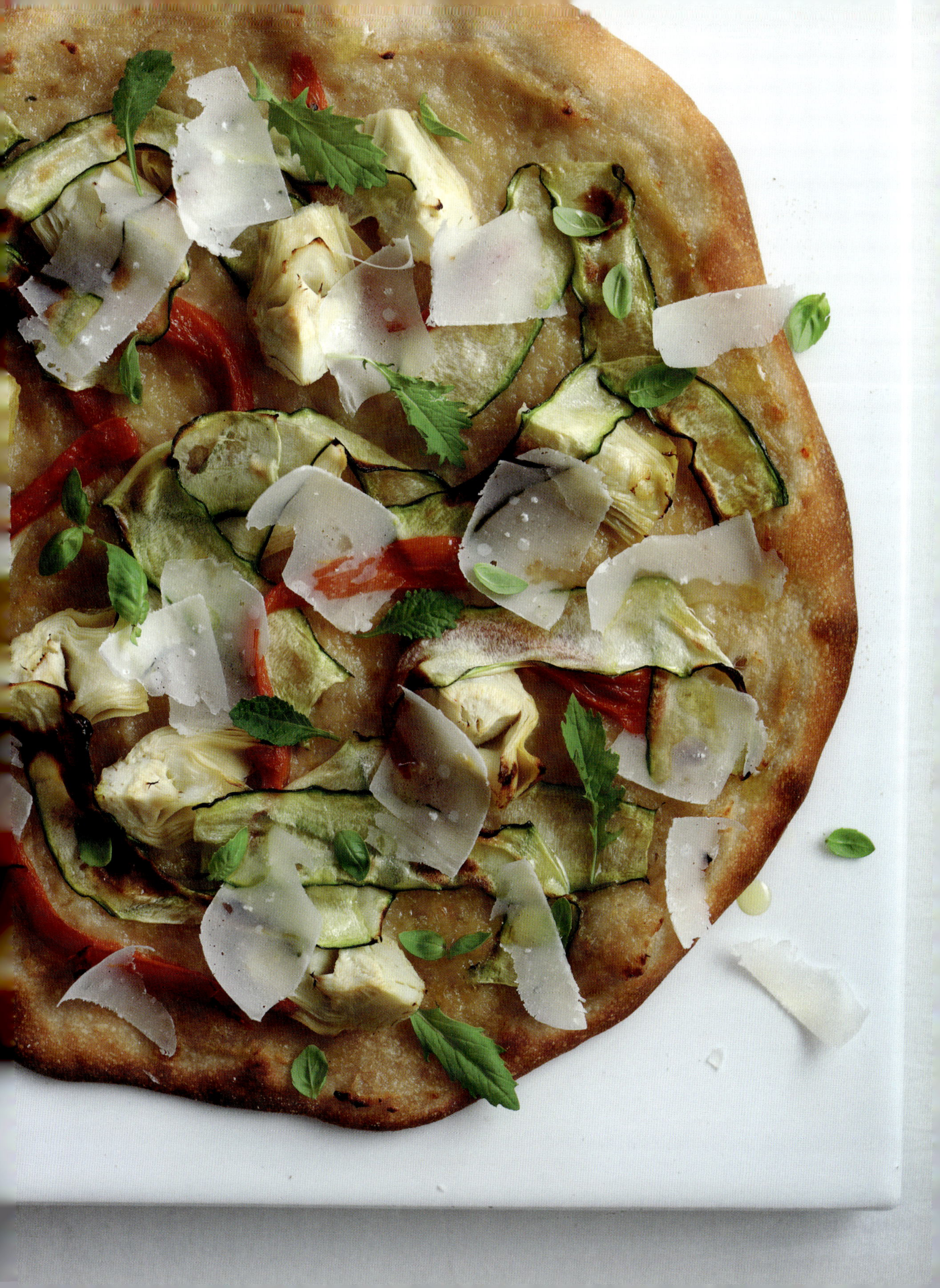

De textura firme e sabor intenso, a espelta é ótima para preparar um risoto diferente.

Risoto de espelta e abóbora assada

TEMPO DE PREPARO: 15 minutos | TEMPO DE COZIMENTO: 1 hora | PORÇÕES: 4

350 g de abóbora-cabochan sem sementes, descascada e cortada em cubos
2 colheres (sopa) de azeite
sal marinho e pimenta-do-reino moída na hora
1 litro/4 xícaras (chá) de caldo de legumes
1 cebola bem picada
2 dentes de alho picados
200 g de grãos de espelta (p. 15)
100 ml/pouco menos de ½ xícara (chá) de vinho branco seco
1 colher (sopa) de sálvia fresca picada
25 g de manteiga
50 g de parmesão fresco ralado

PARA SERVIR
25 g de folhas de rúcula
25 g de sementes de abóbora
vinagre balsâmico

Usei abóbora e sálvia para aromatizar esse risoto substancial, mas também funcionam muito bem nessa receita cogumelos, frango, aspargos e alcachofra.

Preaqueça o forno a 200°C. Coloque a abóbora em uma assadeira, regue com 1 colher (sopa) do azeite e tempere com sal e pimenta. Asse por 15 minutos ou até ficar macia.

Enquanto isso, coloque o caldo em uma panela, espere ferver e reduza para temperatura mínima. Ao mesmo tempo, aqueça 1 colher (sopa) de azeite restante em uma frigideira funda em fogo médio, junte a cebola e o alho e frite por 5 minutos até ficarem macios e transparentes. Adicione os grãos de espelta e mexa bem para recobri-los com o azeite.

Despeje o vinho e mexa até evaporar completamente, em seguida adicione uma concha do caldo quente e mexa até ser totalmente absorvido pela espelta. Continue a acrescentar o caldo, uma concha de cada vez, mexendo bem após cada adição. Esse processo leva 30-40 minutos no total. Cerca de 20 minutos depois do início do cozimento da espelta, junte a abóbora assada e a sálvia.

Durante a parte final do cozimento, observe a espelta regularmente: ela deve ficar cozida, mas ainda *al dente*. Quando atingir a consistência desejada, pare de adicionar caldo, acrescente a manteiga e o parmesão, tempere com sal e pimenta e mexa muito bem.

Distribua o risoto nos pratos, espalhe as sementes de abóbora e as folhas de rúcula e regue com um fio de vinagre balsâmico.

Ravióli de ricota e ervas com acelga na manteiga

TEMPO DE PREPARO: 20 minutos, mais 30 minutos de descanso e preparo da massa | TEMPO DE COZIMENTO: 10 minutos | PORÇÕES: 4

400 g de ricota
um punhado pequeno de manjericão
um punhado pequeno de hortelã
uma pitada de noz-moscada ralada na hora
sal marinho e pimenta-do-reino moída na hora
1 receita de Massa de macarrão (p. 203) estendida em 2 folhas
1 gema batida
semolina de trigo para polvilhar
50 g de manteiga
50 g de acelga arco-íris (*), folhas e talos separados

PARA SERVIR
lascas de queijo parmesão

(*) A acelga arco-íris é uma variedade bem colorida, com talos amarelos e vermelhos. Por não ser muito fácil encontrá-la, use a acelga comum, escolhendo as folhas menores, e aumente um pouco o tempo de cozimento na manteiga.

Fazer sua própria massa de macarrão é um excelente hábito. É mais fácil do que você imagina, e os resultados são muito gratificantes. Eu fiz esses delicados raviólis de ricota, mas você pode criar muitas variações. Uma das minhas preferidas é abóbora e amaretti com manteiga escura de sálvia.

Coloque a ricota, as ervas e a noz-moscada no liquidificador ou processador e bata até ficar homogêneo. Passe a mistura para uma tigela, tempere com sal e pimenta, cubra com filme de PVC e leve à geladeira por 30 minutos ou até o momento de usar.

Estenda uma folha de massa sobre uma tábua grande de cortar. Coloque colheradas pequenas do recheio de ricota em toda a folha a intervalos de 3 cm. Pincele toda a borda da folha com a gema batida e coloque a segunda folha por cima. Aperte cuidadosamente em torno dos montinhos de recheio para selar as duas folhas e depois, com uma faca afiada ou carretilha de massa, corte em quadrados. Acomode os raviólis em uma assadeira polvilhada com semolina.

Encha uma panela grande com água e um pouco de sal e leve ao fogo. Quando levantar fervura forte, adicione os raviólis e cozinhe por 5-6 minutos, ou até a massa ficar *al dente*.

Enquanto isso, derreta a manteiga em uma frigideira grande em fogo médio-baixo. Adicione os talos da acelga e refogue por 2-3 minutos, junte as folhas e deixe por mais 2 minutos, até murcharem.

Quando os raviólis estiverem cozidos, coloque em um escorredor, em seguida passe para a frigideira e misture delicadamente com a verdura. Tempere com sal e pimenta e sirva imediatamente com lascas de parmesão.

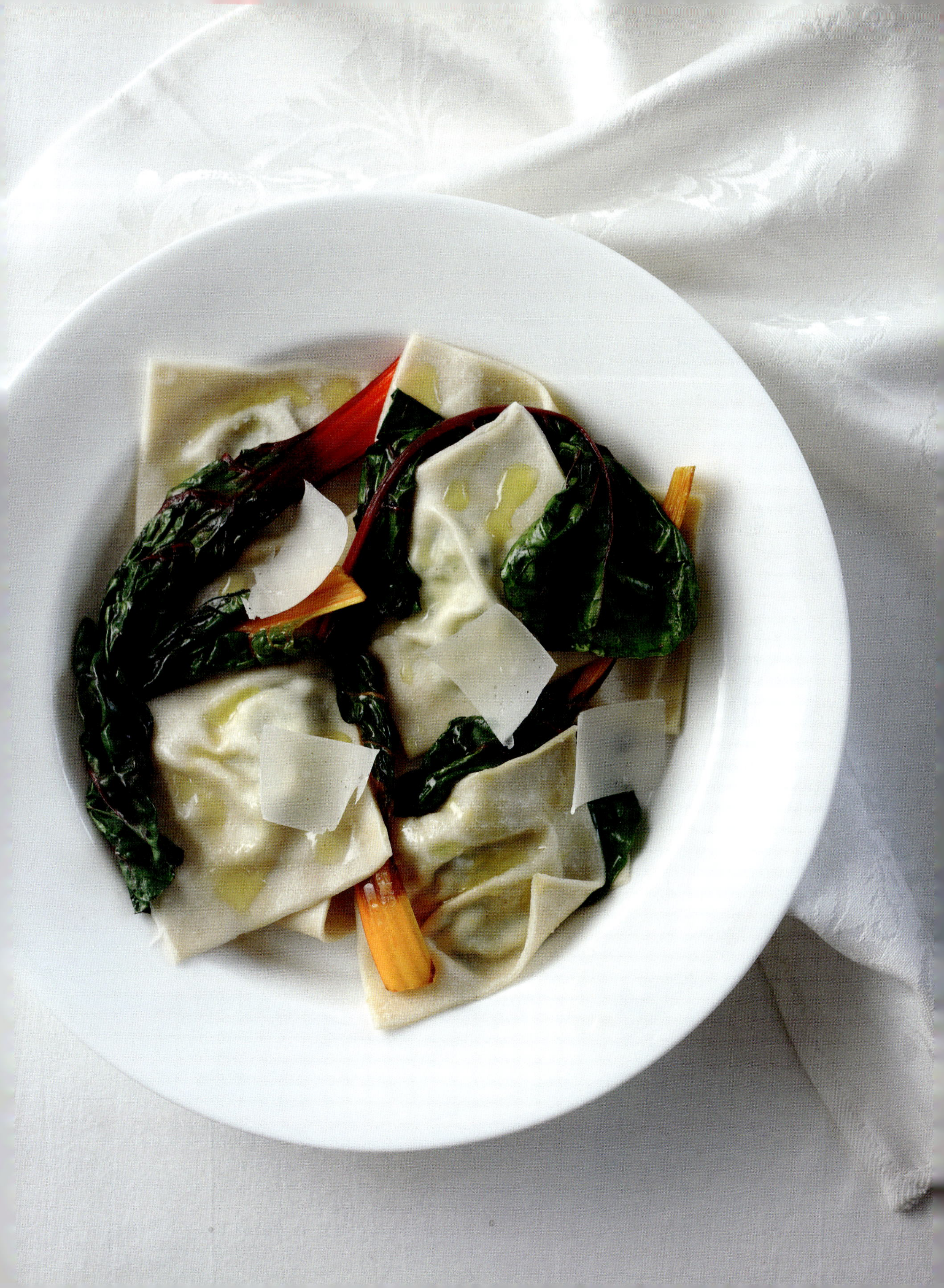

Os nhoques devem ser como leves almofadinhas que derretem na boca.

Nhoque de batata com pesto de brotos de ervilha e lascas de pecorino

TEMPO DE PREPARO: 15 minutos | TEMPO DE COZIMENTO: 1h15 | PORÇÕES: 4

1 kg de batata para nhoque (farinhenta) escovada
1 ovo batido
300 g de farinha de trigo
50 g de manteiga
sal marinho e pimenta-do-reino moída na hora

PESTO DE BROTOS DE ERVILHA
150 g de queijo pecorino
150 g de brotos de ervilha (*)
um punhado pequeno de manjericão
2 dentes de alho
50 g de pinholes
150 ml/pouco menos de ⅔ de xícara (chá) de azeite

(*) Se não encontrar brotos de ervilha, substitua por rúcula.

Comecei a fazer nhoques quando estava na Sardenha, onde me apaixonei pelo pecorino sardo, um queijo duro suave, ligeiramente salgado, que fica fantástico no pesto. Os nhoques devem ter uma textura leve, portanto não acrescente farinha demais.

Preaqueça o forno a 200°C. Coloque as batatas em uma assadeira e leve ao forno por 1 hora ou até ficarem bem macias.

Enquanto isso, prepare o pesto. Reserve 50 g do queijo pecorino e bata todos os ingredientes no liquidificador ou processador até obter uma pasta áspera. Tempere com sal e pimenta e reserve. Com um cortador de legumes, corte o pecorino reservado em lascas e reserve.

Retire as batatas do forno, corte-as ao meio e, com uma colher, passe a polpa para uma tigela. Mantenha-a coberta com um pano de prato para a polpa não secar e endurecer. Passe-a aos poucos por um espremedor de batata, deixando cair em uma tigela grande. Adicione o ovo e a farinha e amasse até obter uma massa macia. Não sove demais para não deixar dura e pegajosa.

Encha uma panela grande com água e um pouco de sal e leve para ferver. Trabalhando sobre uma superfície enfarinhada, enrole a massa formando um rolinho com cerca de 2,5 cm de diâmetro e 38 cm de comprimento. Corte em pedaços de 2,5 cm e vá espalhando em uma travessa enfarinhada. Coloque metade dos nhoques na panela de água fervente e, quando subirem à superfície, cozinhe por mais 1-2 minutos e retire com uma escumadeira. Repita com os nhoques restantes.

Derreta a manteiga em uma frigideira em fogo médio. Coloque os nhoques cozidos na frigideira, tempere com sal e pimenta e frite por 5 minutos, virando de vez em quando, até ficarem levemente dourados. Adicione o pesto e misture até ficarem recobertos pelo molho. Sirva com as lascas de pecorino.

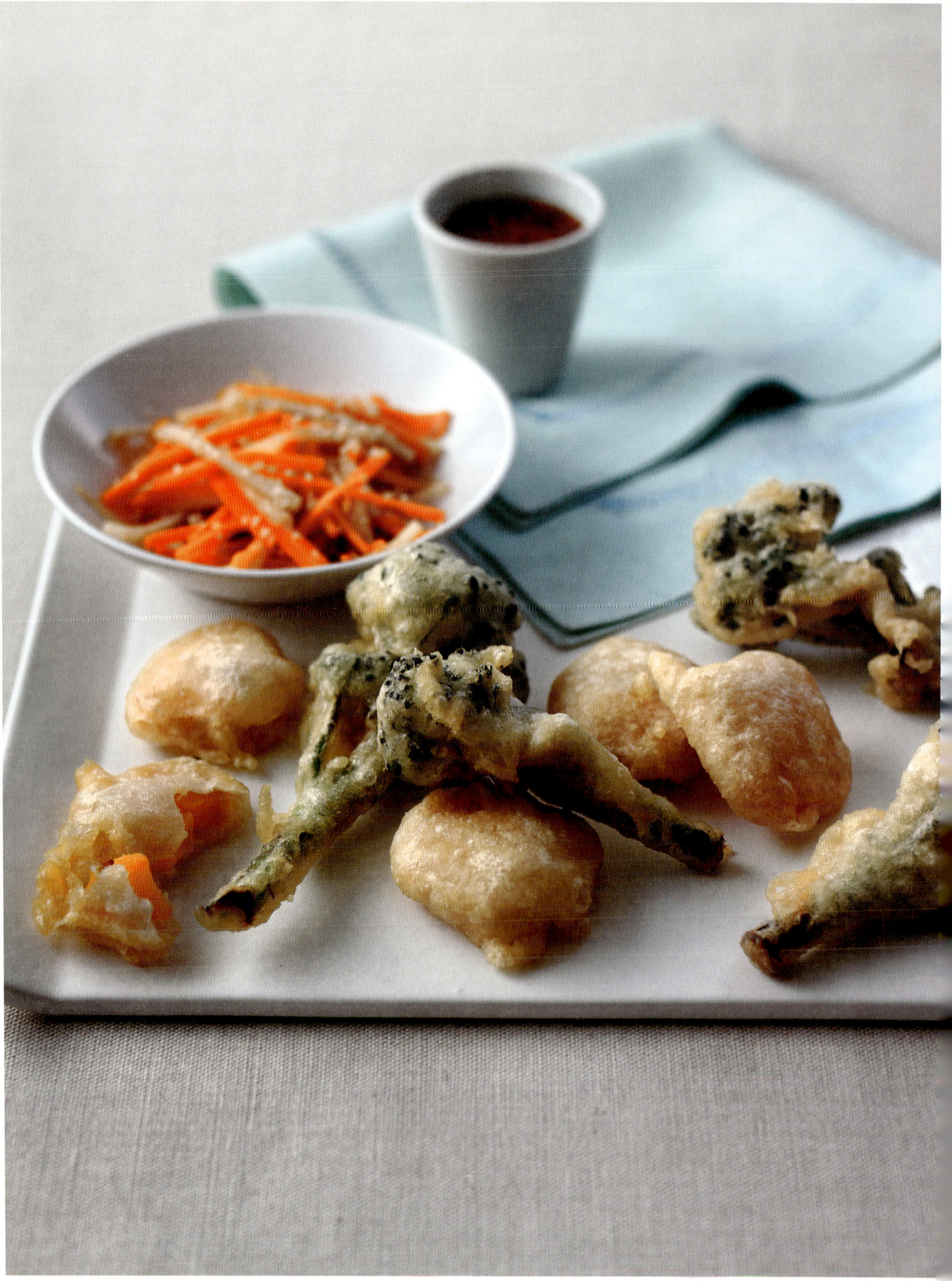

Tempurá de brócolis e batata-doce

TEMPO DE PREPARO: 20 minutos, mais o preparo do molho e do macarrão | TEMPO DE COZIMENTO: 35 minutos | PORÇÕES: 4

500 ml/2 xícaras (chá) de óleo vegetal
200 g de brócolis aparados
2 batatas-doces em fatias finas

SALADA DE CENOURA E NABO
50 g de nabo cortado à juliana
50 g de cenoura cortada à juliana
1 colher (chá) de sementes de gergelim
1 colher (sopa) de shoyu

MASSA DE TEMPURÁ
50 g/1/3 de xícara (chá) de maisena
200 g/1 2/3 xícara (chá) de farinha de trigo
300 ml/pouco menos de 1 1/4 xícara (chá) de água com gás gelada
sal marinho e pimenta-do-reino moída na hora

PARA SERVIR
Dip picante (p. 198)
Macarrão sobá com caranguejo e agrião (p. 123) (opcional)

O segredo do meu tempurá é usar maisena e água com gás para obter uma massa superleve. Usei brócolis e batata-doce por causa das cores contrastantes. Essa massa de tempurá e o molho também combinam bem com camarões grandes, peixes de carne branca e lula.

Para fazer a salada, misture bem todos os ingredientes em uma tigela e reserve.

Preaqueça o forno a 140°C e coloque uma assadeira para aquecer.

Aqueça o óleo em uma panela grande e grossa em fogo médio até ficar bem quente – tome muito cuidado para não se queimar. O óleo estará na temperatura ideal quando um pedaço de qualquer um dos legumes colocado na panela chiar. Só quando o óleo estiver quente, prepare a massa do tempurá (deve ser feita no último minuto para as bolhas de ar ficarem na massa). Bata a maisena, a farinha e a água com gás em uma tigela grande até formar uma massa lisa e tempere com sal e pimenta.

Trabalhando com uma parte de cada vez, mergulhe os brócolis e as fatias de batata-doce na massa, depois coloque cuidadosamente no óleo quente e frite por 6-8 minutos até dourar. Não frite muitos pedaços de cada vez porque o óleo esfria. Retire os tempurás com uma escumadeira e coloque para escorrer sobre papel-toalha. Transfira-os para a assadeira aquecida para não esfriarem. Frite os vegetais restantes em lotes e mantenha-os aquecidos no forno até todos ficarem prontos.

Sirva os tempurás com a salada de cenoura e nabo e o dip picante à parte, em uma tigelinha. Se quiser, pode ser um bom acompanhamento para o Macarrão sobá com caranguejo e agrião (p. 123).

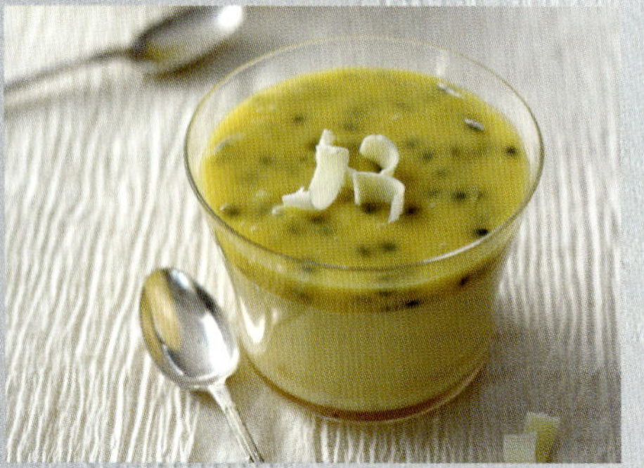
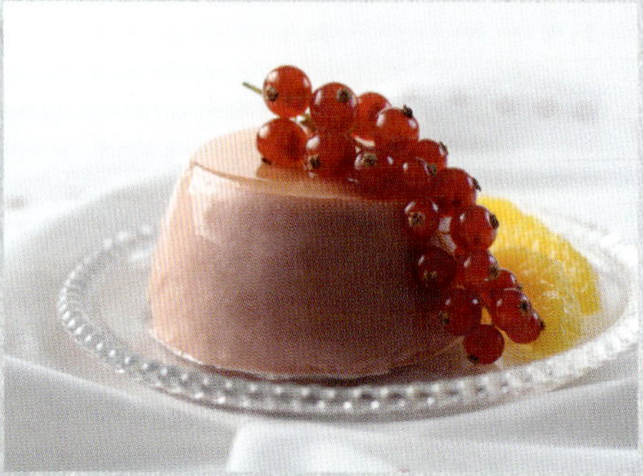
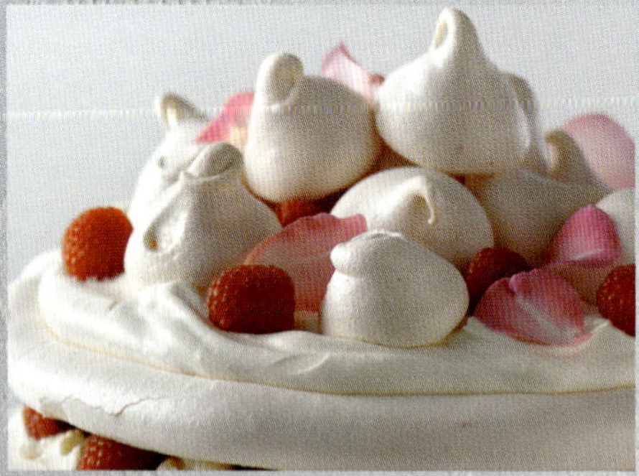
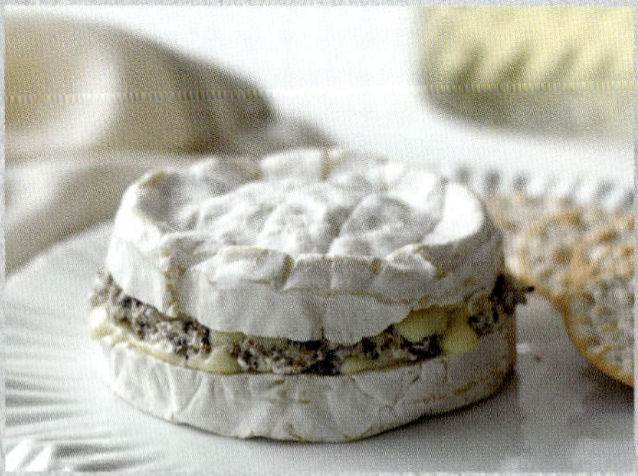

Sobremesas

Creme de chocolate branco e gengibre com cobertura de maracujá

TEMPO DE PREPARO: 15 minutos, mais 15 minutos para esfriar e 2 horas de geladeira para firmar | TEMPO DE COZIMENTO: 10 minutos | PORÇÕES: 4

300 ml/pouco menos de 1¼ xícara (chá) de creme de leite fresco
500 g de chocolate branco bem picado, mais lascas para decorar
2 colheres (chá) de gengibre em calda (*)

CREME DE MARACUJÁ
4 maracujás
100 g/cerca de ⅔ de xícara (chá) de açúcar
2 ovos, mais 2 gemas
25 g de manteiga

(*)Se não encontrar gengibre em calda, prepare-o você mesmo: descasque o gengibre e corte em fatias muito finas. Afervente por duas vezes, depois coloque para cozinhar em uma calda de água e açúcar até ficar macio. Como alternativa, use metade da quantidade de gengibre fresco ralado.

Essa sobremesa que combina chocolate branco e gengibre ganha um sabor especial quando coberta com o creme de maracujá. Esse creme pode ser conservado na geladeira por até uma semana e fica delicioso sobre torradas, panquecas e bolos.

Para fazer o creme de maracujá, corte as frutas ao meio e coloque a polpa com as sementes em uma panela. Acrescente o açúcar, os ovos inteiros e as 2 gemas e bata bem com um fouet até ficar homogêneo. Leve a panela ao fogo médio e mexa vagarosamente por alguns minutos até o creme engrossar.

Adicione a manteiga e bata rapidamente até ela derreter e ser incorporada ao creme. Retire do fogo, deixe esfriar até a temperatura ambiente, cubra com filme de PVC e leve à geladeira por 1 hora.

Enquanto isso, para fazer o creme de chocolate branco, aqueça o creme de leite em uma panelinha em fogo médio. Quando começar a ferver, retire do fogo, adicione o chocolate picado e mexa até derreter completamente. Acrescente o gengibre e misture bem.

Divida o creme de chocolate entre quatro tacinhas, deixando no mínimo 1,5 cm de espaço livre. Coloque na geladeira para firmar por 2 horas, no mínimo. Cubra com o creme de maracujá, decore com lascas de chocolate branco e sirva.

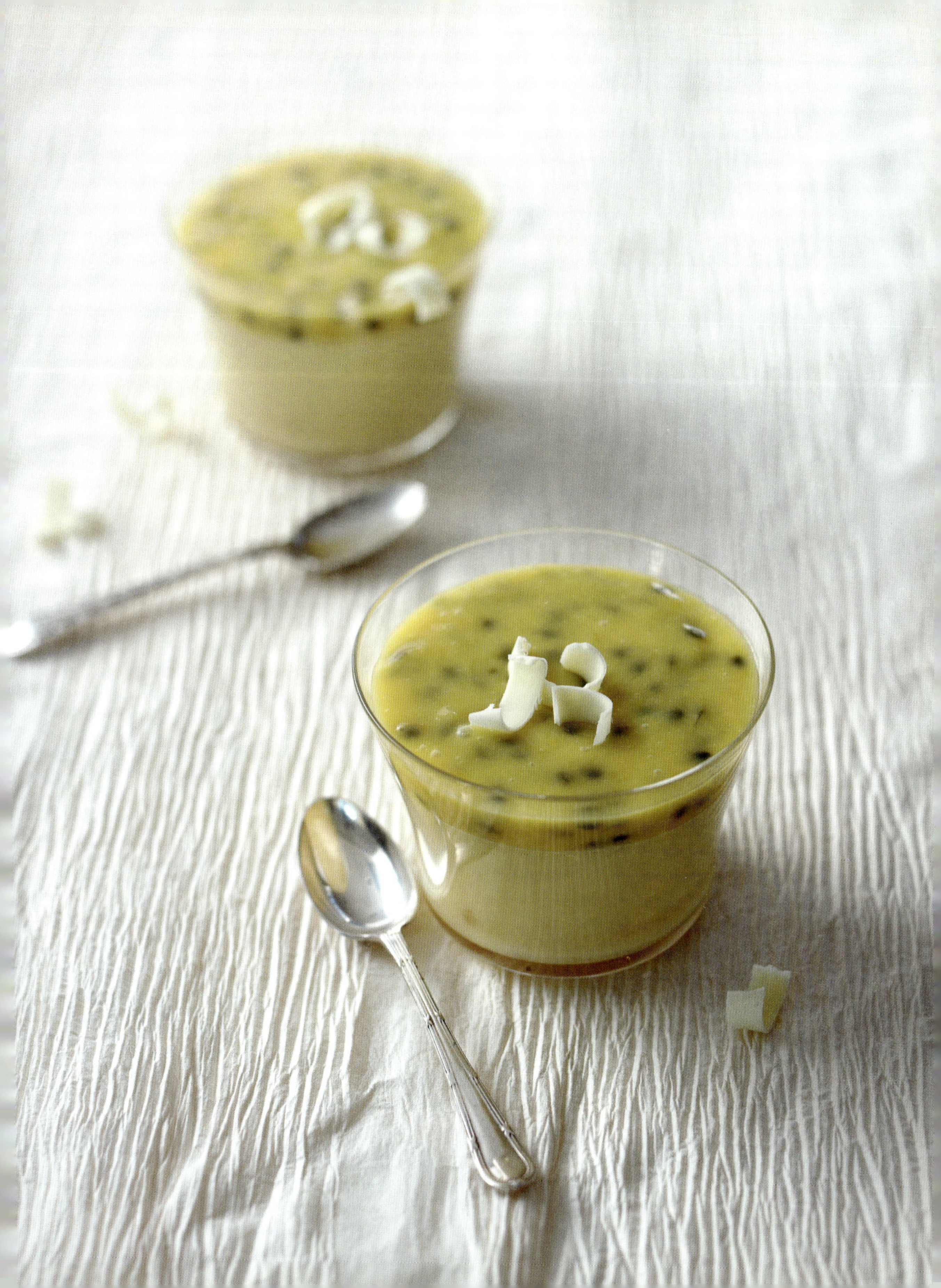

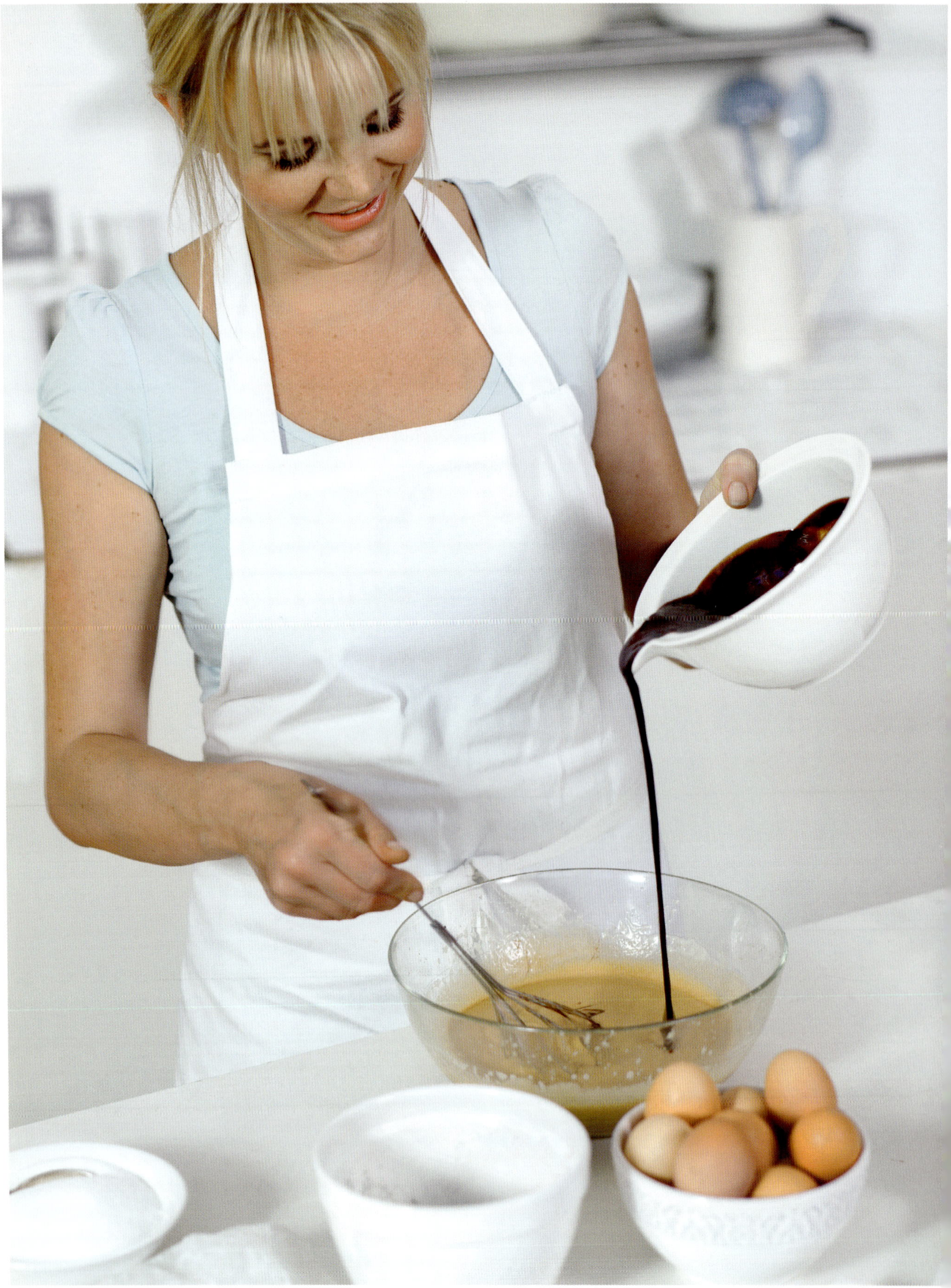

Fondants de chocolate com sorvete de menta

TEMPO DE PREPARO: 20 minutos, mais 30 minutos de infusão, mais 40 minutos de batedeira e 1 hora de congelamento | TEMPO DE COZIMENTO: 15 minutos | PORÇÕES: 4

150 g de chocolate com 70% de cacau
150 g de manteiga, mais um pouco para untar
3 ovos, mais 3 gemas
150 g/pouco menos de 1 xícara (chá) de açúcar
1 colher (chá) de sal
125 g/1 xícara (chá) de farinha de trigo
2 colheres (sopa) de cacau em pó, mais um pouco para polvilhar

SORVETE DE MENTA
500 ml/2 xícaras (chá) de creme de leite fresco
250 ml/1 xícara (chá) de leite integral
três punhados de folhas de hortelã
5 gemas
150 g/pouco menos de 1 xícara (chá) de açúcar

Para fazer o sorvete, coloque o creme de leite e o leite em uma panela e deixe ferver levemente, mexendo sempre. Adicione dois punhados de folhas de hortelã, diminua para temperatura mínima e cozinhe por 5 minutos. Retire do fogo e deixe em infusão por 30 minutos. Depois coe sobre uma panela.

Com um fouet, bata as gemas e o açúcar em uma tigela grande até ficarem bem combinados, mas não a ponto de formar bolhas. Ferva a infusão de menta em fogo médio e despeje na mistura de gemas, sempre batendo para não formar grumos. Retorne esse creme à panela e aqueça muito lentamente, sempre mexendo, até engrossar: não deixe ferver. Passe para uma tigela, deixe esfriar um pouco e leve à geladeira por 30 minutos. Adicione então a hortelã restante e despeje o creme na sorveteira. Bata de acordo com as instruções do fabricante, transfira para um recipiente de plástico ou metal, cubra e congele. Se não tiver sorveteira, consulte as instruções da p. 161.

Para fazer os fondants, preaqueça o forno a 180°C. Unte quatro tigelinhas ou ramequins com 125 ml de capacidade e polvilhe cacau em pó. Derreta o chocolate e a manteiga em banho-maria, mexendo de vez em quando.

Coloque os ovos inteiros, as 3 gemas, o açúcar e o sal em uma tigela e bata com o fouet até formar um creme claro e ligeiramente espesso. Em outra tigela, peneire a farinha e o cacau em pó. Incorpore o chocolate derretido aos ovos batidos, depois acrescente a farinha e o cacau peneirados, misturando delicadamente. Coloque o creme às colheradas nas tigelinhas preparadas e leve-as ao forno. Asse por 8 minutos, apenas até começar a firmar. Enquanto isso, retire o sorvete do freezer para amolecer um pouco. Retire os fondants do forno e sirva imediatamente com uma bola de sorvete por cima.

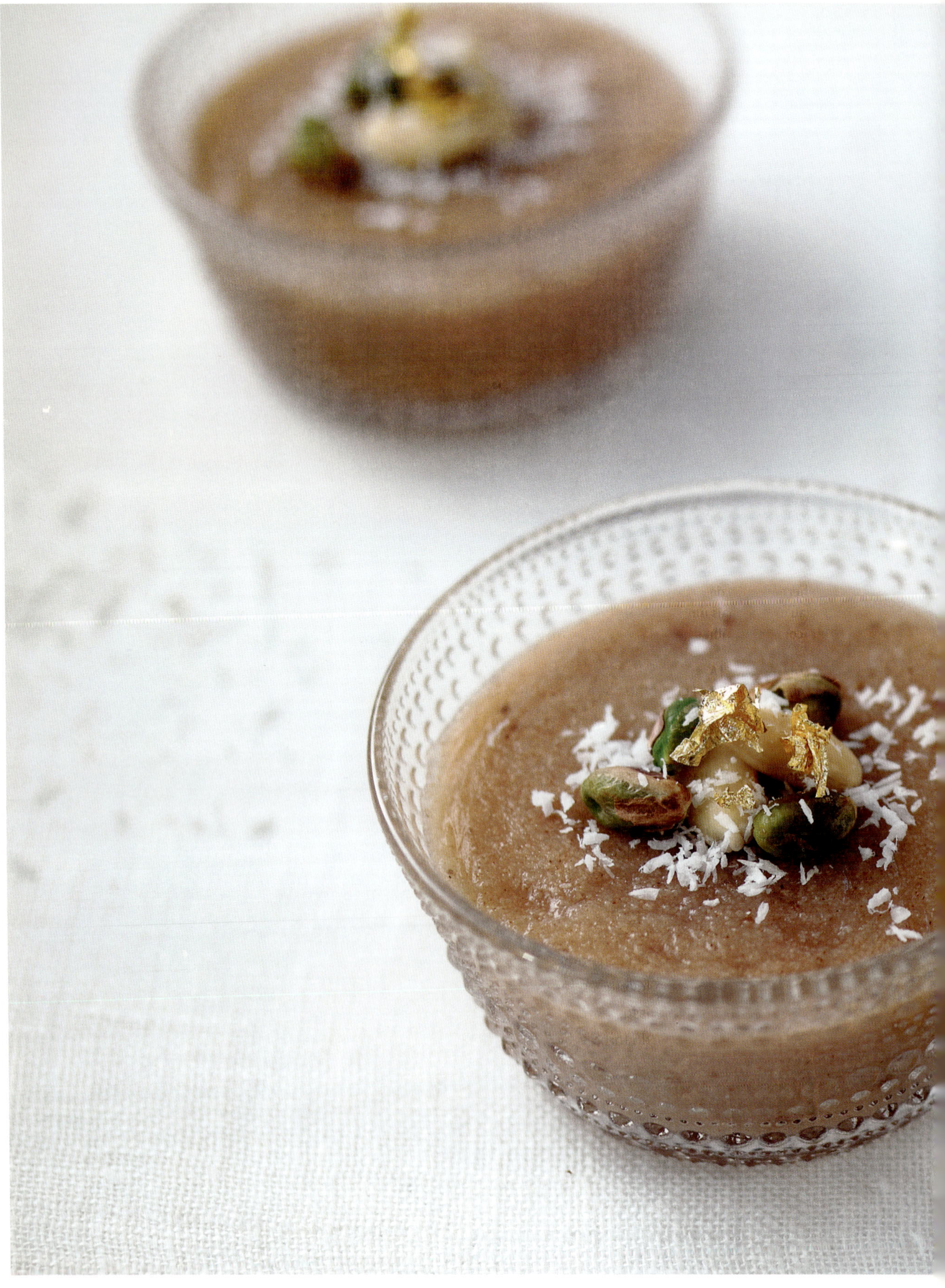

Pudim libanês de canela com amêndoas e pistaches

TEMPO DE PREPARO: 15 minutos, mais 24 horas para a demolha e 2 horas para gelar | TEMPO DE COZIMENTO: 50 minutos | PORÇÕES: 4

70 g/½ xícara (chá) de amêndoas com pele
70 g/½ xícara (chá) de pistaches sem casca
250 ml/1 xícara (chá) de água mineral
125 g/cerca de ¾ de xícara (chá) de farinha de arroz
100 g/cerca de ⅔ de xícara (chá) de açúcar
½ colher (sopa) de cardamomo em pó
2½ colheres (chá) de canela em pó
1¼ colher (chá) de anis-estrelado em pó (*)
½ colher (sopa) de coco ralado seco
folha de ouro comestível (opcional)

(*) Procure em lojas de produtos naturais ou da culinária árabe

Essa sobremesa é chamada de *meghli* no Líbano, onde é servida quando nasce um bebê. É um pudim rico, com muitas especiarias, e usei como cobertura amêndoas, pistaches e folha de ouro. Quando as amêndoas ou outras nozes ficam de molho, começam a brotar, o que aumenta seu teor de nutrientes.

Coloque as amêndoas e os pistaches em uma tigela com a água mineral. Deixe de molho por 24 horas à temperatura ambiente, escorra e enxágue. Passe para um recipiente hermético e leve à geladeira até o momento de usar.

Coloque 1,4 litro/5½ xícaras (chá) de água em uma panela grande e leve ao fogo. Quando ferver, adicione a farinha de arroz misturada com o açúcar e as especiarias, mexa bem e deixe ferver de novo. Cozinhe, destampado, mexendo de vez em quando, por 45 minutos, ou até o creme ficar bem espesso.

Distribua o creme às colheradas em quatro tigelinhas de vidro com 150 ml de capacidade. Cubra com filme de PVC, de modo que o filme fique colado à superfície do creme para não formar película. Espere esfriar completamente e leve à geladeira por 2 horas.

Coloque as amêndoas e os pistaches sobre o pudim, polvilhe o coco ralado e decore com pedacinhos de folha de ouro, se quiser. Se sobrarem amêndoas ou pistaches, conserve na geladeira e sirva como petisco.

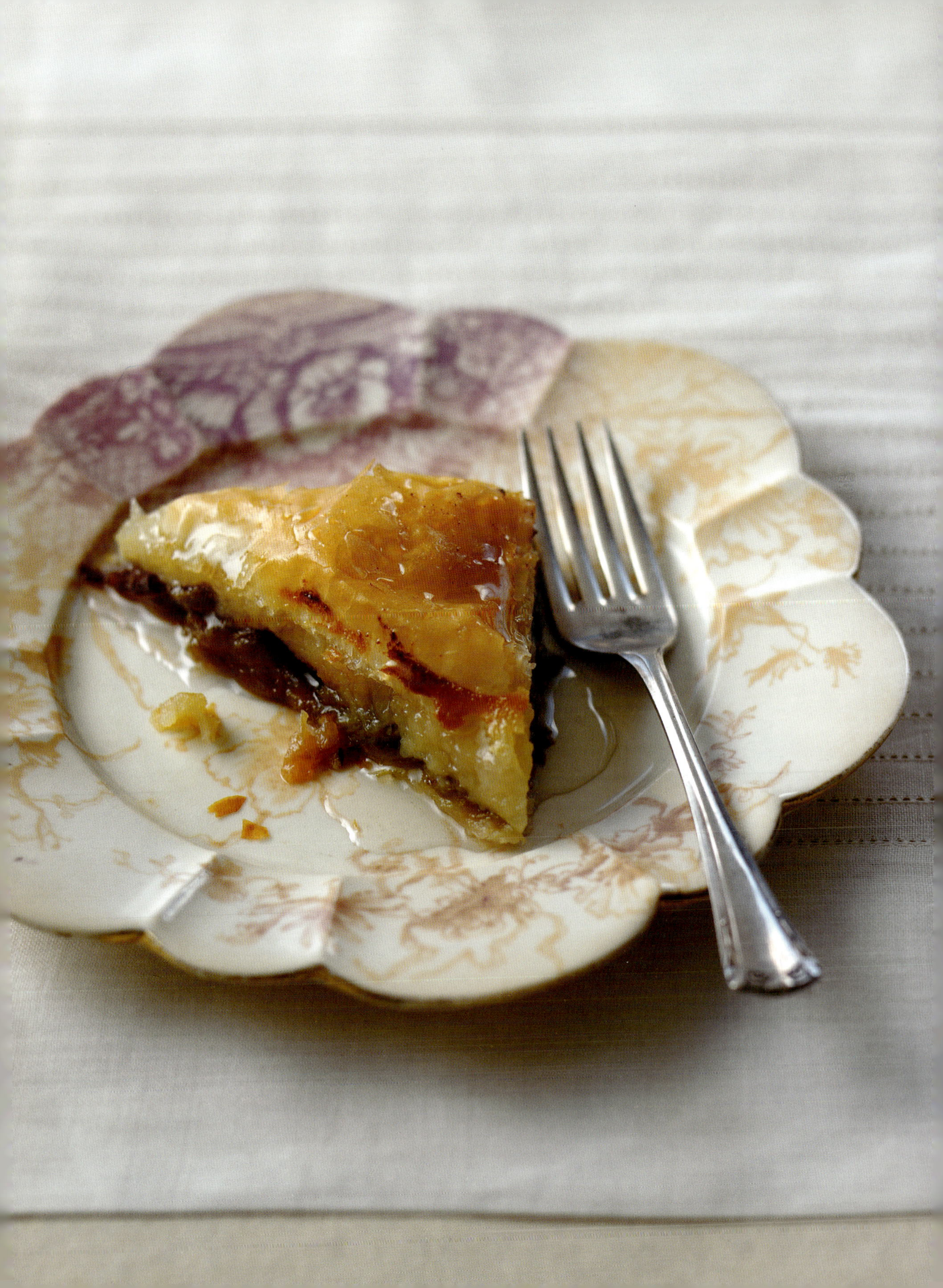

Torta grega de ruibarbo e creme com massa filo

TEMPO DE PREPARO: 25 minutos | TEMPO DE COZIMENTO: 1h10 | PORÇÕES: 12

8 talos de ruibarbo aparados
100 g/cerca de ⅔ de xícara (chá) de açúcar
100 g de manteiga derretida, mais para untar
10 folhas de massa filo

RECHEIO DE CREME
350 ml/pouco menos de 1½ xícara (chá) de leite
2 colheres (chá) de essência de baunilha
50 g/pouco mais de ⅓ de xícara (chá) de semolina fina
100 g/cerca de ⅔ de xícara (chá) de açúcar
2 ovos batidos

CALDA
100 g/cerca de ⅔ de xícara (chá) de açúcar
1 colher (sopa) de mel
1 colher (chá) de suco de limão

Essa sobremesa, chamada de *galaktoboureko* na Grécia, fica igualmente deliciosa sem o ruibarbo. Se não o encontrar, substitua por pêssego, manga ou maçã. Outra alternativa é aumentar a quantidade de creme e adicionar à calda um pouco de essência de flor de laranjeira.

Preaqueça o forno a 200°C. Unte levemente uma assadeira com manteiga. Corte o ruibarbo em pedaços grandes e coloque na assadeira, polvilhe o açúcar e asse por 15 minutos. Retire do forno, mas não desligue.

Enquanto isso, para fazer o recheio, coloque todos os ingredientes em uma panela grande com fundo grosso em fogo médio-baixo. Sempre mexendo, aqueça por 15 minutos, sem deixar ferver, até o creme engrossar. Reserve.

Abra uma folha de massa filo e pincele com um pouco da manteiga derretida. Coloque outra folha por cima e pincele com manteiga; repita com mais duas folhas de massa. Forre uma fôrma quadrada de 20 cm com as quatro camadas de massa, apertando bem nos cantos. Distribua o ruibarbo e cubra com o creme. Passe manteiga nas seis folhas restantes de filo, sobrepondo uma à outra. Coloque sobre o creme, apertando a massa nas bordas.

Corte a torta em seis quadrados grandes, depois corte cada quadrado em dois triângulos, resultando doze pedaços. Asse por 40 minutos, ou até a massa ficar dourada e crocante.

Para a calda, misture em uma panela todos os ingredientes mais 100 ml/cerca de ½ xícara (chá) de água e leve ao fogo. Quando ferver, diminua para temperatura mínima e mexa até o açúcar dissolver completamente. Reserve.

Retire os pedaços de torta do forno e regue com a calda. Sirva morna.

Potinhos de chocolate e caramelo de sal

TEMPO DE PREPARO: 15 minutos, mais 3 horas para firmar | **TEMPO DE COZIMENTO:** 10 minutos | **PORÇÕES:** 4

CARAMELO DE SAL
- 200 g/1¼ xícara (chá) de açúcar
- 200 ml/pouco mais de ¾ de xícara (chá) de creme de leite fresco
- uma boa pitada de sal marinho
- 1 gema

CREME DE CHOCOLATE
- 300 ml/cerca de 1¼ de xícara (chá) de creme de leite fresco
- 1 colher (chá) de essência de baunilha
- 300 g de chocolate ao leite bem picado
- 2 gemas

LASCAS DE CARAMELO
- 300 g/cerca de 1⅓ xícara (chá) de açúcar
- 1 colher (sopa) de cristais de sal marinho

Para fazer o caramelo de sal, coloque o açúcar e 1 colher (sopa) de água em uma panela em fogo alto; espere dissolver e ferver. Diminua para temperatura mínima e cozinhe lentamente até o açúcar começar a caramelizar e ficar dourado. Fique atento porque o caramelo queima muito rápido. Não raspe os cristais de açúcar da lateral da panela, porque eles farão o caramelo cristalizar.

Retire do fogo, adicione o creme de leite e o sal e misture até incorporar bem. O creme de leite vai borbulhar, e o caramelo talvez comece a endurecer. Se isso acontecer, leve a panela de volta ao fogo baixo e mexa sem parar até o caramelo dissolver e se agregar aos ingredientes adicionados. Retire do fogo e deixe esfriar um pouco, acrescente a gema e bata bem com um fouet. Divida o caramelo entre quatro ramequins ou potinhos de vidro com 150 ml de capacidade. Leve à geladeira por 1 hora para firmar.

Para fazer o creme de chocolate, coloque o creme de leite e a baunilha em uma panela em fogo médio-alto. Quando apenas começar a ferver, retire do fogo, acrescente o chocolate e mexa até derreter completamente. Deixe esfriar por cerca de 5 minutos, incorpore as gemas e misture bem. Retire os potinhos da geladeira e despeje o creme de chocolate sobre o caramelo. Retorne à geladeira para firmar por 1-2 horas.

Para fazer as lascas de caramelo, primeiro forre uma assadeira com papel-manteiga. Usando o açúcar e 50 ml/ pouco menos de ¼ de xícara (chá) de água, siga o método explicado acima para caramelizar o açúcar. Despeje imediatamente na assadeira preparada, polvilhe os cristais de sal marinho e deixe esfriar para endurecer.

Antes de servir, quebre a folha de caramelo em lascas e decore os potinhos.

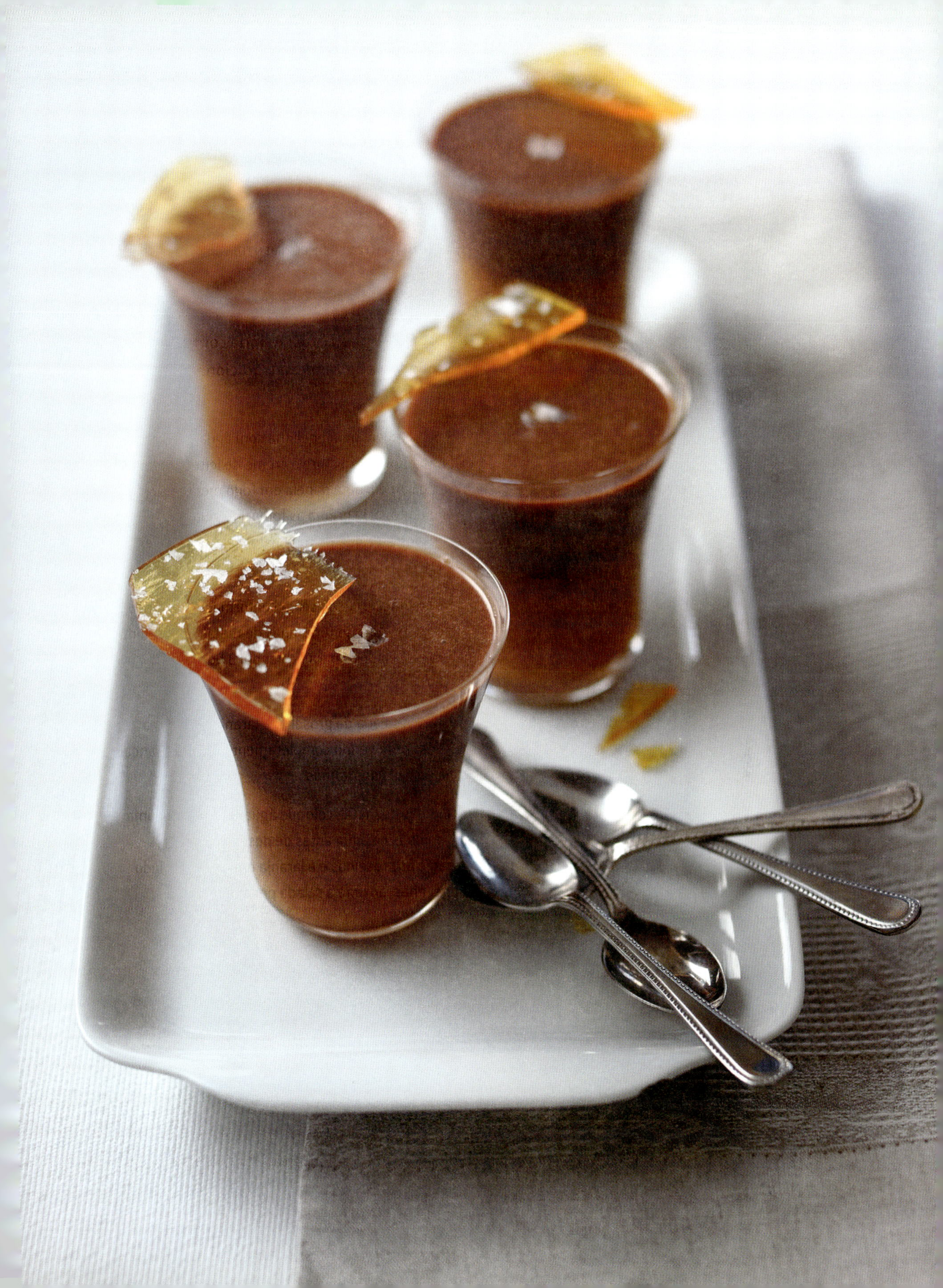

Panacota de romã com salada de groselha e laranja

TEMPO DE PREPARO: 20 minutos, mais 3 horas ou uma noite para firmar | TEMPO DE COZIMENTO: 3 minutos | PORÇÕES: 4

6 folhas de gelatina incolor
150 ml/pouco menos de ²/₃ de xícara (chá) de creme de leite fresco
150 ml/pouco menos de ²/₃ de xícara (chá) de leite
300 ml/ pouco menos de 1¼ xícara (chá) de suco de romã
3 colheres (sopa) de grenadine
50 g/cerca de ⅓ de xícara (chá) de açúcar ou frutose

SALADA DE GROSELHA E LARANJA
2 laranjas
200 g de groselhas-vermelhas

A romã é um dos meus ingredientes favoritos! A linda cor rosada faz a diferença entre essa panacota e a sobremesa tradicional.

Deixe as folhas de gelatinas de molho em uma tigelinha com água fria por 5 minutos até amolecerem. Enquanto isso, misture o creme de leite, o leite, o suco de romã, o grenadine e o açúcar em uma panela em fogo médio-alto. Quando começar a ferver, retire do fogo. Esprema as folhas de gelatina para tirar o excesso de água, adicione à calda de romã e mexa até dissolver completamente.

Distribua em quatro tigelinhas bonitas ou, se quiser desenformar em pratos de sobremesa individuais, coloque em quatro forminhas de metal para pudim com 200 ml de capacidade. Leve à geladeira para firmar por 3 horas, no mínimo, ou de um dia para o outro.

Uma hora antes de servir, prepare a salada de groselha e laranja. Com uma faca afiada, descasque as laranjas removendo completamente a parte branca, depois corte ao meio e retire a película dos gomos.

Se a panacota estiver em forminhas de metal, coloque água fervente em uma tigela e molhe o fundo das forminhas na água antes de desenformar nos pratos de sobremesa. Arranje as groselhas e a laranja em cima e ao lado da panacota. Se estiver em tigelinhas, arrume a salada por cima e sirva.

Bela e deliciosa, essa panacota é um ótimo encerramento para uma refeição.

Arroz-doce com lascas tostadas de coco

TEMPO DE PREPARO: 15 minutos | TEMPO DE COZIMENTO: 1h10 | PORÇÕES: 4

25 g de manteiga
50 g/cerca de ⅓ de xícara (chá) de açúcar mascavo
100 g/cerca de ½ xícara (chá) de arroz
400 ml/pouco mais de 1½ xícara (chá) de leite de coco
250 ml/1 xícara (chá) de leite
4 colheres (chá) de rum
1 coco pequeno

PARA SERVIR
gomos de limão

Minha inspiração para esse doce foi minha estada na Ásia. O sabor caramelizado do coco com o rico arroz-doce é calmante e delicioso. Constitui uma excelente sobremesa para encerrar um jantar condimentado.

Preaqueça o forno a 160°C. Coloque em fogo médio-baixo uma panela grande que possa ir ao forno e derreta a manteiga. Adicione o açúcar e deixe por 5-8 minutos até começar a caramelizar e borbulhar. Acrescente o arroz, o leite de coco, o leite e o rum. Nesse ponto, a mistura pode formar grumos, mas não se preocupe.

Cubra bem a panela, se preciso pode revestir a tampa com papel alumínio, leve ao forno e asse por 30 minutos. Retire do forno e mexa bem, depois retorne ao forno por mais 30 minutos, ou até o arroz ficar completamente cozido, e a calda, espessa e cremosa.

Previamente, faça furos na parte superior do coco, escorra a água e quebre-o ao meio usando um martelo ou rolo de massa. Com um cortador de legumes, retire lascas da polpa e reserve-as. Quando faltar pouco tempo para finalizar o cozimento, aqueça uma chapa de fogão em temperatura máxima. Espalhe as lascas reservadas na chapa e toste-as por alguns segundos, até ficarem douradas. Tome cuidado, pois o coco tosta muito rápido.

Retire o arroz-doce do forno e sirva com as lascas de coco tostadas por cima e gomos de limão ao lado para espremer. Guarde as lascas de coco que sobrarem em um recipiente hermético em lugar fresco por até 3 semanas. Elas também são ótimas para decorar o Bolo de coco e limão da p. 189.

Torta de creme de cássia com compota de maçã

TEMPO DE PREPARO: 20 minutos, mais o preparo da massa | TEMPO DE COZIMENTO: 1h30 | PORÇÕES: 8

1 receita de Massa podre (p. 202)
1 fava de baunilha
750 ml/3 xícaras (chá) de creme de leite fresco
2 pedaços de 5 cm de cássia (p. 14) ou de canela
150 g/quase 1 xícara (chá) de açúcar
4 ovos, mais 4 gemas (reserve um pouco de clara para pincelar)
1 colher (chá) de canela em pó

COMPOTA DE MAÇÃ
4 maçãs verdes, como Granny Smith, descascadas, sem miolo e cortadas em fatias grossas
100 g/¾ de xícara (chá) de uvas-passas brancas
1 colher (chá) de suco de limão
50 g/cerca de ⅓ de xícara (chá) de açúcar

Preaqueça o forno a 180°C. Estenda a massa em uma superfície enfarinhada até ficar com 3 mm de espessura e com tamanho suficiente para forrar uma fôrma de torta de 25 cm de diâmetro, deixando 2 cm de excesso de massa na borda. Levante a massa cuidadosamente e passe para a fôrma, apertando nas laterais para formar o ondulado, de maneira que a massa ultrapasse um pouco a borda. Forre o interior da fôrma com papel-manteiga, coloque pesos de cerâmica ou arroz cru embalado em alumínio e leve para assar.

Asse a massa por 20 minutos, retire os pesos e o papel-manteiga, fure a base com um garfo e pincele com clara batida. Retorne ao forno por mais 5 minutos ou apenas até começar a dourar. Retire do forno e diminua a temperatura para 140°C.

Enquanto isso, com uma faca afiada, abra a fava de baunilha ao meio e raspe as sementes, colocando-as em uma panela com o creme de leite e os pedaços de cássia. Deixe ferver lentamente em fogo baixo por 4 minutos.

Enquanto isso, bata o açúcar, os ovos inteiros, as 4 gemas e a canela em pó até obter um creme claro e fofo. Adicione devagar o creme de leite aromatizado com baunilha, batendo continuamente até ficar homogêneo. Passe a mistura por uma peneira fina sobre uma tigela ou jarra, descartando os pedaços de cássia e eventuais grumos, se houver. Despeje o creme na massa pré-assada, espalhando-o por igual. Leve a torta ao forno por 40-50 minutos apenas até o recheio firmar, mas ainda tremer quando balançado. Retire do forno, deixe esfriar e apare a borda da massa com uma faca afiada para ficar com a mesma altura da fôrma.

Para fazer a compota de maçã, coloque em uma panela em fogo médio-alto as fatias de maçã, a uva-passa, o suco de limão e o açúcar. Espere ferver, diminua o fogo e cozinhe por 10 minutos. Retire do fogo e deixe esfriar. Sirva fatias da torta com colheradas de compota.

Pavê de Pimm's

TEMPO DE PREPARO: 20 minutos, mais 15 minutos para esfriar e 3h30 para firmar | TEMPO DE COZIMENTO: 15 minutos | PORÇÕES: 4-6

8 biscoitos champanhe ou 16 savoiardi
200 ml/pouco mais de ¾ de xícara (chá) de creme de leite fresco

CREME INGLÊS
1 fava de baunilha
3 gemas
150 g/cerca de 1 xícara (chá) de açúcar
1 colher (sopa) de maisena
300 ml/pouco menos de 1¼ xícara (chá) de leite integral
100 ml/pouco menos de ½ xícara (chá) de creme de leite fresco

GELATINA DE PIMM'S
8 folhas de gelatina
200 ml/pouco menos de ¾ de xícara (chá) de Pimm's Nº 1 (*)
600 ml/cerca de 2½ xícaras (chá) de limonada
um punhado pequeno de folhinhas de hortelã, mais um pouco para decorar
300 g de morangos

(*) O Pimm's Nº 1 é um licor tradicional inglês, que se toma diluído com limonada.

Não existe nada mais inglês do que o Pimm's e o clássico pavê. Essa receita combina os dois e é ótima para ser servida em um dia ensolarado de verão.

Para fazer a gelatina de Pimm's, coloque as folhas de gelatina de molho em uma tigelinha com água fria por cerca de 5 minutos, até amolecerem. Misture o Pimm's e a limonada em uma tigela grande, depois passe 100 ml/cerca de ½ xícara (chá) da mistura para uma panela pequena. Aqueça até quase ferver e retire do fogo. Esprema as folhas de gelatina para retirar o excesso de água, coloque na panela com o Pimm's quente e mexa até dissolver completamente. Adicione a mistura de gelatina à tigela com o Pimm's frio, junte as folhinhas de hortelã e os morangos.

Forre uma travessa com os biscoitos champanhe e despeje a gelatina com morangos. Deixe esfriar, cubra com filme de PVC e leve à geladeira por 3 horas para firmar.

Para fazer o creme inglês, corte a fava de baunilha ao meio com uma faca afiada e raspe as sementes para uma tigela refratária. Adicione as gemas, o açúcar e a maisena e bata com um fouet até ficarem bem combinados. Misture o leite e o creme de leite em uma panela antiaderente, leve ao fogo e, quando ferver, despeje na tigela com a mistura de gemas, mexendo sem parar, para o ovo não talhar. Devolva o creme à panela e aqueça em fogo baixo, sempre mexendo, até engrossar. Deixe esfriar.

Quando o creme inglês estiver frio, despeje-o sobre a gelatina e retorne à geladeira por 30 minutos, até o creme firmar.

Para a cobertura, bata o creme de leite fresco até formar picos macios e cubra o pavê. Decore com folhinhas de hortelã e sirva.

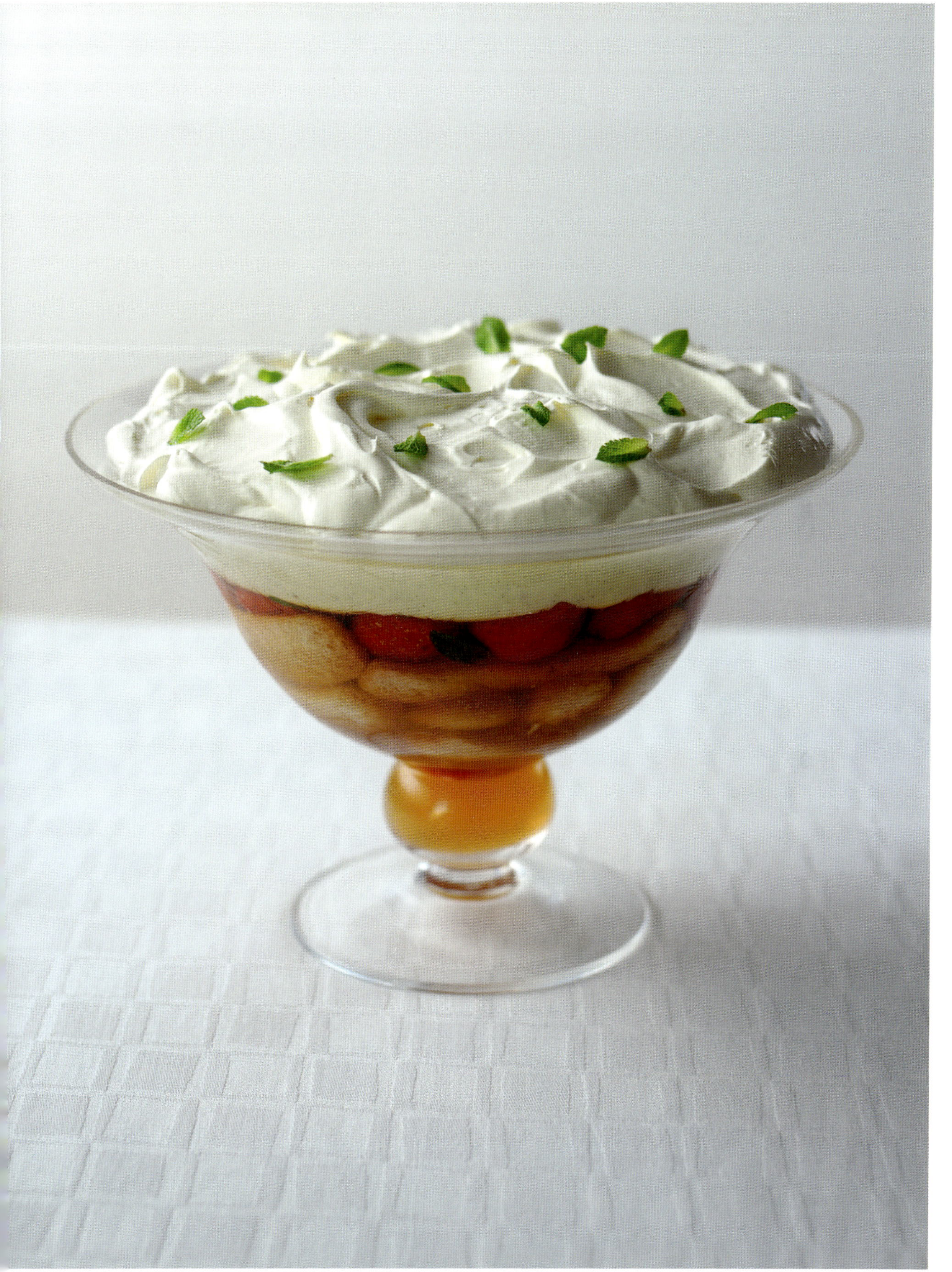

Cheesecake de maple syrup

TEMPO DE PREPARO: 20 minutos, mais 6 horas, no mínimo, para firmar | TEMPO DE COZIMENTO: 50 minutos | PORÇÕES: 8

- 100 g de manteiga amolecida, mais um pouco para untar
- 1 kg de cream cheese amolecido
- 2 colheres (sopa) de maisena
- 100 g/cerca de ⅔ de xícara (chá) de açúcar
- 250 ml/1 xícara (chá) de maple syrup, mais um pouco para regar
- 1 fava de baunilha
- 6 ovos
- 400 ml/pouco mais de 1½ xícara (chá) de creme de leite
- 1 colher (chá) de suco de limão

PARA SERVIR
- 2 caquis cortados em quartos
- 6 alquequenjes (physalis) com as folhas
- 50 g/cerca de ⅓ de xícara (chá) de nozes-pecãs

Esse cheesecake rápido de fazer é praticamente à prova de erro. Ao contrário dos tradicionais, esse não tem base, é apenas uma placa grande e cremosa, deliciosa. O maple syrup adiciona sabor de caramelo, e as pecãs dão o toque crocante.

Preaqueça o forno a 180°C. Unte levemente uma fôrma de fundo removível de 25 cm de diâmetro, embrulhe o fundo com papel-alumínio bem liso e coloque a fôrma dentro de uma assadeira.

Bata a manteiga, o cream cheese, a maisena, o açúcar e o maple syrup até ficar homogêneo. Com uma faquinha afiada, abra a fava de baunilha ao meio e raspe as sementes sobre o creme. Mexa até elas ficarem espalhadas de maneira uniforme.

Adicione os ovos à mistura, um de cada vez, batendo bem depois de cada adição. Acrescente o creme de leite e o suco de limão e bata até agregar todos os ingredientes.

Despeje o creme na forma preparada e, em seguida, coloque água fervente na assadeira até chegar a ⅔ da altura da fôrma. Leve ao forno e asse por 35 minutos, depois aumente a temperatura para 200°C e mantenha por mais 15 minutos, ou até começar a firmar e dourar nas bordas.

Retire do forno e deixe esfriar à temperatura ambiente. Cubra com filme de PVC e leve à geladeira por 6 horas, no mínimo, ou de um dia para o outro.

Desenforme o cheesecake e coloque em uma travessa. Decore com o caqui, os alquequenjes e as pecãs e regue com um fio de maple syrup.

Um cheesecake prático com sabor divino.

Semifreddo Mont Blanc

TEMPO DE PREPARO: 20 minutos, mais 2 horas ou uma noite no congelador | TEMPO DE COZIMENTO: 2h15 | PORÇÕES: 8

4 ovos, claras e gemas separadas
450 g/pouco mais de 2 ²⁄₃ xícaras (chá) de açúcar
1 colher (chá) de maisena
1 fava de baunilha
500 ml/2 xícaras (chá) de creme de leite fresco
25 ml de conhaque
300 g de purê de castanha portuguesa adoçado

PARA SERVIR
150 g de chocolate meio amargo (opcional)

Preaqueça o forno a 140°C. Forre duas assadeiras com papel-manteiga e, usando o fundo de uma fôrma desmontável de 25 cm como guia, desenhe dois círculos no papel-manteiga. Forre a fôrma desmontável com papel-manteiga.

Bata as claras em neve até formar picos macios. Adicione aos poucos 250 g/1½ xícara (chá) de açúcar, uma colher por vez, sempre batendo, até o suspiro ficar espesso e brilhante. Acrescente a maisena e volte a bater.

Com um saco de confeitar ou uma colher, preencha os círculos desenhados com o suspiro, deixando 1 cm de espaço livre em toda a volta. Leve ao forno e asse por 2 horas até os discos ficarem crocantes. Retire-os do forno e coloque sobre uma grade para esfriar completamente.

Com uma faca afiada, divida a fava de baunilha ao meio e raspe as sementes em uma tigela grande e limpa. Adicione o creme de leite e bata até o ponto de chantilly. Reserve.

Misture as gemas, o conhaque e o açúcar restante em uma tigela refratária em banho-maria, em fogo baixo. Com o mixer, bata por 10-15 minutos até ficar suficientemente espesso. Incorpore essa mistura ao chantilly e, em seguida, adicione o purê de castanha sem mexer demais, pois fica com melhor aspecto se mostrar o mesclado.

Acomode um disco de suspiro na fôrma de fundo removível forrada e distribua o creme de castanha às colheradas. Coloque por cima o outro disco, cubra com papel-alumínio e congele por 2 horas, no mínimo, ou de um dia para o outro. Retire do freezer 10 minutos antes de servir.

Derreta o chocolate (se estiver usando) em banho-maria e despeje em fio sobre o Mont Blanc antes de servir.

Manga com sorbet de manjericão

TEMPO DE PREPARO: 10 minutos, mais 30 minutos para bater o sorvete e 2 horas, no mínimo, de congelamento | TEMPO DE COZIMENTO: 10 minutos | PORÇÕES: 4

250 g/cerca de 1½ xícara (chá) de açúcar
50 g de folhas de manjericão, mais um punhado
1 colher (sopa) de suco de limão
2 mangas

Essa sobremesa simples e refrescante é ótima para servir depois de um prato asiático bastante condimentado. O manjericão estimula a purificação do palato. Você pode escolher entre o manjericão comum, o gigante ou o roxo.

Coloque o açúcar e o manjericão em uma panela com 250 ml/1 xícara (chá) de água e leve ao fogo. Quando ferver, diminua o fogo e cozinhe por 10 minutos. Retire do fogo, adicione o suco de limão e passe por uma peneira fina sobre uma jarra ou tigela. Deixe esfriar. Quando o xarope estiver frio, adicione o punhado de manjericão restante, rasgado em pedacinhos.

Para fazer o sorbet com uma sorveteira, despeje uma parte do xarope na tigela e bata de acordo com as instruções do fabricante até chegar à consistência de sorbet, o que levará cerca de 30 minutos. Passe o sorbet para um recipiente de plástico ou metal e deixe no freezer por 2 horas, no mínimo.

Para fazer o sorbet manualmente, despeje uma parte do xarope de preferência em um recipiente de metal que tenha sido previamente gelado no freezer. Tampe e congele por 1h30, depois misture as beiradas congeladas com mais uma dose do xarope. Volte a congelar e repita o processo de hora em hora, sempre adicionando mais xarope, por mais 2 ou 3 vezes, até congelar completamente e adquirir a consistência de sorbet. (Esse sorbet não fica tão liso quanto o feito na sorveteira.)

Com uma faca afiada, corte as laterais de cada manga na vertical, evitando o caroço. Descasque essas laterais e corte em fatias. Descasque o restante da manga e corte a parte da polpa que ainda está presa ao caroço. Sirva as fatias de manga com bolas do sorbet.

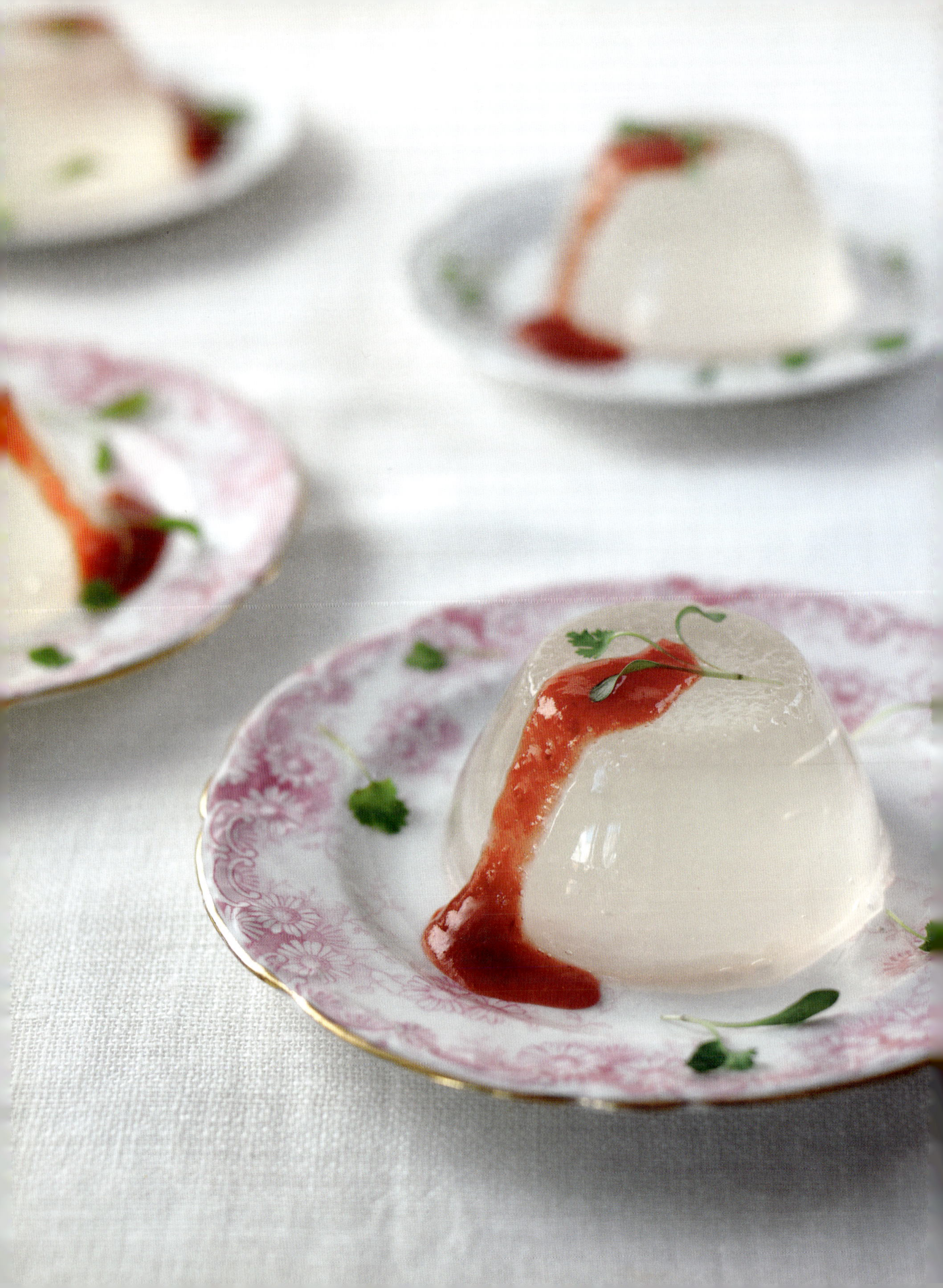

Gelatina de ginger ale com purê de ameixa

TEMPO DE PREPARO: 15 minutos, mais 5 horas para firmar | TEMPO DE COZIMENTO: 15 minutos | PORÇÕES: 4

9 folhas de gelatina
800 ml/3¼ xícaras (chá) de ginger ale (*)
10 ameixas sem caroço e cortadas em quarto
100 g/⅔ de xícara (chá) de açúcar
algumas folhinhas de coentro

(*) O ginger ale é um refrigerante à base de gengibre. Pode ser comprado em supermercados especializados em produtos importados ou na internet. Se não encontrar, substitua por refrigerante de laranja.

Cada vez mais os clientes me pedem pratos saudáveis, e essa sobremesa é perfeita, porque não tem gordura e pode ser preparada com frutose no lugar do açúcar para diminuir o índice glicêmico. O coentro parece estranho aqui, mas funciona, pode acreditar.

Deixe as folhas de gelatina de molho em uma tigela com água fria por cerca de 5 minutos até amolecerem. Despeje 150 ml/cerca de ⅔ de xícara (chá) do ginger ale em uma panela, leve ao fogo e, assim que ferver, retire do fogo imediatamente. Esprema as folhas de gelatina para retirar o excesso de líquido, junte ao ginger ale quente e mexa até dissolver completamente. Divida a mistura entre quatro forminhas de pudim com 125 ml de capacidade. Leve à geladeira por 4-5 horas para firmar.

Enquanto isso, misture a ameixa, o açúcar e 100 ml/pouco menos de ½ xícara (chá) de água em uma panela e leve ao fogo médio-alto. Quando ferver, diminua o fogo e cozinhe por cerca de 10 minutos, até a ameixa amolecer. Bata no liquidificador ou processador até obter um purê, depois passe por uma peneira fina sobre uma tigela. Cubra com filme de PVC e deixe na geladeira, com as forminhas de gelatina, até a hora de servir.

Desenforme as gelatinas em quatro pratos individuais. Regue com uma colherada do purê de ameixa. Decore com folhinhas de coentro.

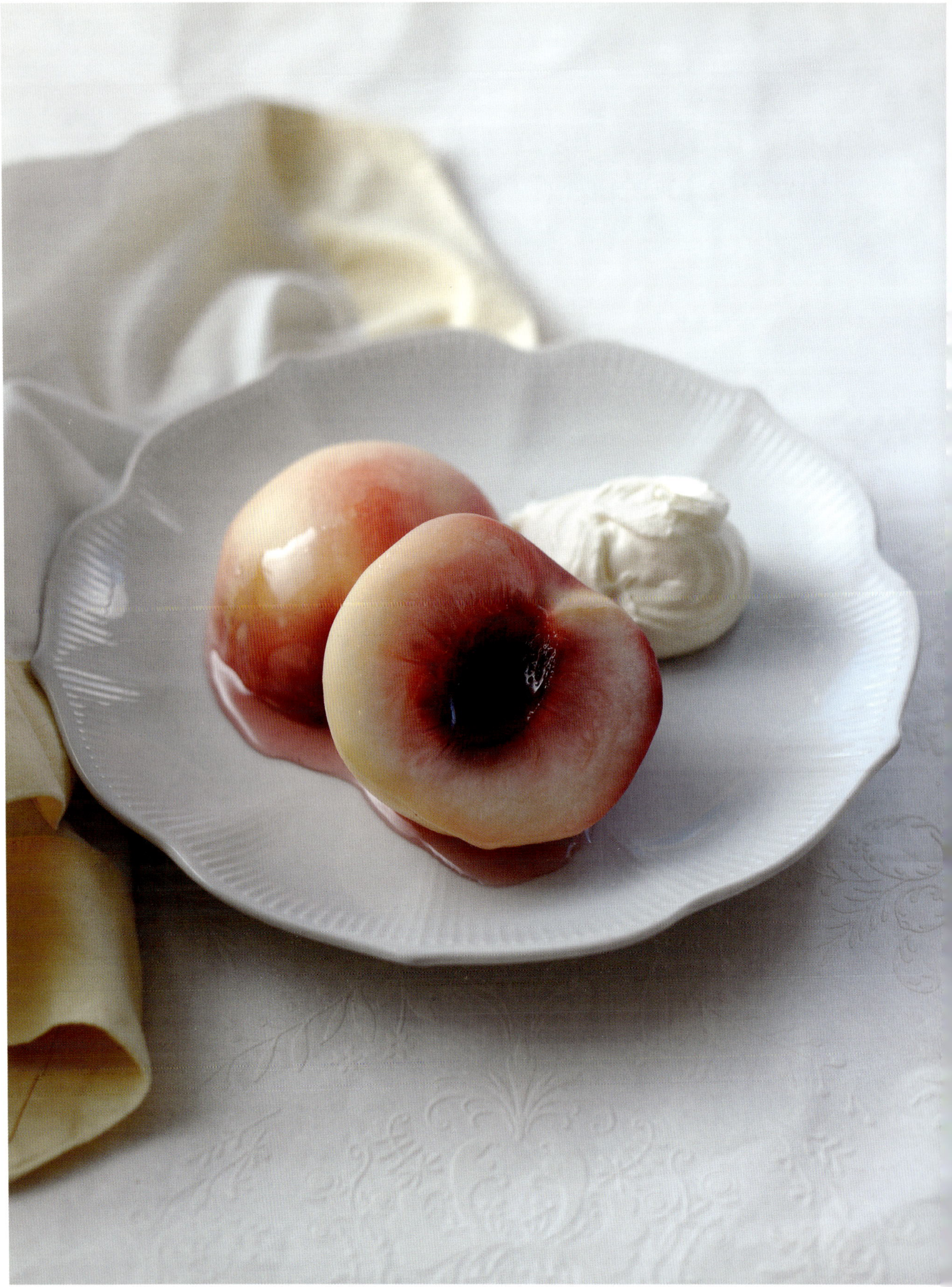

Pêssego cozido com creme de mel

TEMPO DE PREPARO: 5 minutos | TEMPO DE COZIMENTO: 25 minutos | PORÇÕES: 4

200 g/1¼ xícara (chá) de açúcar
4 pêssegos
200 ml/pouco mais de ¾ de xícara (chá) de creme de leite fresco
1 colher (sopa) de mel

PARA SERVIR
biscoito de pistache ou cantuccini (opcional)

Essa sobremesa depende da beleza da fruta, portanto só a faça quando os pêssegos, perfumados, estiverem no auge da safra. Eles podem ser servidos quentes ou frios. Para um café da manhã saudável, acompanhe com coalhada ou iogurte grego.

Misture em uma panela o açúcar e 500 ml/2 xícaras (chá) de água e deixe ferver. Corte os pêssegos ao meio, eliminando os caroços, coloque-os na calda, reduza para temperatura mínima e cozinhe por 10 minutos ou até amolecerem. Retire os pêssegos da panela e deixe a calda ferver em fogo baixo por 15 minutos até engrossar. Despeje a calda sobre os pêssegos e reserve.

Coloque o creme de leite em uma tigela e bata até formar picos macios. Adicione o mel e bata rapidamente, apenas para misturar. Sirva os pêssegos regados com a calda, com o creme de mel ao lado e, se quiser, acompanhados de biscoitos.

Torta de laranja sanguínea

TEMPO DE PREPARO: 20 minutos, mais o preparo da massa | TEMPO DE COZIMENTO: 1 hora | PORÇÕES: 8

1 receita de Massa podre (p. 202)
farinha de trigo para polvilhar
200 g/1¼ xícara (chá) de açúcar
7 ovos, mais 3 gemas (reserve um pouco de clara para pincelar)
suco e raspas de 2 limões
200 ml/pouco mais de ¾ de xícara (chá) de suco de laranja sanguínea (*)
200 ml/pouco mais de ¾ de xícara (chá) de creme de leite fresco

PARA SERVIR
creme de leite fresco batido

(*) Se a laranja sanguínea não estiver na safra, substitua por outra fruta cítrica de sua preferência.

A clássica torta de limão é uma das melhores invenções desta vida, mas eu quis fazer algo diferente. As laranjas sanguíneas são lindas, mas seu período de safra é muito curto: aproveite-o!
O resultado é uma torta cítrica mais leve, com um toque de rubor.

Preaqueça o forno a 180°C. Estenda a massa sobre uma superfície levemente enfarinhada até ficar com 3 mm de espessura e com tamanho suficiente para forrar uma fôrma de torta de 25 cm de diâmetro, deixando 2 cm de sobra de massa na borda. Com todo o cuidado, levante a massa, coloque sobre a fôrma e aperte a beirada em toda a volta até a massa ficar um pouco acima da altura da fôrma. Forre a massa com papel-manteiga e coloque sobre o fundo pesos de cerâmica ou arroz cru embrulhado em papel-alumínio.

Leve ao forno e asse por 20 minutos. Retire o papel e os pesos, fure o fundo com um garfo, pincele com clara batida e retorne ao forno por mais 5 minutos, apenas até começar a dourar. Retire do forno e diminua a temperatura para 140°C.

Em uma tigela grande, coloque o açúcar, os ovos e as gemas e bata. Adicione o suco e as raspas dos limões, o suco de laranja e o creme de leite e continue batendo até incorporar bem.

Passe o creme por uma peneira fina sobre uma jarra ou tigela para eliminar as raspas de limão e alguns grumos restantes. Despeje na massa assada e espalhe de modo que fique uma camada uniforme. Leve ao forno por mais 30 minutos ou até firmar, mas ainda estar cremosa por dentro. Deixe esfriar e apare a borda da massa com uma faca afiada para ajustá-la à altura da fôrma. Sirva com uma colherada de creme de leite batido.

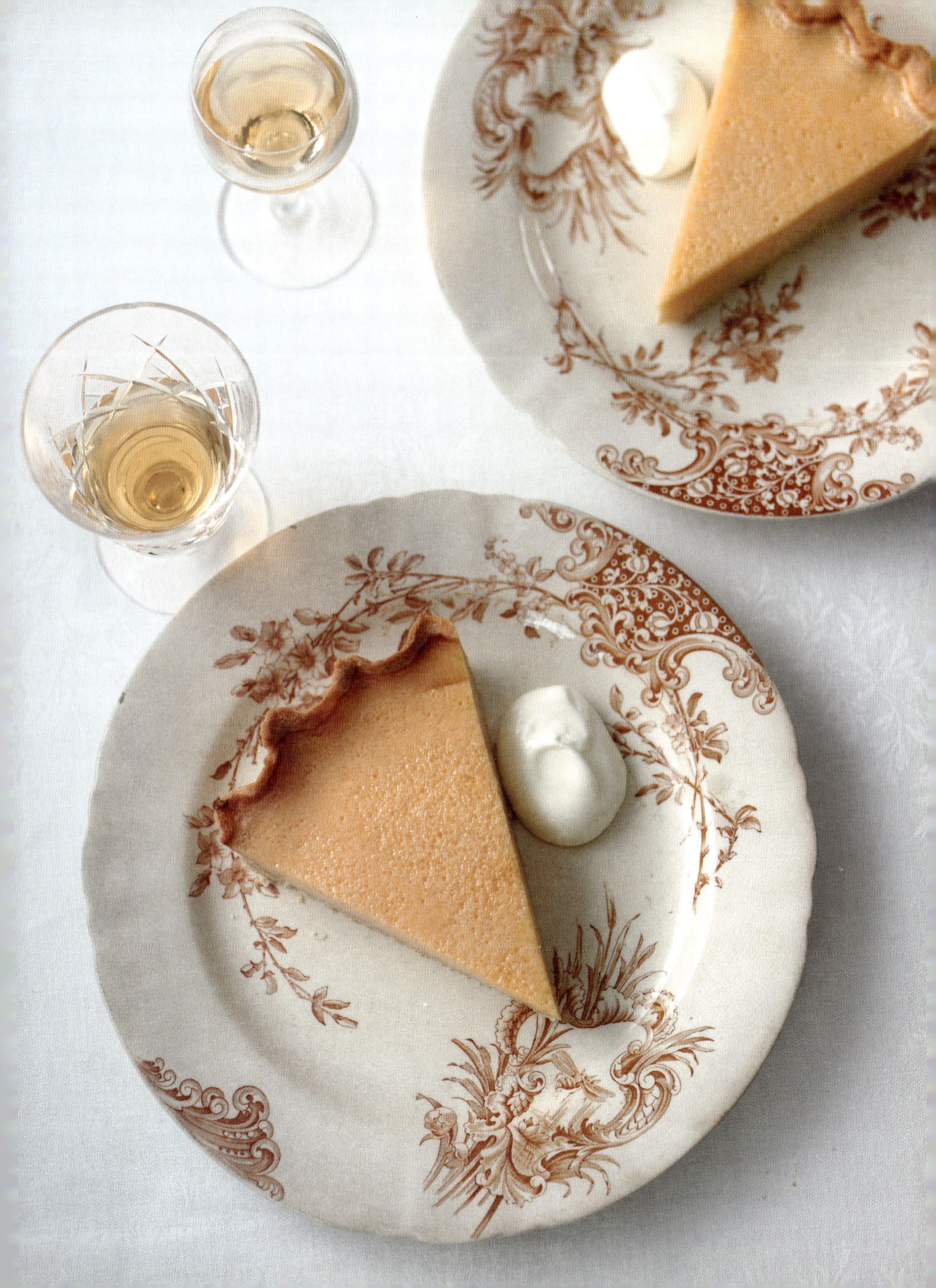

Clafoutis de nectarina e baunilha

TEMPO DE PREPARO: 15 minutos | **TEMPO DE COZIMENTO:** 30 minutos | **PORÇÕES:** 4

manteiga para untar
2 nectarinas sem caroço e cortadas em cubos
3 ovos
60 g/pouco mais de ⅓ de xícara (chá) de açúcar, mais um pouco para polvilhar
300 ml/cerca de 1¼ de xícara (chá) de leite
2 colheres (chá) de essência de baunilha
1 fava de baunilha
60 g/½ xícara (chá) de farinha do trigo com fermento (*)
uma pitada de sal marinho

(*) Se não tiver farinha de trigo com fermento, use farinha de trigo comum e adicione 1 colher (chá) de fermento em pó.

Clafoutis é uma sobremesa clássica francesa que é surpreendentemente fácil de fazer. Em geral, se usa cereja, mas adoro fazer com nectarina madura. Essa receita é excelente para aproveitar as frutas da estação, porque combina com amora e framboesa, mas é ótima também com pera e maçã.

Preaqueça o forno a 180°C. Unte com manteiga uma fôrma refratária de vidro ou cerâmica com 4 xícaras (chá) de capacidade. Arranje no fundo da fôrma os cubos de nectarina. Coloque os ovos e o açúcar em uma tigela e bata até formar um creme leve e fofo. Adicione o leite e a essência de baunilha e volte a bater até ficar homogêneo. Com uma faca afiada, abra a fava de baunilha ao meio e raspe as sementes sobre o creme batido. Bata novamente para distribuir as sementes por igual.

Peneire a farinha e o sal sobre a tigela do creme e incorpore a farinha com delicadeza até ficar perfeitamente agregada. Despeje a massa sobre a nectarina. Leve ao forno e asse por 30 minutos ou até crescer e dourar.

Retire do forno, polvilhe açúcar e sirva imediatamente. O clafoutis murchará um pouco, mas isso é normal.

Torta merengue de framboesas e pistaches

TEMPO DE PREPARO: 20 minutos, mais o preparo da massa | TEMPO DE COZIMENTO: 45 minutos | PORÇÕES: 8

500 g de framboesas ou morangos
1 receita de Massa podre (p. 202)
farinha de trigo para polvilhar
7 claras
300 g/cerca de 1 2/3 xícara (chá) de açúcar
1 colher (chá) de maisena
2 colheres (chá) de pistaches picados

Essa é uma variação rápida da adorada torta merengue de limão. As framboesas colocadas em uma massa pré-assada conferem o azedinho que contrasta com o suspiro doce e os pistaches.

Lave rapidamente as frutas e coloque-as para secar sobre papel-toalha. Preaqueça o forno a 180°C. Estenda a massa sobre uma superfície levemente enfarinhada até obter uma espessura de 3 mm e tamanho suficiente para forrar uma fôrma de fundo removível de 20 cm de diâmetro, deixando 2 cm de sobra de massa na borda. Levante cuidadosamente a massa, coloque na fôrma e estique as bordas para que fiquem mais altas do que a borda da fôrma. Forre com papel-manteiga e coloque pesos de cerâmica ou arroz cru embrulhado em papel-alumínio.

Leve ao forno e asse por 20 minutos, depois retire o papel e os pesos e fure o fundo com um garfo. Bata uma das claras com um garfo e use para pincelar o fundo da torta. Retorne ao forno por mais 5 minutos, ou apenas até começar a dourar. Retire do forno, deixe esfriar um pouco e apare a beirada da torta com uma faca afiada para que fique com a mesma altura da fôrma. Distribua as frutas lavadas sobre o fundo da torta.

Enquanto isso, bata as claras restantes com a batedeira até formarem picos macios. Adicione o açúcar aos poucos, uma colher de cada vez, batendo sem parar até todo o açúcar ter sido incorporado e o suspiro ficar espesso e brilhante. Finalmente, acrescente a maisena e volte a bater.

Coloque o suspiro às colheradas sobre as frutas na torta, deixando-o mais alto no meio para formar um pico, e espalhe o pistache. Asse por 20 minutos até o pico do merengue ficar levemente dourado. Retire do forno e deixe esfriar antes de servir à temperatura ambiente.

Pavlova de água de rosas

TEMPO DE PREPARO: 25 minutos | TEMPO DE COZIMENTO: 2 horas | PORÇÕES: 4

6 claras grandes
150 g/cerca de 1 xícara (chá) de açúcar
1 colher (chá) de maisena
1 colher (chá) de água de rosas, mais um borrifo
um fio de grenadine (ou xarope de romã)
300 ml/cerca de 1¼ de xícara (chá) de creme de leite fresco
1 colher (chá) de essência de baunilha
200 g de framboesas

PARA SERVIR
pétalas de rosa (opcional)

Adoro sobremesas que combinariam perfeitamente em um cenário de conto de fadas. Essa pavlova, exuberante com creme aromatizado com água de rosas, framboesas e merengue crocante, é um sucesso e tanto. Para completar, também tem um sabor mágico.

Preaqueça o forno a 140°C e forre duas assadeiras com papel-manteiga. Bata as claras até obter picos macios. Adicione o açúcar, uma colher de cada vez, batendo até o suspiro ficar espesso e brilhante. Acrescente a maisena, a água de rosas e o grenadine e bata bem até ficar homogêneo.

Com uma colher, passe o suspiro para um saco de confeitar e faça um disco de 20-25 cm em cada uma das assadeiras forradas. Use o restante do suspiro para formar suspiros pequenos em torno dos discos. Leve as assadeiras ao forno e asse por 1h30. Retire os suspiros pequenos do forno e deixe esfriar. Continue assando os discos por mais 30 minutos, depois retire do forno e deixe esfriar.

Quando os discos estiverem frios, bata o creme de leite com um borrifo de água de rosas e a essência de baunilha até obter picos macios.

Coloque um dos discos de suspiro em uma travessa e cubra com metade do creme e a maioria das framboesas. Cubra com o segundo disco e espalhe o creme restante. Decore com as framboesas restantes e os suspiros pequenos. Para terminar, espalhe pétalas de rosa (elas são comestíveis).

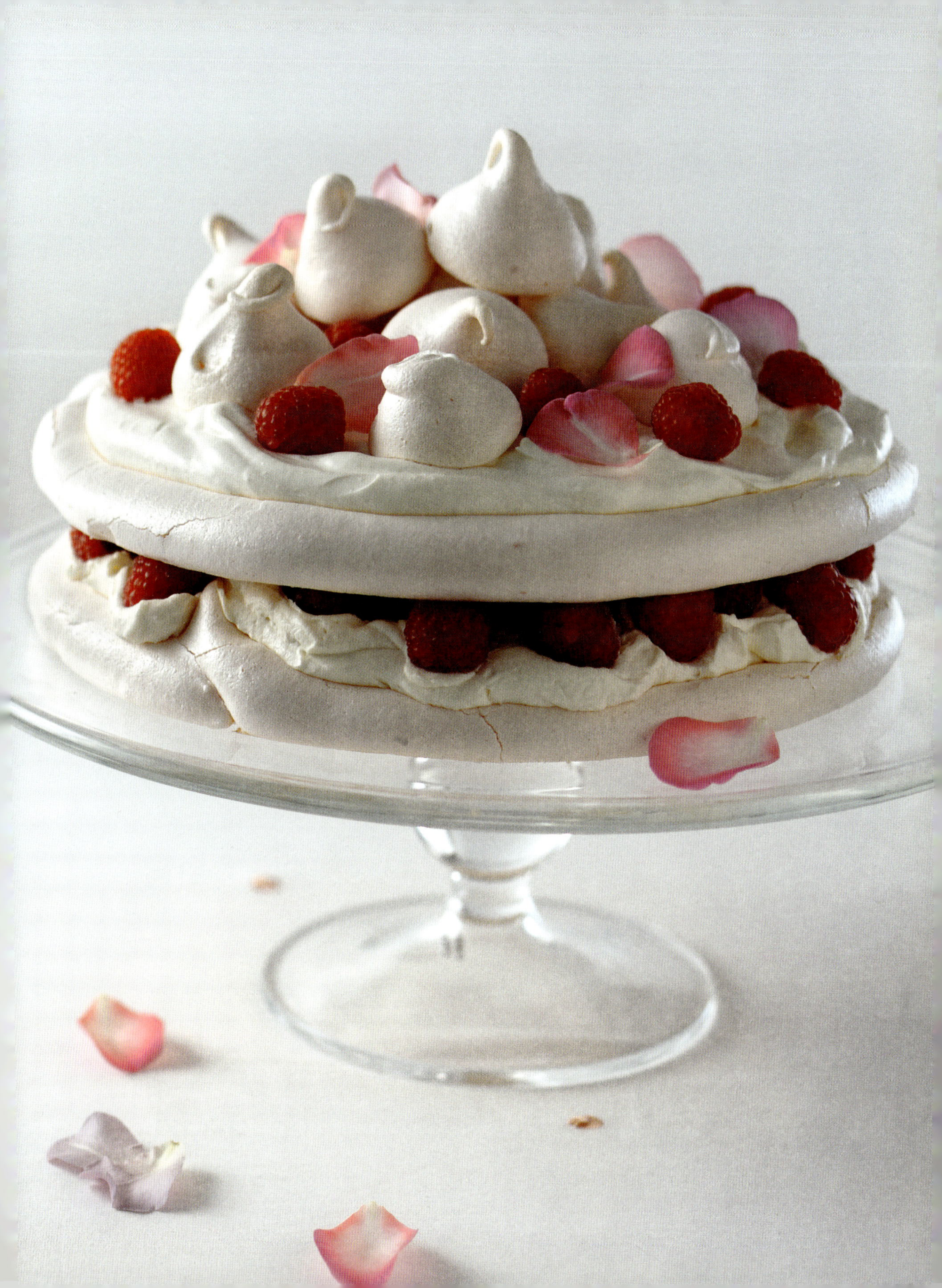

Torres de queijo de cabra, marmelada e aipo

TEMPO DE PREPARO: 15 minutos | TEMPO DE COZIMENTO: 15 minutos | PORÇÕES: 4

1 baguete bem fina
1 colher (chá) de azeite
400 g de queijo de cabra sem casca
1 colher (sopa) de creme de leite fresco
pimenta-do-reino moída na hora
200 g de marmelada
100 g de folhinhas bem tenras de aipo

Às vezes, o que eu desejo não é uma sobremesa, mas também não tenho vontade de servir a tradicional tábua de queijos e biscoitos. Essa receita é especial para esses dias: finas camadas de queijo de cabra cremoso, lascas de marmelada e delicadas folhinhas de aipo.

Preaqueça o forno a 200°C. Corte a baguete na diagonal em doze fatias bem finas e compridas, coloque em uma assadeira e regue com um fio de azeite. Leve ao forno e asse por 10-15 minutos até ficarem bem douradas. Retire do forno e deixe esfriar.

Enquanto isso, coloque o queijo de cabra e o creme de leite em uma tigela e bata até adquirir uma consistência ideal para usar em um saco de confeitar. Tempere com pimenta-do-reino. Corte a marmelada em fatias finas de tamanho igual ao das fatias de baguete.

Com uma colher, passe a mistura de queijo para o saco de confeitar e espalhe 1 colher (chá) bem cheia sobre cada fatia de baguete. Coloque uma fatia de marmelada sobre o queijo de cabra, depois arranje outra fatia de pão, adicione mais queijo e outra fatia de marmelada. Repita o processo mais uma vez, terminando com um pouquinho de queijo e ¼ das folhinhas de salsão. Faça as três torres restantes da mesma forma e sirva.

Tortinhas de queijo sfakianas

TEMPO DE PREPARO: 45 minutos, mais 1 hora para crescer | TEMPO DE COZIMENTO: 40 minutos | PORÇÕES: 8

1 ovo
55 ml/pouco menos de ¼ de xícara (chá) de azeite
500 g/4 xícaras (chá) de farinha de trigo, mais um pouco para polvilhar
1 colher (chá) de sal
500 g de queijo mizithra (*)
óleo para fritar

PARA SERVIR
mel
folhas de tomilho
flores comestíveis (opcional)

(*) O queijo mizithra é típico da ilha de Creta. Se não o encontrar, substitua nessa receita por ricota.

Essas tortinhas, famosas em Creta, são feitas em uma área remota do sul da ilha. Dominar a técnica de fazer essa massa fininha com queijo no meio, servida com um fio de mel, é algo muito sério na culinária. Não consegui resistir a incluí-las neste livro.

Coloque em uma jarra o ovo, o azeite e 125 ml/½ xícara (chá) de água e bata com um fouet. Peneire a farinha e o sal em uma tigela grande, faça uma cova no centro da farinha e despeje a mistura da jarra. Com as mãos, vá incorporando os ingredientes secos aos molhados até obter uma massa lisa. Cubra com um pano de prato úmido e deixe descansar em um lugar aquecido por 1 hora.

Divida a massa em oito pedaços e role cada um sobre uma superfície levemente enfarinhada para fazer uma bolinha. Com o rolo, abra cada uma formando um disco. Divida o queijo em oito pedaços e coloque um no centro de cada disco. Dobre as beiradas da massa para dentro e embrulhe o queijo até ficar completamente revestido.

Preaqueça o forno a 150°C e coloque uma assadeira para aquecer. Pegue um pacotinho, aperte para achatar e depois, com o máximo de cuidado para o queijo não sair, estenda com o rolo no formato de uma panqueca fina até ficar do tamanho de um pires, virando a massa enquanto estende. Repita com os pacotinhos restantes.

Para fritar as tortinhas, aqueça um pouco de óleo em duas frigideiras em fogo médio e frite uma tortinha em cada frigideira por cerca de 5 minutos de cada lado até dourar. Mantenha-as aquecidas no forno enquanto frita as restantes.

Para servir, regue com um fio de mel, salpique folhas de tomilho e, se quiser, flores comestíveis.

Camembert recheado com cogumelos selvagens e trufas

TEMPO DE PREPARO: 20 minutos, mais 1 hora para gelar e 30 minutos de descanso | PORÇÕES: 4

30 g de cogumelos selvagens secos (*)
100 g de cream cheese
2 colheres (chá) de azeite trufado
sal marinho e pimenta-do-reino moída na hora
250 g de queijo camembert

PARA SERVIR
biscoitos cream crackers ou grissini

(*) Funghi porcini secos, por exemplo.

Eu costumava fazer uma versão dessa receita em um dos restaurantes estrelados do Michelin onde trabalhei quando era adolescente. É uma combinação sensacional de cogumelos selvagens, trufas e queijo. Sentimos seu aroma de longe.

Coloque os cogumelos em uma tigela refratária e cubra com água fervente. Deixe de molho por 10 minutos, depois escorra, pique muito bem e retorne-os à tigela.

Adicione o cream cheese e o azeite trufado e tempere com sal e pimenta. Misture bem até os ingredientes ficarem perfeitamente agregados.

Corte o camembert ao meio no sentido horizontal e coloque o recheio entre as duas metades. Embrulhe em filme de PVC e leve à geladeira por 1 hora.

Retire o camembert da geladeira pelo menos 30 minutos antes de servir para que volte à temperatura ambiente. Sirva com biscoitos cream crackers ou grissinis bem crocantes.

*Se você fosse comprar esse prato em uma delicatessen,
custaria uma fortuna!*

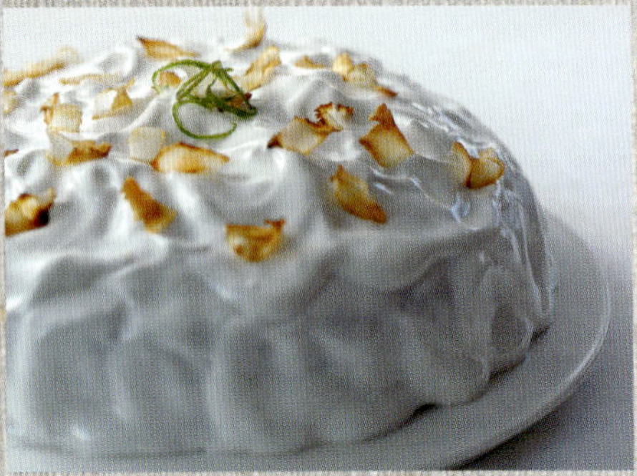
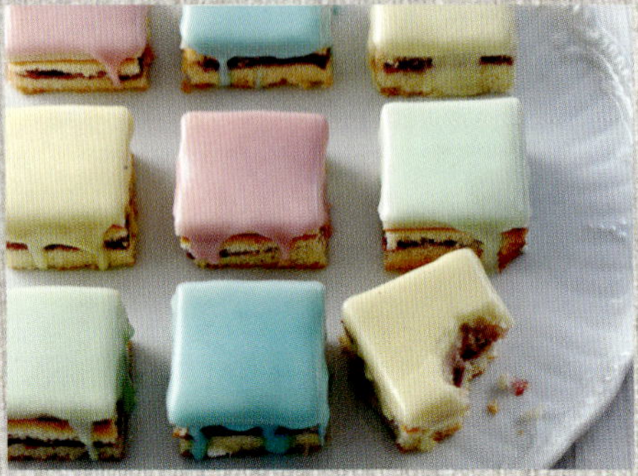
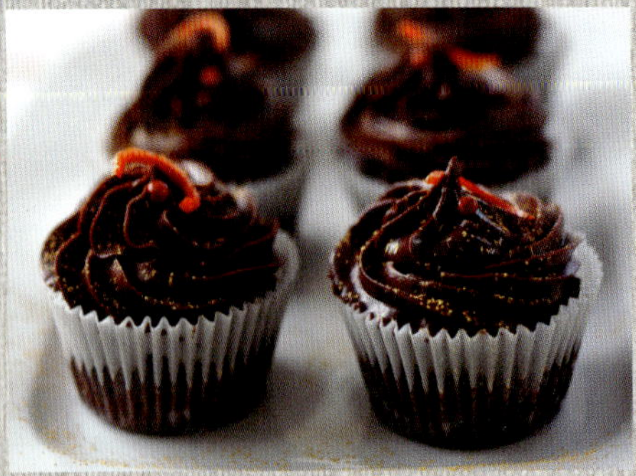
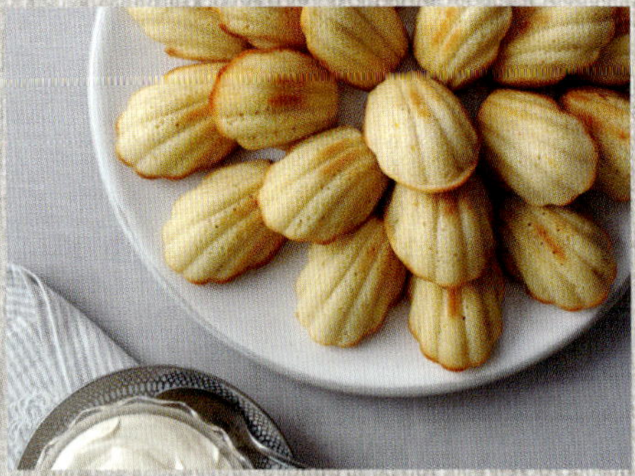

Confeitaria

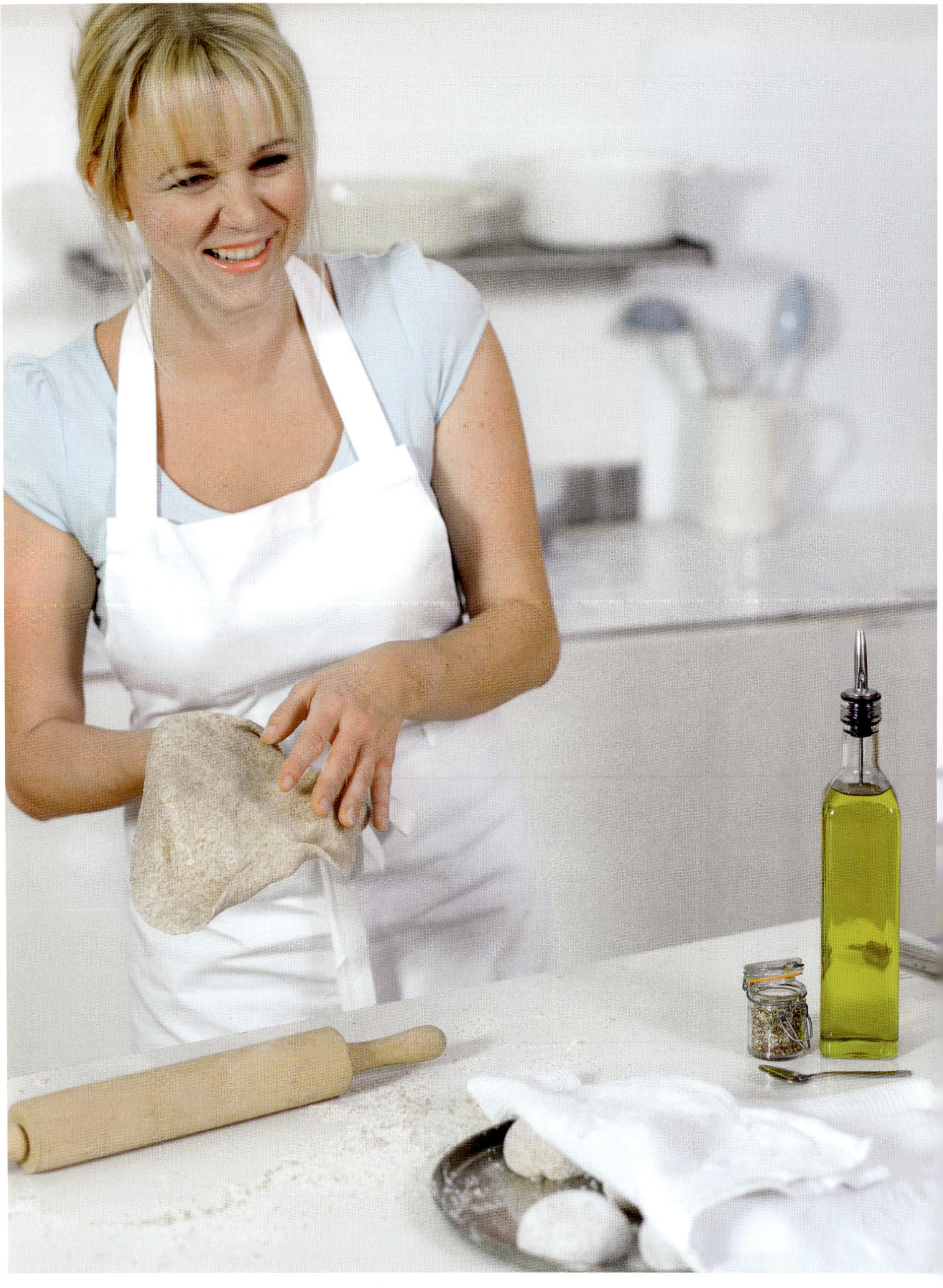

Pão sírio com za'atar

TEMPO DE PREPARO: 40 minutos, mais 2h30 para crescer | TEMPO DE COZIMENTO: 1h05 | PORÇÕES: 8

1 colher (chá) de fermento biológico seco
360 g/3 xícaras (chá) de farinha de trigo integral
150 g/1¼ xícara (chá) de farinha de trigo, mais um pouco para polvilhar
1 colher (chá) de sal marinho fino
1 colher (sopa) de maisena

MISTURA DE ZA'ATAR (*)
2 colheres (sopa) de sementes de gergelim torradas
2 colheres (chá) de tomilho seco
2 colheres (chá) de tomilho fresco picado
2 colheres (chá) de sumagre
1 colher (chá) de cristais de sal marinho

(*) O za'atar é um tempero composto de ervas e especiarias muito utilizado na culinária árabe.

Dissolva o fermento em 250 ml/1 xícara (chá) de água morna em uma jarrinha. Peneire a farinha integral e a farinha comum em uma tigela grande, acrescente os resíduos que ficaram na peneira e adicione o sal.

Faça uma cova no meio das farinhas, despeje o fermento e vá incorporando os ingredientes secos com as mãos até formar uma massa mole – se ficar muito seca, acrescente mais 1-2 colheres (sopa) de água. Vire a massa sobre uma superfície levemente enfarinhada e sove por 5-10 minutos, ou até ficar lisa e elástica. Faça uma bola com a massa, coloque em uma tigela levemente enfarinhada, cubra com um pano de prato úmido e deixe crescer em lugar aquecido por 1h30-2 horas ou até dobrar de volume.

Enquanto isso, misture todos os ingredientes do za'atar e reserve.

Sove a massa para tirar as bolhas de ar, coloque-a em uma superfície enfarinhada e modele no formato de um rolo comprido. Divida em oito pedaços iguais, forme uma bola com cada um e role-as na maisena até ficarem recobertas. Arrume as bolas em uma travessa ligeiramente polvilhada com farinha, cubra com um pano de prato úmido e deixe crescer em lugar aquecido por mais 30 minutos.

Em uma superfície limpa, aperte algumas vezes uma das bolas de massa com a palma da mão e gire um pouco depois de cada pressão. Passe a massa de uma mão para a outra em movimentos rápidos para estendê-la. Volte a colocar na superfície e abra com o rolo para deixá-la o mais fina possível. Repita com as bolas restantes.

Aqueça uma frigideira antiaderente grande em fogo médio e coloque o pão por 5 minutos até dourar por baixo. Vire-o, espalhe 1 colher (chá) de za'atar e deixe por mais 3 minutos, ou até ficar bem cozido. Repita com os pães restantes, empilhando-os sob um pano de prato úmido à medida que vão sendo cozidos para mantê-los aquecidos.

Pão de fubá com pimenta e coentro

TEMPO DE PREPARO: 15 minutos | TEMPO DE COZIMENTO: 20 minutos | PORÇÕES: 4

125 g de manteiga derretida, mais um pouco para untar
125 g/¾ de xícara (chá) de açúcar
2 ovos
280 ml/pouco menos de 1¼ de xícara (chá) de leitelho(*)
½ colher (chá) de bicarbonato de sódio
250 g/2 xícaras (chá) de farinha de trigo com fermento(**)
250 g/1 ⅔ xícara (chá) de fubá mimoso
½ colher (chá) de sal
1 colher (sopa) de pimenta jalapeño em conserva bem picada
um punhado pequeno de folhas de coentro picadas
125 g de cheddar ralado

(*) Se não encontrar, substitua por iogurte natural desnatado. Para cada xícara (chá), acrescente 1 colher (sopa) de suco de limão.

(**) Ou use farinha de trigo comum e 2 colheres (sopa) de fermento em pó.

O pão de fubá foi um dos primeiros que aprendi a fazer quando era criança, e sua deliciosa cremosidade o mantém entre os meus preferidos. Há muitos tipos de pão de milho, mas esse é simples e rápido e deve ser comido ainda morno. Experimente adicionar sabores, como bacon, pimentas, diferentes variedades de queijo etc.

Preaqueça o forno a 180°C e unte bem com manteiga uma fôrma de 33 cm x 20 cm. Bata a manteiga derretida e o açúcar em uma tigela grande, depois adicione os ovos, um de cada vez, batendo bem após cada adição.

Em uma tigela separada, misture o leitelho e o bicarbonato de sódio e junte à mistura de ovos. Peneire a farinha por cima, acrescente o fubá e o sal e incorpore bem até agregar os ingredientes secos. Adicione a pimenta picada, o coentro e o cheddar ralado.

Despeje a massa na fôrma preparada, leve ao forno e asse por 20 minutos, ou até o pão crescer e dourar. Retire do forno e deixe esfriar na fôrma por alguns minutos. Corte em fatias e sirva morno.

Pão integral com aveia

TEMPO DE PREPARO: **15 minutos** | TEMPO DE COZIMENTO: **30 minutos** | RENDE: **1 pão**

- 250 g/cerca de 2 xícaras (chá) de farinha de trigo integral
- 200 g/cerca de 1²/₃ xícara (chá) de farinha de trigo, mais um pouco para polvilhar
- 50 g/cerca de ²/₃ de xícara (chá) de flocos de aveia
- 1 colher (chá) de bicarbonato de sódio
- 1 colher (chá) de açúcar
- 1 colher (chá) de sal
- 50 g de manteiga derretida
- 400 ml/pouco mais de 1½ xícara (chá) de leitelho (p. 180)

Esse pão também é rápido de fazer. É uma delícia servi-lo quentinho com manteiga e geleia no café da manhã. Acrescentei aveia para dar mais textura e aumentar a quantidade de fibras, que lhe darão a sensação de saciedade por mais tempo.

Preaqueça o forno a 180°C. Coloque em uma tigela grande a farinha integral e a farinha comum, a aveia, o bicarbonato de sódio, o açúcar e o sal e misture.

Misture a manteiga derretida e o leitelho em uma jarra. Faça uma cova no meio dos ingredientes secos e despeje a mistura de leitelho, aos poucos, amassando com as mãos até obter uma massa homogênea. Não sove demais.

Coloque a massa sobre uma superfície levemente enfarinhada e molde um pão redondo. Faça uma cruz profunda na superfície, polvilhe um pouco de farinha e passe para uma assadeira. Asse por 30 minutos, até ficar dourado-escuro. Retire do forno e deixe esfriar sobre uma grade. Sirva morno.

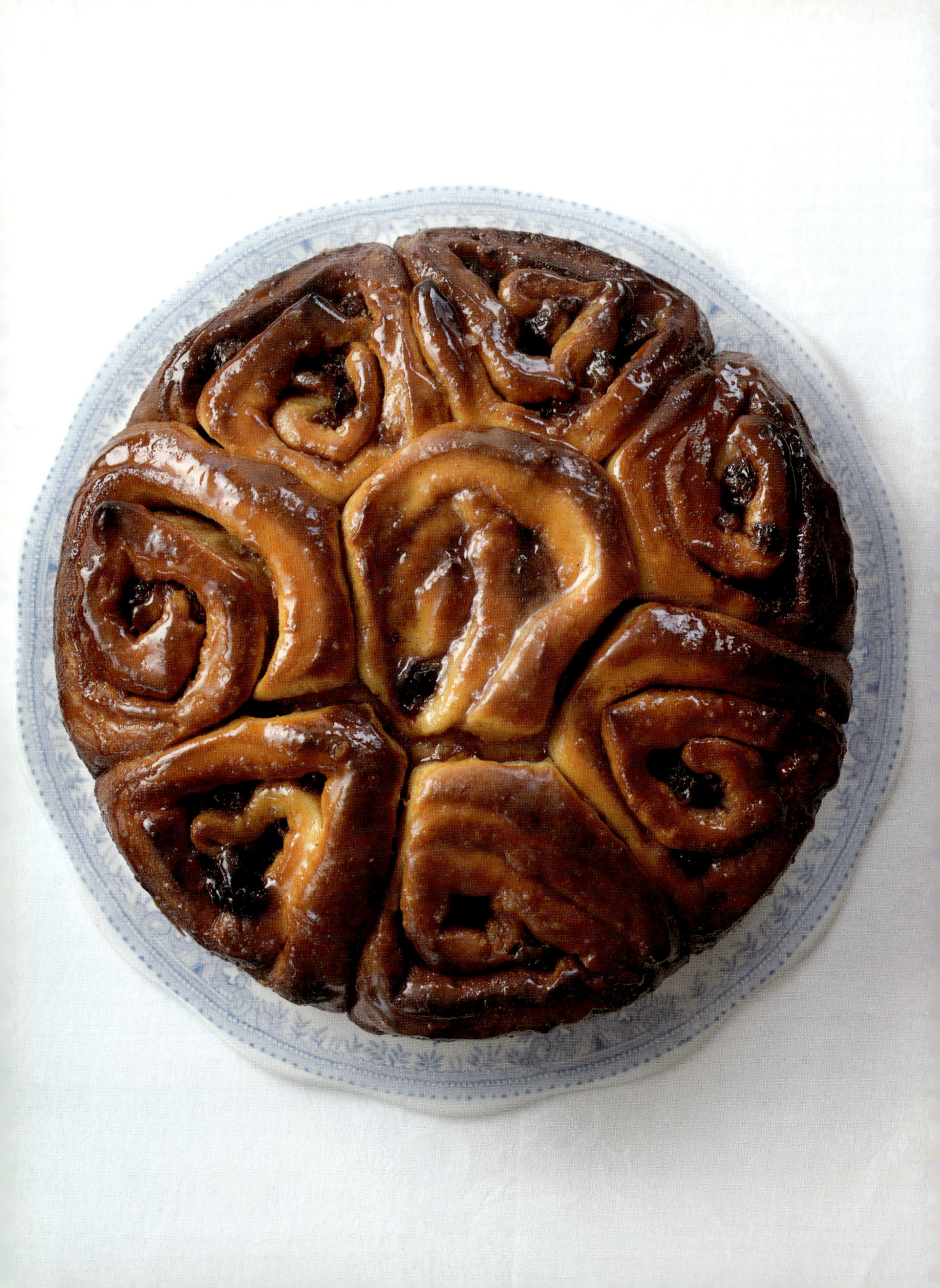

Pão doce de canela e tâmara

TEMPO DE PREPARO: 30 minutos, mais 2h30 para crescer | TEMPO DE COZIMENTO: 25 minutos | PORÇÕES: 8

300 ml/1¼ de xícara (chá) de leite
1 colher (sopa) de fermento biológico seco
4 ovos
100 g/cerca de ⅔ de xícara (chá) de açúcar
100 g de manteiga derretida
800 g/cerca de 6⅔ xícaras (chá) de farinha de trigo, mais um pouco para polvilhar

RECHEIO
2 colheres (sopa) de canela em pó
1 colher (chá) de cardamomo em pó
200 g de tâmaras picadas
100 g /cerca de ⅔ de xícara (chá) de açúcar demerara
1 colher (chá) de essência de baunilha
200 g de manteiga

CALDA
1 colher (chá) de canela em pó
200 g /1¼ de xícara (chá) de açúcar

O aroma da canela nesse pão doce parece exercer um efeito hipnótico. No lugar da costumeira uva-passa, preferi usar tâmaras, acrescentei um toque de cardamomo e arrematei com uma calda para dar brilho.

Aqueça o leite até amornar. Retire a panela do fogo, polvilhe o fermento e deixe-o descansar até dissolver.

Em uma tigela, misture os ovos, o açúcar e a manteiga, acrescente o leite morno com fermento e volte a misturar. Peneire a farinha em uma tigela grande, faça uma cova no meio e despeje a mistura de ovos. Trabalhando com as mãos, incorpore os ingredientes secos até obter uma massa rústica, que gruda nas mãos. Passe-a para uma superfície enfarinhada e sove por 5 minutos, ou até ficar lisa e elástica.

Coloque a massa em uma tigela limpa, cubra com um pano de prato úmido e deixe crescer em lugar aquecido por 1h30-2 horas, ou até dobrar de volume. Enquanto isso, em uma tigela, misture todos os ingredientes do recheio, exceto a manteiga. Derreta a manteiga, despeje na tigela e misture bem. Reserve.

Sove a massa para eliminar as bolhas de ar, vire-a sobre uma superfície enfarinhada e trabalhe-a. Estenda até ficar com 1 cm de espessura, espalhe o recheio e enrole como rocambole. Corte o rolo em pedaços de 5 cm e arranje--os, com a parte cortada para cima, em uma fôrma redonda de 25 cm de diâmetro. Cubra com um pano de prato úmido e deixe crescer por 30 minutos.

Preaqueça o forno a 200°C. Asse o pão doce por 20 minutos até crescer e ficar bem dourado. Enquanto isso, misture em uma panela a canela, o açúcar e 100 ml /cerca de ½ xícara (chá) de água e leve para ferver. Diminua para temperatura mínima e ferva por 10 minutos, até engrossar um pouco. Quando o pão estiver assado, retire-o do forno e regue com a calda em fio. Deixe esfriar na fôrma antes de servir.

Bombas com creme de flor de laranjeira

TEMPO DE PREPARO: 25 minutos, mais tempo para gelar | TEMPO DE COZIMENTO: 35 minutos | PORÇÕES: 14

óleo para untar
75 g/²/₃ de xícara (chá) de farinha de trigo, mais um pouco para polvilhar
50 g de manteiga
2 ovos batidos
200 ml/pouco mais de ¾ de xícara (chá) de creme de leite fresco
50 g/cerca de ½ xícara (chá) de açúcar de confeiteiro
1½ colher (chá) de água de flor de laranjeira

GLACÊ
200 g/cerca de 1½ xícara (chá) de açúcar de confeiteiro

PARA DECORAR
folha de ouro comestível (opcional)

Essas bombas foram inspiradas por uma sobremesa do Oriente Médio chamada *atayef bi ashta*, que é servida durante o Ramadã, depois do pôr do sol. Adoro o creme perfumado feito com água de flor de laranjeira e acrescentei a folha de ouro como um luxuoso toque arábico.

Preaqueça o forno a 200°C. Unte e enfarinhe uma assadeira. Em uma panela, coloque a manteiga e 150 ml/cerca de ²/₃ de xícara (chá) de água e espere ferver.

Diminua o fogo para médio e, mexendo vigorosamente, adicione toda a farinha de uma só vez. Mexa até formar uma pasta macia e a manteiga derretida começar a subir à superfície. Retire do fogo e junte os ovos batidos, aos poucos, até a massa ficar lisa e com consistência para cair em gotas. Deixe esfriar.

Coloque a massa em um saco de confeitar com bico liso de 2 cm. Forme tiras de massa de 8 cm na assadeira, deixando espaço entre elas porque, ao assar, as bombas dobram de tamanho. Asse por 30 minutos até ficarem bem douradas.

Retire as bombas do forno, fure as extremidades com um espeto para liberar o vapor e deixe esfriar sobre uma grade.

Para fazer o recheio, bata o creme de leite e o açúcar de confeiteiro até formar picos firmes e acrescente a água de flor de laranjeira. Coloque recheio em um saco de confeitar com bico liso, fure a base de cada bomba com o bico e recheie. Faça isso no máximo 1 hora antes de servir, para que a massa das bombas não amoleça. Leve à geladeira.

Para fazer o glacê, misture o açúcar de confeiteiro e 1 colher (sopa) de água. Mergulhe a parte superior das bombas no glacê ou espalhe-o com uma espátula. Deixe firmar e, se quiser, salpique pedacinhos de ouro comestível.

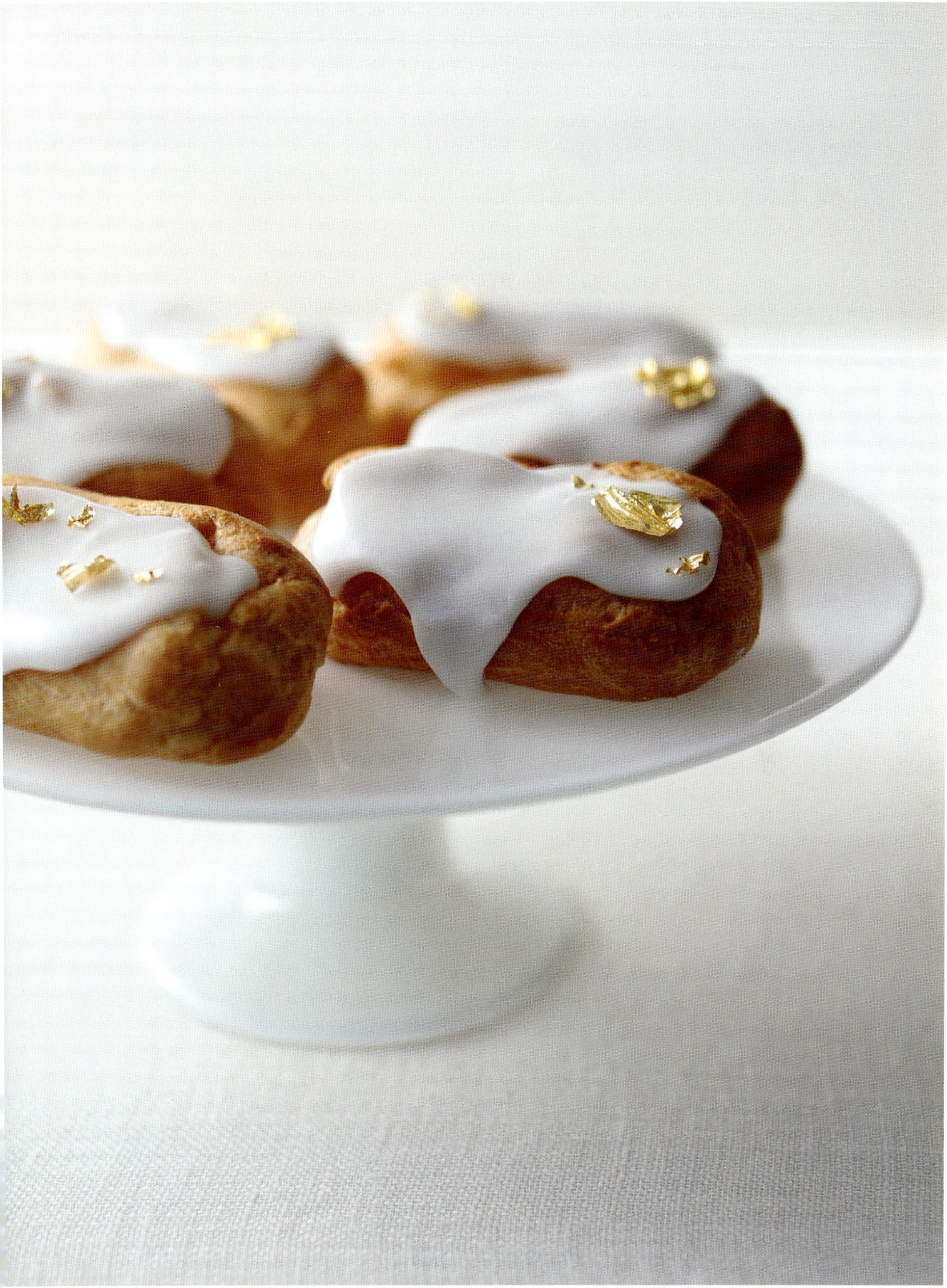

Quadradinhos com glacê colorido

TEMPO DE PREPARO: 1 hora | TEMPO DE COZIMENTO: 50 minutos | PORÇÕES: 16

50 g de manteiga derretida e fria, mais um pouco para untar
4 ovos
100 g/cerca de ⅔ de xícara (chá) de açúcar
½ colher (chá) de essência de amêndoa
50 g/cerca de ⅓ de xícara (chá) de fubá mimoso
50 g/pouco mais de ⅓ de xícara (chá) de farinha de trigo com fermento (p. 168)
75 g de geleia de framboesa aquecida
150 g de marzipã
açúcar de confeiteiro para polvilhar

GLACÊ
500 g/4 xícaras (chá) de açúcar impalpável para fondant
corante alimentício nas cores rosa, verde, azul e amarelo

Preaqueça o forno a 180°C. Unte uma fôrma quadrada de 20 cm de lado e forre com papel-manteiga. Quebre os ovos em uma tigela refratária grande, acrescente o açúcar e acomode sobre uma panela com água fervente, tomando cuidado para o fundo da tigela não tocar a água. Bata com o mixer por 5-8 minutos até a mistura dobrar de volume.

Retire a tigela do fogo, adicione a manteiga e a essência de amêndoa e misture bem. Em seguida, incorpore delicadamente o fubá e a farinha. Despeje a massa na fôrma preparada.

Asse por 30-40 minutos até dourar levemente. Ao fazer o teste, o palito deve sair limpo. Retire do forno e desenforme sobre uma grade para esfriar completamente. Quando o bolo estiver frio, corte-o ao meio e recheie as duas partes com a geleia e feche, formando um "sanduíche". Reserve 1 colher (sopa) da geleia. Apare as bordas e corte em dezesseis quadrados de 5 cm de lado.

Estenda o marzipã em uma superfície levemente polvilhada com açúcar de confeiteiro até ficar com 3 mm de espessura e espalhe a geleia reservada em uma camada uniforme. Corte o marzipã em dezesseis quadrados que se ajustem à superfície dos quadrados de bolo e coloque um pedaço sobre cada um, com o lado da geleia para baixo.

Para fazer o glacê, misture o açúcar impalpável com água quente suficiente para resultar em um glacê espesso. Divida o glacê em quatro tigelinhas e adicione algumas gotas de corante a cada uma para fazer coberturas coloridas em tons pastel. Cubra as tigelinhas com filme de PVC para impedir a formação de película sobre o glacê.

Coloque uma grade sobre uma assadeira e acomode nela os quadradinhos. Retire o filme de PVC das tigelinhas de glacê. Escolha uma das cores para começar e aplique a cobertura em quatro quadradinhos, usando uma espátula para alisar nas laterais. Repita a operação com as outras cores de glacê e com os quadradinhos restantes. Deixe firmar antes de servir.

Esses encantadores quadradinhos coloridos são perfeitos para o chá da tarde.

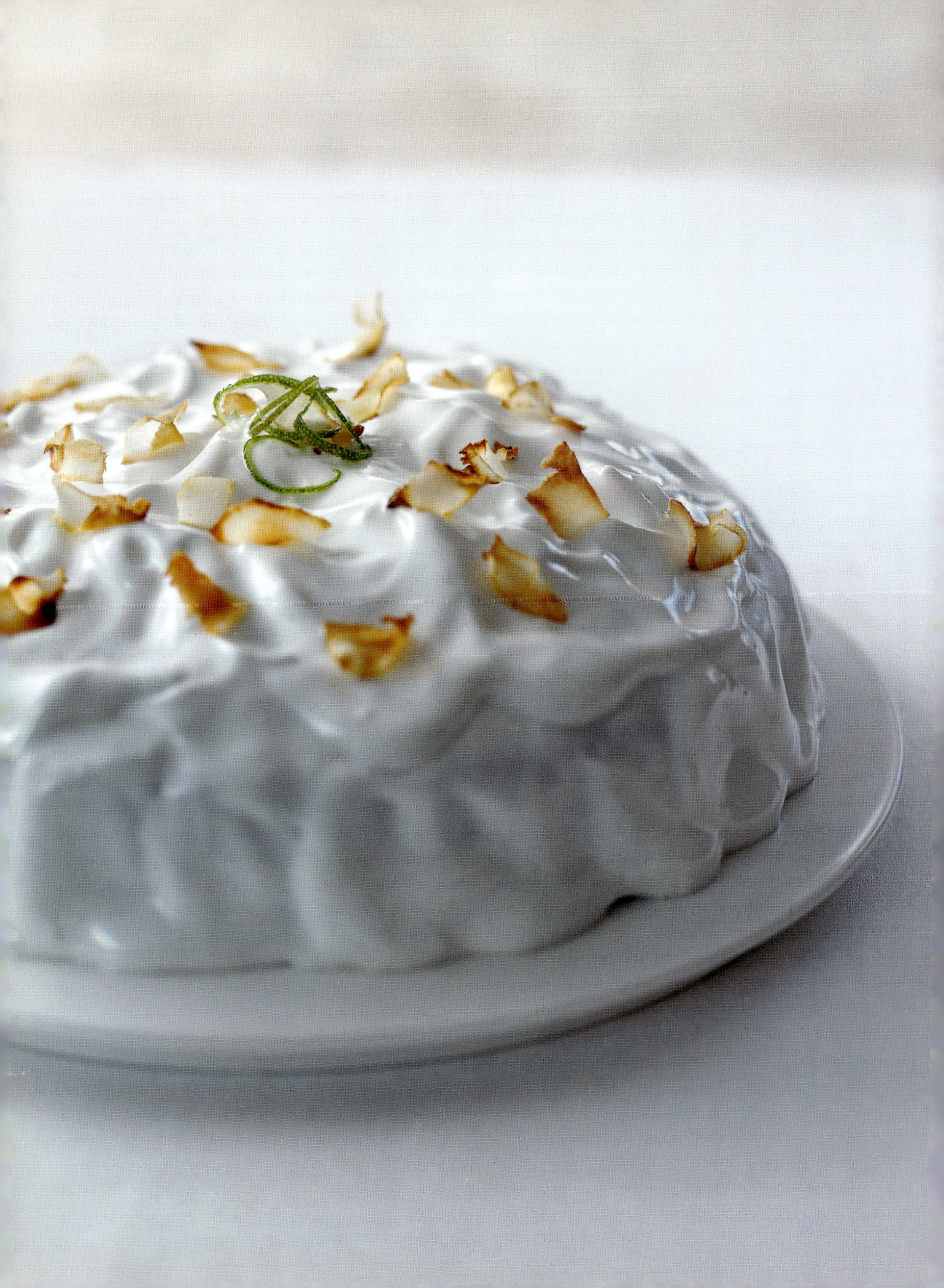

Bolo de coco e limão

TEMPO DE PREPARO: 25 minutos, mais o tempo para fazer as lascas de coco | TEMPO DE COZIMENTO: 35 minutos | PORÇÕES: 8

225 g de manteiga amolecida, mais um pouco para untar
225 g/1⅓ de xícara (chá) de açúcar
4 ovos
raspas de 1 limão
150 g de coco ralado fresco
3 colheres (sopa) de leite de coco
225 g/cerca de 1¾ de xícara (chá) de farinha de trigo com fermento (p. 168)

GLACÊ
200 g/1¼ de xícara (chá) de açúcar
2 claras
1 colher (sopa) de rum ou Malibu (rum com coco)

PARA DECORAR
25 g de coco em lascas tostado (p. 154)
tirinhas de casca de limão

Coco e limão são uma combinação de sabores perfeita para a massa desse bolo. O glacê é leve e fofo, como uma nuvem.

Preaqueça o forno a 180°C. Unte uma fôrma de 23 cm de diâmetro e forre com papel-manteiga. Bata a manteiga e o açúcar em uma tigela até obter um creme claro e fofo.

Em outra tigela, bata os ovos com um fouet, depois acrescente ao creme, um pouco de cada vez, batendo muito bem após cada adição para evitar que talhem. Junte as raspas de limão, o coco ralado, o leite de coco e, por último, incorpore delicadamente a farinha.

Despeje a massa na fôrma preparada e asse por 30 minutos, ou até dourar. Ao fazer o teste, o palito deve sair limpo. Retire do forno e desenforme sobre uma grade para esfriar por completo antes de cobrir com o glacê.

Para fazer o glacê, coloque em uma panela o açúcar e 4 colheres (sopa) de água, leve ao fogo e mexa para dissolver. Espere levantar fervura e ferva por 4 minutos para formar uma calda. Enquanto isso, bata as claras até formar picos firmes. Adicione a calda às claras em um fio lento e constante, batendo sem parar, até que o suspiro fique espesso e brilhante. Por fim, misture o rum.

Corte o bolo ao meio no sentido horizontal e coloque a parte inferior em um prato de servir. Espalhe uma camada do glacê quente e coloque por cima a metade superior. Cubra toda a superfície do bolo com o glacê restante. Decore com as lascas de coco tostadas e as tirinhas de casca de limão. Deixe esfriar completamente antes de servir.

Bolo rico de chocolate sem farinha

TEMPO DE PREPARO: 20 minutos, mais 45 minutos para esfriar | TEMPO DE COZIMENTO: 35 minutos | PORÇÕES: 8

225 g de manteiga amolecida, mais um pouco para untar
200 g de chocolate meio amargo com 50% de cacau
4 ovos, claras e gemas separadas
200 g/1¼ de xícara (chá) de açúcar ou frutose
1 colher (chá) de cristais de sal marinho
1 colher (chá) de essência de baunilha

PARA SERVIR
250 ml/1 xícara (chá) de creme de leite fresco

Tento não comer muito trigo e derivados, e tenho vários clientes que pensam da mesma maneira, por isso aqui está a receita desse bolo sem farinha, embora seja rico em gordura. Sugiro também o uso de frutose como uma opção mais saudável. Sirva com uma colherada de creme de leite batido.

Preaqueça o forno a 160°C. Unte uma fôrma redonda de 15 cm de diâmetro e forre com papel-manteiga. Derreta o chocolate e a manteiga em banho-maria em fogo baixo, mexendo de vez em quando. Reserve.

Bata as gemas com metade do açúcar até obter um creme claro e espesso.

Bata as claras até formar picos macios, depois vá acrescentando o açúcar restante, uma colher de cada vez, e o sal, batendo sem parar até o suspiro ficar espesso e brilhante.

Adicione ao creme de gemas o chocolate derretido e a essência de baunilha. Por último, incorpore delicadamente o suspiro até ficar homogêneo.

Despeje a massa na fôrma preparada e asse por 30 minutos, ou até ficar firme ao toque. Ao fazer o teste, o palito deve sair limpo. Retire do forno e desenforme sobre uma grade para esfriar por completo.

Bata o creme de leite fresco até engrossar ligeiramente. Sirva o bolo à temperatura ambiente, ou gelado, se preferir uma textura mais densa, com uma colherada de creme de leite batido.

Cupcakes de limão com merengue

TEMPO DE PREPARO: 25 minutos | TEMPO DE COZIMENTO: 20 minutos | PORÇÕES: 10

110 g de manteiga amolecida
110 g/cerca de ²/₃ de xícara (chá) de açúcar
2 ovos
1 colher (chá) de essência de baunilha
100 g/cerca de ¾ de xícara (chá) de farinha de trigo com fermento (p. 168)
½ colher (chá) de fermento em pó
2 colheres (sopa) de leite
100 g de lemon curd(*)

MERENGUE
2 claras
115 g/cerca de ¾ de xícara (chá) de açúcar

(*) O lemon curd é um creme tipicamente inglês, à base de suco de limão, ovos e manteiga. Pode ser encontrado no setor de importados dos supermercados. Se quiser fazer em casa, misture 6 colheres (sopa) de leite condensado e 1 colher (sopa) de suco de limão. Bata bem e leve ao micro-ondas por 40 segundos.

Os cupcakes são muito populares, e tenho visto combinações realmente malucas. Aqui, a simples junção do bolo macio com o recheio de lemon curd e a cobertura de merengue deixa o cupcake bonito e delicioso.

Preaqueça o forno a 180°C e forre uma fôrma de muffins de doze cavidades com forminhas de papel. Bata a manteiga com o açúcar até obter um creme claro e fofo.

Bata os ovos em outra tigela e depois, pouco a pouco, adicione-os ao creme de manteiga, batendo bem após cada adição para evitar que a massa talhe. Acrescente a essência de baunilha.

Peneire a farinha e o fermento sobre o creme e incorpore-os delicadamente. Por último, adicione o leite. Coloque a massa nas forminhas com uma colher, enchendo-as até dois terços da capacidade. Asse por 10 minutos, ou até os cupcakes crescerem e dourarem.

Retire os cupcakes do forno, mas não desligue. Deixe esfriarem ligeiramente, depois, com uma colher (chá), retire um pouco de bolo abrindo uma cavidade no centro da superfície, e preencha com 1-2 colheres (chá) de lemon curd.

Para fazer o suspiro, bata as claras em neve até formar picos macios. Vá acrescentando o açúcar aos poucos, batendo sem parar, até o suspiro ficar espesso e brilhante.

Coloque o suspiro em um saco de confeitar com bico liso e modele uma espiral cobrindo o lemon curd. Leve os cupcakes de volta ao forno por 10 minutos para dourar ligeiramente o glacê. Deixe esfriar para servir.

Cupcakes de chocolate à moda dos maias

TEMPO DE PREPARO: 25 minutos | **TEMPO DE COZIMENTO:** 25 minutos | **PORÇÕES:** 12

110 g de manteiga amolecida
110 g/¾ de xícara (chá) de açúcar mascavo
100 g de chocolate com 70% de cacau
2 ovos
1 colher (chá) de essência de baunilha
1 pimenta vermelha sem sementes e bem picada
100 g/¾ de xícara (chá) de farinha de trigo com fermento (p. 168)
½ colher (chá) de fermento em pó
1 colher (chá) de canela em pó
1 colher (chá) de pimenta-da-jamaica em pó
1 colher (chá) de raspas de laranja
2 colheres (sopa) de leite

COBERTURA
300 ml/1¼ xícara (chá) de creme de leite fresco
200 g de chocolate com 70% de cacau picado
1 colher (sopa) de mel

PARA DECORAR
12 tirinhas de pimenta vermelha
12 grãos de pimenta-rosa
canela em pó para polvilhar
ouro em pó comestível para polvilhar (opcional)

Para fazer a cobertura, coloque o creme de leite em uma panela em fogo médio, espere ferver e retire imediatamente do fogo. Adicione o chocolate e mexa até dissolver completamente. Acrescente o mel e deixe esfriar por 45 minutos-1 hora, até ganhar consistência para ser usado em um saco de confeitar.

Enquanto a cobertura esfria, faça os cupcakes. Preaqueça o forno a 180°C e forre uma fôrma de muffins de doze cavidades com forminhas de papel. Bata a manteiga e o açúcar até formar um creme claro e fofo.

Enquanto isso, derreta o chocolate em banho-maria em fogo baixo. Como alternativa, derreta o chocolate no micro-ondas, em toques de 1 minuto, verificando o ponto a cada parada.

Bata os ovos em outra tigela e junte ao creme de manteiga, um pouco de cada vez, batendo bem após cada adição para evitar que a massa talhe. Acrescente a essência de baunilha, o chocolate derretido e a pimenta e volte a bater.

Peneire a farinha, o fermento em pó, a canela e a pimenta-da-jamaica sobre a tigela, adicione as raspas de laranja e incorpore delicadamente os ingredientes secos. Por último, misture o leite.

Com uma colher, coloque a massa na fôrma de muffins preparada, enchendo cada forminha até dois terços da altura. Asse por 10 minutos ou até os bolinhos crescerem e ficarem macios ao toque. Retire do forno e coloque sobre uma grade para esfriar completamente.

Com o saco de confeitar e o bico pitanga, espalhe a cobertura nos cupcakes. Pouco antes de servir, decore com 1 tirinha de pimenta vermelha e 1 pimenta-rosa, e polvilhe canela e ouro em pó comestível, se quiser.

Os maias veneravam o chocolate e o combinavam magicamente com pimenta e especiarias.

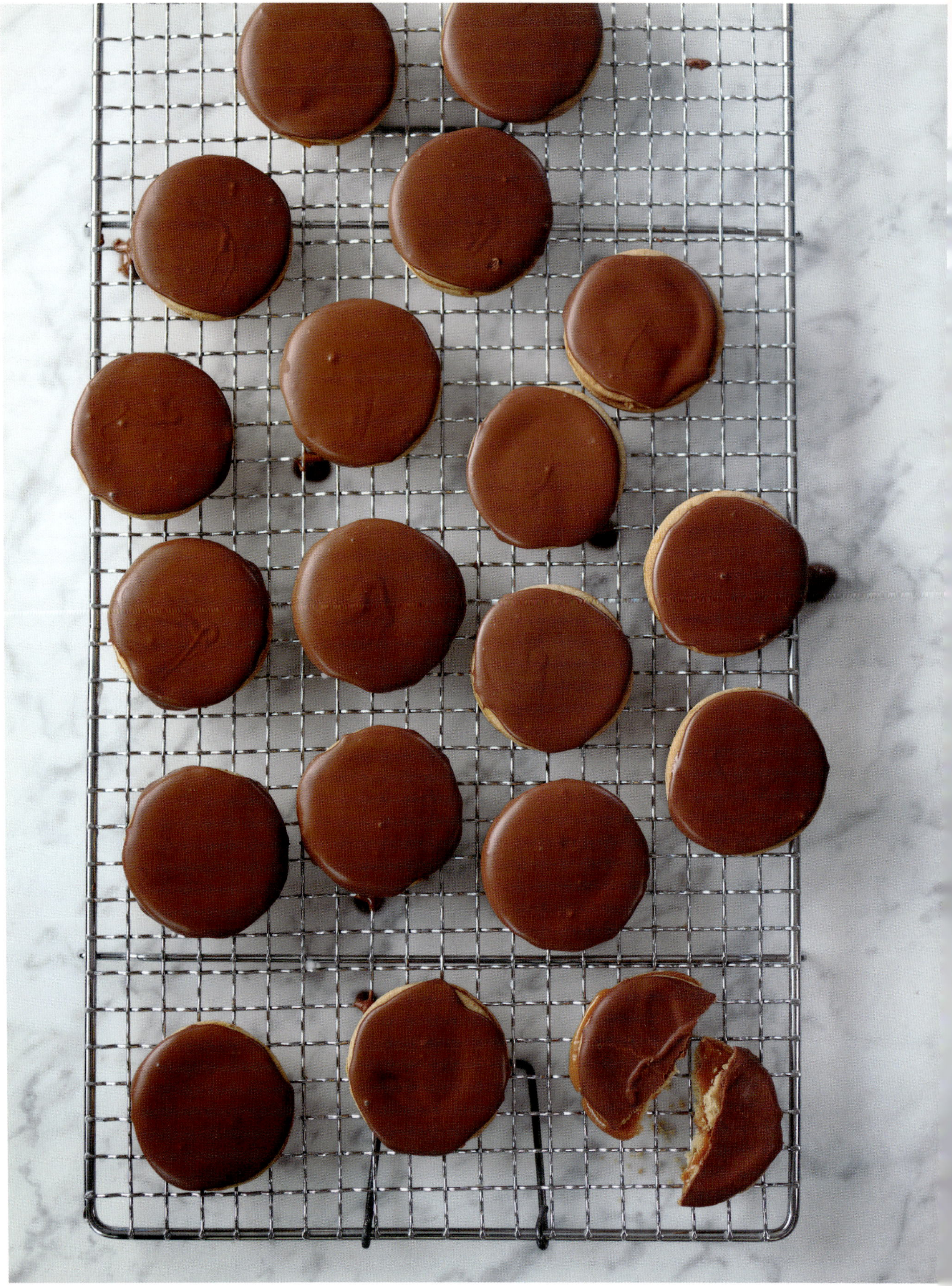

Alfajores recheados com doce de leite

TEMPO DE PREPARO: 25 minutos, mais 30 minutos para gelar | TEMPO DE COZIMENTO: 20 minutos | RENDE: 20

225 g de manteiga amolecida
115 g/cerca de ⅔ de xícara (chá) de açúcar demerara
2 gemas
300 g/cerca de 2⅔ xícaras (chá) de farinha de trigo peneirada, mais um pouco para polvilhar
150 g de doce de leite
sal marinho fino (opcional)
400 g de chocolate ao leite picado

Biscoitos amanteigados que desmancham na boca, com recheio de doce de leite e cobertura de chocolate... o que mais posso dizer? São os biscoitos perfeitos.

Preaqueça o forno a 160°C e forre duas assadeiras com papel-manteiga. Bata a manteiga e o açúcar até obter um creme claro e fofo. Acrescente as gemas, uma de cada vez, batendo bem após cada adição.

Junte a farinha e misture apenas até começar a formar uma pasta. Não mexa demais, caso contrário, a massa ficará dura depois de assada. Forme uma bola com a massa, embrulhe em filme de PVC e deixe na geladeira por 30 minutos.

Estenda a massa gelada sobre uma superfície levemente enfarinhada até ficar com 5 mm de espessura. (A massa tem muita manteiga, por isso será mais fácil estendê-la em lotes.) Com um cortador de massa de 5,5 cm de diâmetro, recorte 40 círculos e arrume nas assadeiras preparadas. Asse por 10-15 minutos até ficarem ligeiramente dourados. Retire do forno e acomode-os em uma grade para esfriar.

Quando os biscoitos esfriarem, forme "sanduíches", de dois em dois, com uma colherada de doce de leite. Mantenha-os sobre a grade. Se quiser, antes de juntar os biscoitos, polvilhe um pouco de sal marinho sobre o doce de leite.

Derreta o chocolate em banho-maria em fogo baixo. Como alternativa, derreta o chocolate no micro-ondas, em toques de 1 minuto, verificando o ponto a cada parada.

Com todo o cuidado, despeje o chocolate derretido na superfície dos biscoitos. Deixe esfriar, transfira para outra grade e leve à geladeira para firmar.

Madeleines de mel com creme de chá

TEMPO DE PREPARO: 20 minutos, mais uma noite para gelar | TEMPO DE COZIMENTO: 10 minutos | RENDE: 24

4 ovos
100 g/²/₃ de xícara (chá) de açúcar de confeiteiro
2 colheres (sopa) de mel
1 colher (chá) de raspas de laranja
1 colher (chá) de essência de baunilha
200 g/1½ de xícara (chá) de farinha de trigo peneirada
½ colher (chá) de fermento em pó
250 g de manteiga derretida, mais um pouco para untar

CREME DE CHÁ
1 colher (chá) de folhas de chá Earl Grey
200 g/cerca de ¾ de xícara (chá) de creme de leite fresco
25 g/3 colheres (sopa) de açúcar de confeiteiro

As madeleines ficaram famosas na literatura de Marcel Proust, na qual memórias do autor eram evocadas por elas. Você logo entenderá por quê – elas perfumam a casa com seu delicioso aroma amanteigado e ficam ainda mais gostosas se forem servidas mornas. Na Grécia, eu as servia com tangerina em calda.

Bata os ovos e o açúcar de confeiteiro até dobrar o volume e obter um creme claro e fofo.

Adicione o mel, as raspas de laranja e a essência de baunilha. Acrescente a farinha e o fermento em pó e misture até ficarem bem incorporados. Por último, junte a manteiga derretida. Transfira a massa para um recipiente limpo, cubra com filme de PVC e deixe na geladeira de um dia para o outro.

Preaqueça o forno a 180°C e pincele com manteiga uma fôrma de madeleines com 24 cavidades (ou duas de doze). Com uma colher, coloque a massa até preencher ¾ da altura das cavidades. Leve ao forno e asse por 10 minutos até dourarem. Retire do forno e desenforme sobre uma grade para amornar.

Para fazer o creme de chá, faça uma infusão das folhas em 3 colheres (sopa) de água fervente e deixe esfriar. Bata o creme de leite e o açúcar de confeiteiro até formar picos firmes. Coe a infusão sobre o creme batido e volte a bater até ficar homogêneo. Sirva acompanhando as madeleines.

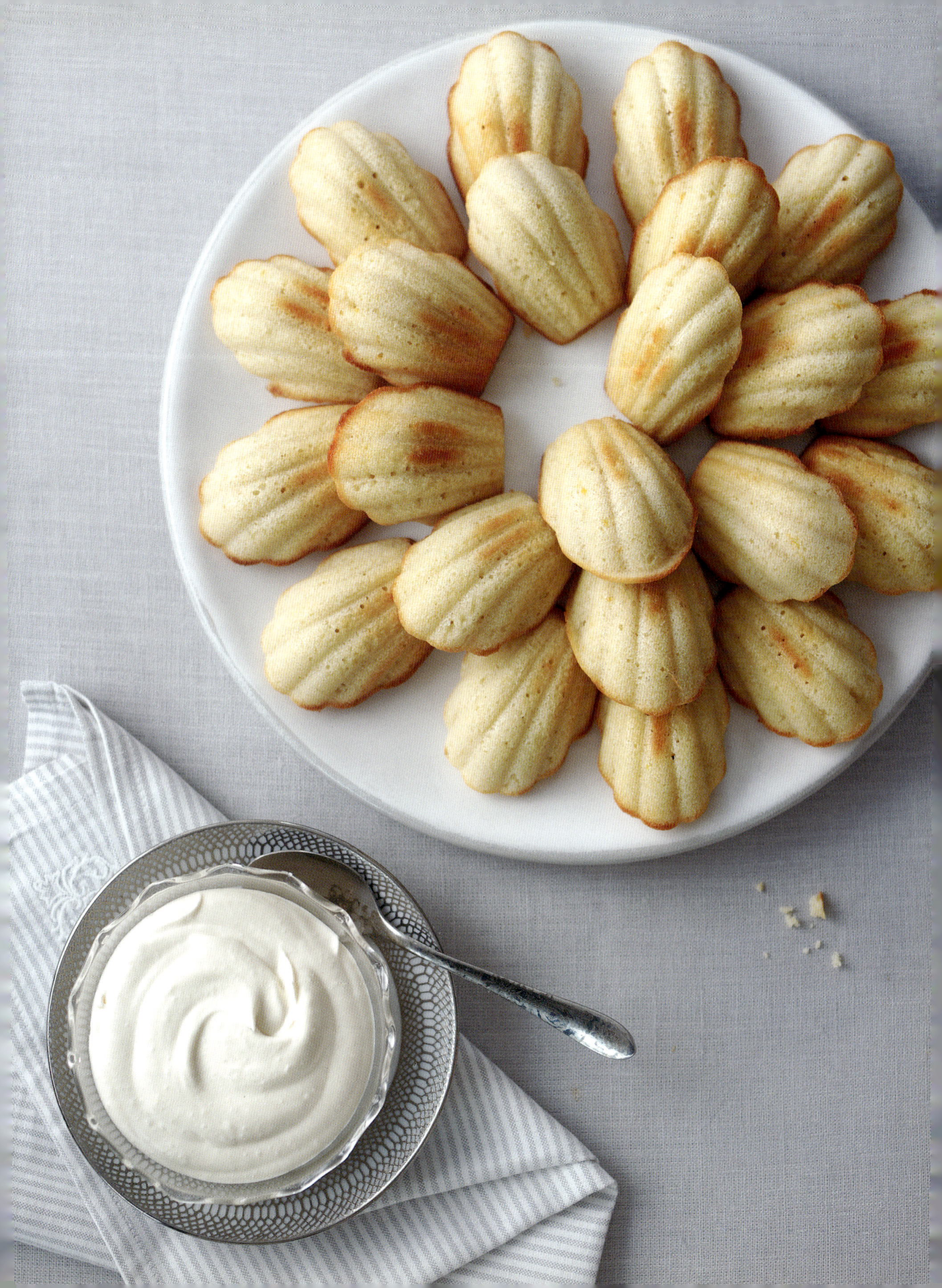

Receitas básicas

Estas receitas fazem parte do preparo de algumas das receitas principais deste livro ou como acompanhamentos. Também constituem uma seleção de deliciosas opções práticas que combinam com pratos que você já faz em casa, desde uma pizza ou uma massa, até carnes e vegetais grelhados.

Molho barbecue

TEMPO DE PREPARO: 5 minutos | TEMPO DE COZIMENTO: 50 minutos | RENDE: 500 ml/2 xícaras (chá)

- 1 colher (chá) de óleo
- 2 echalotas grandes (ou 1 cebola média) picadas
- 500 ml/2 xícaras (chá) de ketchup
- 150 ml/$^2/_3$ de xícara (chá) de vinagre de maçã
- 2 colheres (sopa) de melado
- 200 g/1 xícara (chá) de açúcar mascavo
- 1 colher (chá) de pimenta-de-caiena
- 2 colheres (chá) de sal de aipo
- 2 colheres (chá) de mostarda inglesa

Aqueça o óleo em uma panela em fogo médio, adicione a echalota picada e refogue com a panela tampada por 8 minutos ou até amaciar e ficar transparente. Adicione os demais ingredientes e misture bem.

Quando ferver, reduza para temperatura mínima e deixe cozinhar lentamente, mexendo de vez em quando, por 30-40 minutos até ficar espesso e brilhante. Não fique tentada a aumentar o fogo, pois, devido à grande quantidade de açúcar, o molho queimará muito rápido.

O molho pode ser conservado em vidro hermeticamente fechado por 2-3 semanas.

Dip picante

TEMPO DE PREPARO: 5 minutos

- 1 pimenta vermelha muito bem picada
- 1 pedaço de 2,5 cm de gengibre bem picado
- 1 colher (sopa) de shoyu
- 1 colher (chá) de molho de peixe
- 1 colher (chá) de mirin
- 1 colher (sopa) de vinagre

Coloque todos os ingredientes em uma tigela e bata até ficar homogêneo.

Esse dip pode ser conservado em vidro hermeticamente fechado por 2-3 dias.

Maionese

TEMPO DE PREPARO: 10 minutos | RENDE: 300 ml/1¼ xícara (chá)

2 gemas
1 colher (sopa) de vinagre de vinho branco
1 colher (chá) de mostarda de Dijon
225 ml/cerca de 1 xícara (chá) de óleo vegetal
5 colheres (chá) de azeite
suco de limão a gosto
uma pitada de pimenta-de-caiena
sal marinho
2 dentes de alho muito bem picados (opcional)

Coloque as gemas, o vinagre e a mostarda no liquidificador ou processador e bata até formar um creme bem claro. Com o aparelho em funcionamento, despeje bem devagar primeiro o óleo vegetal e, em seguida, o azeite. Se adicionar os óleos rapidamente, a maionese poderá talhar.

Quando todo o óleo e o azeite estiverem incorporados, adicione o suco de limão e a pimenta-de-caiena e tempere com sal a gosto.

Para fazer a maionese com alho, bata os dentes de alho com as gemas.

A maionese pode ser conservada na geladeira em frasco hermeticamente fechado por até 4 dias.

Molho de iogurte

TEMPO DE PREPARO: 5 minutos | RENDE: 300 ml/1¼ xícara (chá)

200 g/pouco mais de ¾ de xícara (chá) de iogurte natural
1 dente de alho muito bem picado
1 colher (chá) de mel
1 colher (sopa) de tahine

Coloque todos os ingredientes em uma jarra ou tigela e misture até ficarem perfeitamente combinados.

Esse molho se conserva por 1 dia, no máximo, na geladeira, mas é melhor se usado logo após o preparo.

Sambal de abacaxi e pimenta

TEMPO DE PREPARO: 10 minutos | PORÇÕES: 4

1 echalota em fatias bem finas
1 pimenta vermelha sem sementes e cortada em fatias bem finas
300 g de abacaxi cortado em pedaços pequenos

Coloque todos os ingredientes em uma tigela e misture bem.

O sambal (p.110) deve ser consumido no mesmo dia do preparo.

Pasta de curry

TEMPO DE PREPARO: 5 minutos

5 cm de gengibre picado
2 echalotas grandes
4 dentes de alho
1 pimenta vermelha sem sementes
2,5 cm de galangal(*) descascado e fatiado
½ colher (chá) de cúrcuma
½ colher (chá) de cominho em pó
½ colher (chá) de coentro em pó
½ colher (chá) de pimenta vermelha em pó
2 colheres (sopa) de leite de coco

Bata todos os ingredientes no liquidificador ou processador até obter uma pasta bem lisa.

É melhor consumir a pasta de curry no mesmo dia do preparo, mas pode ser conservada na geladeira, em vidro hermeticamente fechado, por 2-3 dias.

(*) O galangal é uma raiz da família do gengibre, mas com aroma mais picante, usado na culinária asiática. Se não o encontrar, aumente a quantidade de gengibre.

Chutney rápido de tomate

TEMPO DE PREPARO: 5 minutos | TEMPO DE COZIMENTO: 40 minutos | RENDE: 600 g/cerca de 2½ xícaras (chá)

1 cebola picada
800 g/2 latas de tomate pelado picado
1 colher (chá) de sementes de mostarda amarela
½ colher (chá) de páprica
200 g/cerca de 1 xícara (chá) de açúcar mascavo
150 ml/⅔ de xícara (chá) de vinagre de vinho branco
½ colher (chá) de sal marinho

Misture todos os ingredientes em uma panela grande e leve ao fogo. Quando ferver, reduza para temperatura mínima e deixe cozinhar, mexendo de vez em quando, por 40 minutos, ou até reduzir e ficar espesso e brilhante. Retire do fogo e deixe esfriar.

O chutney pode ser conservado na geladeira, em frasco hermeticamente fechado, por 2-3 semanas.

Pão de hambúrguer

TEMPO DE PREPARO: 30 minutos, mais 4 horas para crescer | **TEMPO DE COZIMENTO:** 40 minutos | **RENDE:** 8 pães

- 3 colheres (sopa) de leite morno
- 1 colher (chá) de açúcar
- 2 colheres (chá) de fermento biológico seco
- 450 g/cerca de 3$^{2/3}$ xícaras (chá) de farinha de trigo, mais um pouco para polvilhar
- 1 colher (chá) de sal
- 2 colheres (sopa) de manteiga
- 1 ovo e 1 gema
- sementes de gergelim para salpicar

Em uma tigela pequena, coloque o leite morno, 250 ml/1 xícara (chá) de água morna, o açúcar e o fermento, misture bem e deixe descansar por 5 minutos. Peneire a farinha e o sal em uma tigela grande, adicione a manteiga e vá incorporando aos ingredientes secos com a ponta dos dedos até obter uma farofa fina. Faça uma cova no meio.

Bata o ovo ligeiramente, junte à mistura do fermento e despeje na cova. Trabalhe misturando o seco com o líquido até obter uma massa rústica que gruda nas mãos. Coloque a massa em uma superfície enfarinhada e sove por cerca de 10 minutos ou até ficar lisa e elástica.

Coloque a massa em uma tigela untada com óleo e vire para que toda a massa fique untada. Cubra com um pano de prato úmido e deixe crescer em lugar aquecido por 1h30-2 horas, ou até a massa dobrar de volume.

Unte uma assadeira com óleo e enfarinhe-a ou forre-a com papel-manteiga. Sove a massa para eliminar as bolhas de ar, passe para uma superfície enfarinhada e sove por mais 5 minutos. Divida a massa em oito partes iguais, sove mais um pouco e modele pãezinhos redondos. Arrume-os na assadeira deixando um espaço de 5 cm, no mínimo, entre eles. Cubra com um pano de prato e deixe descansar por 1h30-2 horas. Não apresse essa etapa: os pães precisam crescer bastante para não ficarem duros.

Preaqueça o forno a 180°C e coloque uma assadeira cheia de água fervente na base do forno: isso criará umidade e manterá a crosta do pão macia. Pincele os pães com a gema e salpique sementes de gergelim. Asse por 30-40 minutos, até ficarem bem dourados, depois transfira para uma grade e deixe esfriar.

Note que, para a minha receita Sanduíche de lagosta com maionese (p. 66), você terá de moldar a massa com formato de pães de cachorro-quente.

Pão sírio

TEMPO DE PREPARO: 15 minutos, mais 15 minutos de geladeira | TEMPO DE COZIMENTO: 15 minutos | RENDE: 4

400 g/cerca de 3¼ xícaras (chá) de farinha de trigo, mais um pouco para polvilhar
1 ovo batido
250 g/1 xícara (chá) de iogurte natural
3 colheres (sopa) bem cheias de azeite, mais para untar
sal marinho

Coloque todos os ingredientes na tigela da batedeira e instale o batedor de gancho para massas. Bata até obter uma massa lisa. Passe para uma tigela levemente untada, cubra com filme de PVC e leve à geladeira por 15 minutos, no mínimo. Se preferir, faça a massa no dia anterior e deixe na geladeira de um dia para o outro.

Para fazer os pães sírios, preaqueça o forno a 180°C. Estenda a massa sobre uma superfície levemente enfarinhada, divida em quatro partes (ou mais, se desejar pães de tamanho menor) e amasse formando discos. Coloque-os em uma assadeira e asse por 10-15 minutos ou até dourarem.

Para usar essa massa nas receitas da p. 43 e da p. 179, siga as instruções nelas descritas.

Massa podre

TEMPO DE PREPARO: 10 minutos, mais 30 minutos de geladeira | RENDE: 375 g

120 g de manteiga amolecida
50 g/cerca de ⅓ de xícara (chá) de açúcar
1 fava de baunilha
1 ovo grande
200 g/1⅔ xícara (chá) de farinha de trigo, mais um pouco para polvilhar

Coloque a manteiga e o açúcar numa tigela. Com uma faca afiada, corte a fava de baunilha no meio e raspe as sementes na tigela. Bata esses ingredientes até obter uma massa lisa.

Adicione o ovo e dê uma batida rápida, depois acrescente a farinha e bata apenas até começar a misturar. Não bata demais para que a massa não fique dura.

Passe a massa para uma superfície enfarinhada e rapidamente forme uma bola. Cubra com filme de PVC e gele por 30 minutos, no mínimo, antes de utilizar.

Massa de macarrão

TEMPO DE PREPARO: 40 minutos, mais 1 hora de descanso | PORÇÕES: 4

600 g/5 xícaras (chá) de farinha de trigo, mais um pouco para polvilhar
1 colher (chá) de sal marinho
5 ovos, mais 1 gema para pincelar
1 colher (sopa) de azeite

Peneire a farinha e o sal na superfície de trabalho e abra uma cova no meio. Bata os ovos com o azeite em uma jarrinha ou tigela pequena e despeje na cova. Com as mãos, vá trazendo a farinha para o centro e formando uma massa rústica, depois sove até ficar lisa. Molde uma bola, cubra-a com uma tigela emborcada e deixe a massa descansar por 1 hora, no mínimo.

Estenda a massa até ela ficar com 1-2 mm de espessura. Se tiver uma máquina de fazer macarrão, será divertido, mas para abrir com o rolo vai precisar de uma boa dose de dedicação.

Corte a massa ao meio e deixe metade coberta por um pano de prato úmido. Estenda a outra metade sobre uma superfície enfarinhada até ficar com 1,5 cm de espessura. Instale a máquina de massa de acordo com as instruções da embalagem. Ela deve ficar bem presa a uma superfície de trabalho limpa e espaçosa. Ajuste os rolos com a abertura maior, polvilhe os rolos e a superfície de trabalho com farinha e comece a passar a massa pela máquina. Estenda a massa uma vez, dobre ao meio e passe de novo. Dobre outra vez, ajuste a máquina para um ponto a menos de abertura e passe a massa duas vezes. A essa altura, você provavelmente terá de cortar a massa ao meio devido ao tamanho. Cubra as folhas que não estão sendo trabalhadas com um pano de prato úmido para não secarem demais. Diminua a abertura entre os rolos mais uma vez e passe a massa por eles duas vezes. Vá diminuindo de ponto em ponto até obter a espessura de massa desejada. Continue o processo até passar toda a massa na máquina.

Se for fazer raviólis, use as folhas inteiras. Se for fazer fettucine, tagliatelle, talharim ou outro tipo de massa, passe as folhas pela máquina ajustada para o corte com a largura desejada. Para cortar à mão, dobre algumas vezes as folhas de massa e corte-as com uma faca, usando uma régua, para que as tiras fiquem uniformes.

Massa de pizza

TEMPO DE PREPARO: 30 minutos, mais 2 horas, no mínimo, para crescer | RENDE: 3 pizzas de 35 cm de diâmetro ou até 8 menores

1 colher (sopa) de fermento biológico seco
500 g/4 xícaras (chá) de farinha de trigo, mais um pouco para polvilhar
1 colher (chá) de açúcar
1 colher (sopa) de sal marinho
3 colheres (sopa) de azeite
semolina fina para polvilhar

Misture em uma tigelinha o fermento e 320 ml/cerca de 1¼ de xícara (chá) de água morna. Em uma tigela grande, misture a farinha, o açúcar e o sal. Faça uma cova no meio e despeje nela o fermento dissolvido e o azeite. Vá incorporando os ingredientes com as mãos até obter uma massa rústica. Passe para uma superfície de trabalho levemente enfarinhada e sove por 10 minutos, ou até a massa ficar lisa e elástica. Coloque em uma tigela untada com azeite e unte também a massa. Cubra com um pano de prato úmido e deixe crescer em lugar aquecido por 2 horas, ou até a massa dobrar de volume.

Aperte a massa com o punho para eliminar as bolhas de ar e amasse poucas vezes sobre uma superfície polvilhada com semolina. Divida em três partes iguais para fazer pizzas grandes (ou em até oito para pizzas menores) e estenda formando discos com 5 mm de espessura (se preferir pizza mais grossa ou mais fina, abra os discos com a espessura desejada).

Purê com alho assado e azeite

TEMPO DE PREPARO: 10 minutos | TEMPO DE COZIMENTO: 40 minutos | PORÇÕES: 4

1 cabeça de alho
600 g de batata descascada e cortada em pedaços médios
1 colher (sopa) de azeite extravirgem
sal marinho e pimenta- -do-reino moída na hora

Preaqueça o forno a 180°C. Embrulhe a cabeça de alho em papel-alumínio, coloque em uma assadeira pequena e asse por 40 minutos. Retire do forno e deixe esfriar.

Coloque as batatas em uma panela, cubra com água e leve ao fogo. Quando ferver, reduza a temperatura e cozinhe por 20 minutos ou até ficarem macias. Escorra e amasse as batatas, ou passe-as pelo espremedor, para obter um purê liso. Corte a parte superior da cabeça de alho e esprema a polpa em um pratinho. Amasse bem até ficar liso e misture com o purê de batata. Adicione o azeite, tempere com sal e pimenta e mexa bem.

Purê de aipo-rábano

TEMPO DE PREPARO: 10 minutos | TEMPO DE COZIMENTO: 20 minutos | PORÇÕES: 4

600 g de aipo-rábano(*) descascado e cortado em pedaços pequenos
50 g de manteiga
sal marinho e pimenta-do-reino moída na hora

Coloque o aipo-rábano em uma panela, cubra com água e leve ao fogo. Quando ferver, reduza a temperatura e cozinhe por 20 minutos, ou até os pedaços ficarem macios. Escorra, recoloque na panela e retorne ao fogo por alguns minutos até secar. Acrescente a manteiga, tempere a gosto com sal e pimenta e bata com o mixer até obter um purê liso.

(*) O aipo-rábano ou salsão de cabeça tem safra curta e aparece no mercado por poucos meses.

Purê com queijo de cabra

TEMPO DE PREPARO: 5 minutos | TEMPO DE COZIMENTO: 10 minutos, mais 20 minutos para esfriar | PORÇÕES: 4

600 g de batata descascada e cortada em pedaços médios
150 g de queijo de cabra sem casca
sal marinho e pimenta-do-reino moída na hora
50 g de manteiga

Coloque os pedaços de batata em uma panela, cubra com água e leve ao fogo. Quando ferver, reduza a temperatura e cozinhe por 20 minutos, ou até ficarem macios. Escorra, recoloque na panela e retorne ao fogo por alguns minutos até secar. Acrescente o queijo de cabra esmigalhado e amasse para obter o purê. Tempere com sal e pimenta, adicione a manteiga e misture bem.

Peru cozido

TEMPO DE PREPARO: 10 minutos | TEMPO DE COZIMENTO: 20 minutos | PORÇÕES: 4

3 filés de peito de peru sem pele, com 100 g cada um
500 ml/2 xícaras (chá) de caldo de galinha

Coloque os filés de peru em uma panela, cubra com o caldo e leve ao fogo. Quando ferver, diminua para temperatura mínima, tampe e cozinhe por 10 minutos. Retire a panela do fogo e deixe o peru esfriar no caldo. Depois de frio, escorra o caldo e desfie em pedaços pequenos.

RECEITAS BÁSICAS

Índice

a
Alfajores recheados com doce de leite 195
Almôndegas com cereja e tagliatelle na manteiga 102
Arroz-doce com lascas tostadas de coco 154
Atum em crosta de gergelim com saladas de grapefruit e de batata 49
Atum grelhado com caponata e manjericão 127
aves
   Espetos de frango e capim-limão com salada de cenoura e pepino 81
   Frango assado com salsa verde 88
   Frango cozido no açafrão com gremolata de salsa e estragão 84
   Pato assado com figo, acelga vermelha e molho de pimenta-rosa 90
   Peito de frango assado com cuscuz de avelãs e tupinambo 83
   Peito de frango assado recheado com ricota e agrião 87
   Refogado de frango e tamarindo e arroz com sementes de mostarda 89
   Salada de frango, beterraba, queijo manchego e pecãs caramelizadas 30
   Salada morna de pato e lichia 33
   Wraps de frango à indiana no pão chapatis 32

b
Barriga de porco glaceada com missô e bok choy refogado 92
Bifes de veado com repolho roxo agridoce e palitos de polenta trufada 112
Biscoitos recheados com caramelo 195
Bolo de coco e limão 189
Bolo rico de chocolate sem farinha 190
Bombas com creme de flor de laranjeira 184
Bruschetta de abobrinha, muçarela e manjericão 71

c
Caçarola de porco, marmelo e castanhas e purê de batata com agrião 95
Camarões grelhados com manga 129
Camembert recheado com cogumelos selvagens e trufas 174
carne bovina
   Carpaccio de carne à asiática com ervas 46
   Contrafilé grelhado com echalota caramelizada e agrião 104
   Ensopado mexicano e pão de fubá com pimenta e coentro 109
   Meus sensacionais hambúrgueres 105
   Peixinho marinado com purê de batata-doce e molho de coentro e mel 106
   Refogado de carne, bok choy e brotos de bambu 111
   Rendang de carne com sambal de abacaxi e pimenta 110
   Rolinhos primavera de carne à vietnamita 45
carneiro
   Almôndegas com cereja e tagliatelle na manteiga 102
   Carré de cordeiro em crosta de macadâmia e manjericão 99
   Espetos de cordeiro com salada de lentilha 100
Carpaccio de carne à asiática com ervas 46
Carré de cordeiro em crosta de macadâmia e manjericão 99
Ceviche de camarão 53
Cheesecake de maple syrup 158
chocolate
   Alfajores recheados com doce de leite 195
   Bolo rico de chocolate sem farinha 190
   Creme de chocolate branco e gengibre com cobertura de maracujá 142
   Cupcakes de chocolate à moda dos maias 192
   Fondants de chocolate com sorvete de menta 145
   Potinhos de chocolate e caramelo de sal 150
Churrasco de porco desfiado com salada de repolho roxo 97
Chutney rápido de tomate 200
Clafoutis de nectarina e baunilha 168
Contrafilé grelhado com echalota caramelizada e agrião 104
Costelas de porco no chá defumado e anis-estrelado com pepino marinado 96
Creme de chocolate branco e gengibre com cobertura de maracujá 142
Cupcakes de chocolate à moda dos maias 192
Cupcakes de limão com merengue 191

d
Dip picante 198

e
Ensopado mexicano e pão de fubá com pimenta e coentro 109
Esfihas de cordeiro bem temperadas 43
Espetos de cordeiro com salada de lentilha 100
Espetos de frango e capim-limão com salada de cenoura e pepino 81

f
Focaccias com cogumelo assado e cream cheese sabor ervas finas e alho 72
Fondants de chocolate com sorvete de menta 145

Frango assado com salsa verde 88
Frango cozido no açafrão com gremolata de salsa e estragão 84

g
Gelatina de ginger ale com purê de ameixa 163
Gelatina de tomate e gerânio com caranguejo e manjericão 64
Gravlax de salmão curado na beterraba 56

l
Linguine com camarão, ervilha-torta e limão 125

m
Macarrão sobá com caranguejo e agrião 123
Madeleines de mel com creme de chá 196
Maionese 199
Manga com sorbet de manjericão 161
Massa de macarrão 203
Massa de pizza 204
Massa podre 202
Meus sensacionais hambúrgueres 105
Mexilhões com vinho sauternes, açafrão e coentro 118
Minifrittatas de feta, tomate seco e pancetta 41
Molho barbecue 198
Molho de iogurte 199
Musse de beterraba com queijo de cabra 75

n
Nhoque de batata com pesto de brotos de ervilha e lascas de pecorino 137

p
Pad Thai 128
Pakoras de couve-flor e cebola com vinagrete de manga 70
Paleta de porco assada ao barbecue e desfiada com salada de repolho roxo 97
Panna cotta de romã com salada de groselha e laranja 152
Panquecas de caranguejo, gengibre e coco 62
Panquecas de ervilha com pancetta crocante e molho de pimenta 35
Pão de fubá com pimenta e coentro 180
Pão de hambúrguer 201
Pão doce de canela e tâmara 183
Pão integral com aveia 181
Pão sírio 202
Pão sírio com za'atar 179
Pasta de curry 200
Pato assado com figo, acelga vermelha e molho de pimenta-rosa 90
Pavê de Pimm's 156

Pavlova de água de rosas 170
Peito de frango assado com cuscuz de avelãs e tupinambo 83
Peito de frango assado recheado com ricota e agrião 87
Peixe enrolado em pancetta com vôngole e salsa 120
peixes e frutos do mar
   Atum em crosta de gergelim com saladas de grapefruit e de batata 49
   Atum grelhado com caponata e manjericão 127
   Camarões grelhados com manga 129
   Ceviche de camarão 53
   Gelatina de tomate e gerânio com caranguejo e manjericão 64
   Gravlax de salmão curado na beterraba 56
   Linguine com camarão, ervilha-torta e limão 125
   Macarrão sobá com caranguejo e agrião 123
   Mexilhões com vinho sauternes, açafrão e coentro 118
   Pad Thai 128
   Panquecas de caranguejo, gengibre e coco 62
   Peixe enrolado em pancetta com vôngole e salsa 120
   Risoto de caranguejo e açafrão 124
   Robalo frito com salada de ervas 115
   Salada picante de camarão 59
   Salmão frito com champ e manteiga de alici e limão 116
   Sanduíche de lagosta com maionese 66
   Sardinhas embrulhadas em folhas de uva com uvas cozidas em verjus 50
   Sashimi de robalo com romã e ervas 52
   Tortinhas de camarão e aspargo 54
   Truta defumada com arroz de coco e coentro 119
   Vieiras com purê de erva-doce e molho de laranja 61
Peixinho marinado com purê de batata-doce e molho de coentro e mel 106
Peru cozido 205
Pêssego cozido com creme de mel 165
Pizzas de vegetais e azeite trufado 130
porco
   Barriga de porco glaceada com missô e bok choy refogado 92
   Caçarola de porco, marmelo e castanhas e purê de batata com agrião 95
   Churrasco de porco desfiado com salada de repolho roxo 97
   Costelas de porco no chá defumado e anis-estrelado com pepino marinado 96
Paleta de porco assada ao barbecue e desfiada com salada de repolho roxo 97
Potinhos de chocolate e caramelo de sal 150
Pudim caramelizado de arroz e coco 154
Pudim libanês de canela com amêndoas e pistaches 147
Purê com alho assado e azeite 204

Purê com queijo de cabra 205
Purê de aipo-rábano 205

q
Quadradinhos com glacê colorido 186
queijo
    Bruschetta de abobrinha, muçarela e manjericão 71
    Camembert recheado com cogumelos selvagens e trufas 174
    Focaccias com cogumelo assado e cream cheese sabor ervas finas e alho 72
    Musse de beterraba com queijo de cabra 75
    Peito de frango assado recheado com ricota e agrião 87
    Salada de haloumi, quinoa, romã e hortelã 67
    Suflê de queijo gratinado com salada de tomate e manjericão 76
    Torres de queijo de cabra, marmelada e salsão 172
    Tortinhas de queijo sfakianas 173
Quesadillas de chorizo, batata-doce e coentro 44

r
Ravióli de ricota e ervas com acelga na manteiga 134
Refogado de carne, bok choy e brotos de bambu 111
Refogado de frango e tamarindo e arroz com sementes de mostarda 89
Rendang de carne com sambal de abacaxi e pimenta 110
Risoto de caranguejo e açafrão 124
Risoto de espelta e abóbora assada 133
Robalo frito com salada de ervas 115
Rolinhos primavera de carne à vietnamita 45

s
Salada de fava, brotos de ervilha e presunto cru com molho de trufas 38
Salada de frango, beterraba, queijo manchego e pecãs caramelizadas 30
Salada de haloumi, quinoa, romã e hortelã 67
Salada incrementada com molhos de avocado e de limão 68
Salada morna de pato e lichia 33
Salada picante de camarão 59
Salmão frito com champ e manteiga de aliche e limão 116
Sambal de abacaxi e pimenta 199
Sanduíche de lagosta com maionese 66
Sardinhas embrulhadas em folhas de uva com uvas cozidas em verjus 50
Sashimi de robalo com romã e ervas 52
Semifreddo Mont Blanc 160
Sopa de agrião e brotos de ervilha 22
Minestrone de primavera 25
Consomê de ervas 26
Sopa de abóbora, pimenta e maple syrup 28
Sopa de tupinambo com croûtons de parmesão 29

Suflê de queijo gratinado com salada de tomate e manjericão 76

t
Tempurá de brócolis e batata-doce 139
Terrina de porco com mostarda di Cremona 36
Torres de queijo de cabra, marmelada e salsão 172
Torta de creme de cássia, com compota de maçã 155
Torta de laranja sanguínea 166
Torta grega de ruibarbo e creme com massa filo 149
Torta merengue de framboesas e pistaches 169
Tortinhas de camarão e aspargo 54
Tortinhas de queijo sfakianas 173
Trifle de Pimm's 156
Truta defumada com arroz de coco e coentro 119

v
Vieiras com purê de erva-doce e molho de laranja 61

w
Wraps de frango à indiana no pão chapatis 32